Barbara Cartland

Ein verhängnisvoller Schritt

Barbara Cartland

Ein verhängnisvoller Schritt

Nebel
ROMAN

Genehmigte Sonderausgabe für Nebel Verlag GmbH, Erlangen/Utting
Umschlaggestaltung: Martine Salvat
Titelbild: Superstock Bildagentur GmbH

ISBN 3-89555-281-X

1 2 3 4 5 4 3 2 1 0

I

Durch die schadhaften Jalousien drang gleißend hell die Sonne und warf bizarre Schattenmuster auf die Wände des Zimmers.

Von der Straße herauf zog der scharfe Duft von frisch aufgebrühtem Kaffee, in den sich der unverkennbare, für das Eingeborenenviertel von Kairo typische Gestank von Kameldung mischte. Frauen stritten sich keifend. Kinderlachen ertönte, das zornige Geschrei eines Eseltreibers.

Die junge Frau auf dem Bett schien von all dem nichts wahrzunehmen. An die Gerüche und den Lärm der Stadt hatte sie sich gewöhnt. Sie fühlte sich davon weniger belästigt als vom Summen eines Moskitos oder vom Knarren der rostigen Bettfedern, das entstand, sobald sie sich unruhig von einer Seite auf die andere wälzte.

Ihr dünnes Nachthemd klebte in dunklen, feuchten Flecken an ihrem Körper, und mit dem Handrücken wischte sie sich unaufhörlich dicke Schweißperlen von der Stirn.

Nach einer Weile öffnete sie die Augen und starrte zur Zimmerdecke, bis ihr Blick wieder von dem Brief angezogen wurde, der neben ihr auf dem Bett lag. Ihre Hand tastete danach, und sie begann aufs neue zu lesen, obwohl sie die Sätze längst Wort für Wort auswendig kannte. Es war ein kurzer Brief, doch sie brauchte lange, bis sie ihn zu Ende gelesen hatte und mit einem Seufzer fallen ließ.

»Was soll ich tun?« murmelte sie. »Was, zum Teufel, soll ich jetzt nur tun?«

Langsam, gegen ihren Willen, füllten sich ihre Augen mit Tränen, die ihr die bleichen Wangen hinunterrannen.

Eine Zeitlang lag sie regungslos, bis sie plötzlich mit einer heftigen Bewegung die Füße aus dem Bett schwang. Sie erhob sich und trat vor den Spiegel über der zerkratzten Kommode.

Zunächst betrachtete sie sich völlig geistesabwesend darin, dann mit wachsender Aufmerksamkeit, die Ellbogen auf die Platte der Kommode gestützt, das Gesicht in beide Hände geschmiegt.

»Was wirst du jetzt anfangen?« fragte sie sich wieder, wobei sich ihre ausgetrockneten Lippen kaum bewegten.

Sie sah die Verzweiflung in ihren, Augen und brach in ein freudloses Lachen aus, das in der beklemmenden Dumpfheit der Zimmerluft schnell wieder erstickte.

Ihr Blick wanderte zum Bett zurück. Neben dem Briefblatt lag der Umschlag, in dem ein Bündel Banknoten steckte. Sie nahm die Scheine – zehn an der Zahl – aus dem Kuvert, ließ sie in einer roten Handtasche verschwinden, warf die Tasche aufs Bett und setzte sich daneben.

»Wenn ich mich nur nicht so krank fühlte!« murmelte sie.

Dicke Schweißperlen bildeten sich erneut auf ihrer Stirn. Das Umhergehen im Zimmer hatte sie erschöpft.

Diesmal fuhr sie sich mit dem Ärmel des Nachthemdes übers Gesicht. Dann überkam sie ein jäher Schwächeanfall, und sie ließ sich in die Kissen zurücksinken.

In Kairo grassierte in diesem Sommer das Denguefieber, dessen Nachwehen in starken Depressionen und großer körperlicher Abgeschlagenheit bestanden. Doreen Wallis hatte sich zunächst gegen das Fieber, die Übelkeit und das Schwindelgefühl, wovon sie mit jäher Gewalt erfaßt worden war, zur Wehr gesetzt.

Doch schließlich mußte sie den Kampf aufgeben. Die Krankheit hatte sie besiegt wie alle anderen. Sie wurde ins Krankenhaus eingeliefert, zu schwach, um dagegen zu protestieren.

Zehn Tage später entließ man sie wieder. Geheilt zwar, doch mit der strengen Anweisung der Ärzte, so viel wie möglich zu ruhen und vor allem in der ersten Zeit das Bett nicht zu verlassen.

Sie hatte nur zu gerne gehorcht, obwohl die strenge Bettruhe lange Stunden der Einsamkeit in billigen Unterkünften und den Verzicht auf geregelte Mahlzeiten bedeutete, denn oft vergaß das Personal, ihr das Essen, das sie bestellt hatte, aufs Zimmer zu bringen.

Erst vier oder fünf Tage nach ihrer Entlassung aus dem Hospital fand sie die Kraft, Tony zu schreiben.

Sie hatte so viel von ihm erwartet – wieviel, wagte sie jetzt nicht einmal sich selbst einzugestehen.

Abend für Abend hatte er sie zum Dinner ausgeführt und mit ihr in den elegantesten und teuersten Lokalen von Kairo getanzt; sie hatte ihm beim Polospiel im Gezira Club zugeschaut, hatte seinen Wagen benutzt, als wäre es ihr eigener.

Sie war sicher gewesen, daß er sie liebte. Sicher auch, daß das, was sie für ihn empfand, ein sehr tiefes Gefühl war – wenn auch nicht direkt Liebe. Tony zu mögen war nicht schwierig, denn er war jung, unkompliziert, reich und zudem sehr unterhaltsam.

Sie hatte einen Mann mit diesen Eigenschaften gebraucht und war in ihrem tiefsten Inneren von einer fast unterwürfigen Dankbarkeit ihm gegenüber gewesen.

Jeden Tag hatte sie damit gerechnet, daß Tony ihr einen Heiratsantrag machen würde.

Oft genug glaubte sie zu wissen, daß die Worte ihm bereits auf der Zunge lagen, und sie spürte, wie alles in ihr sich spannte, bereit, seinen Antrag anzunehmen. Gleichzeitig jedoch war sie entschlossen, sich einen letzten Rest von Stolz zu bewahren und ihre Einwilligung nicht zu hastig und übereilt zu geben.

Es war nicht leicht gewesen, ihre Erregung und Ungeduld zu zügeln, denn sie wollte die Heirat unter allen Umständen – wollte sie mehr, als sie Tony wollte.

Nur eine Heirat konnte ihr Sicherheit bringen – Schutz und Sicherheit vor der Vergangenheit, die sie auf Schritt und Tritt bedrohte.

Sie hatte in ständiger Angst gelebt, Tonys Freunde könnten mehr über sie wissen als er. Es war nicht einfach, in Kairo der Aufmerksamkeit der Gesellschaft zu entgehen, wenn jemand so bekannt war wie sie.

»Das ist Doreen Wallis!«

Wie oft hatte sie diese Worte schon gehört, wenn sie ein Restaurant betrat oder zwischen den zum Tee gedeckten Tischen auf der Marmorterrasse des Gezira Clubs einherging.

Sie wußte, was man sich hinter vorgehaltener Hand über sie zuflüsterte, wußte, wie man hinter ihr herstarrte, den Blick voller Neugier, Ressentiment oder Mißbilligung.

Sie hatte versucht, sich den Anschein zu geben, als machte es ihr nichts aus, was man von ihr dachte. Hocherhobenen Hauptes, das Kinn gereckt, war sie mitten durch die Menschenmenge geschritten. Mit ungeschickten Fingern hatte sie sich geschminkt, Lippenstift und Wimperntusche benutzt, als wären es Waffen, mit denen sie sich gegen eine Welt verteidigen konnte, von der sie verurteilt und abgelehnt wurde. Oft genug hatten die leisen Stimmen und forschenden Blicke sie in einen Trotz hineingetrieben, der sie unklug reagieren ließ.

Es kam vor, daß sie mit einem einfachen, anständigen Mann einen netten Abend verbrachte und sich plötzlich mitten auf der Tanzfläche wie eine Kurtisane in seine Arme drängte, nur weil sie die Bemerkungen, die andere Paare vermeintlich über sie gemacht hatten, nicht mehr ertragen zu können glaubte.

Ich werde ihnen den gewünschten Gesprächsstoff über mich liefern, dachte sie bei solchen Gelegenheiten voller Zorn. Doch wenn sie nachher allein war, hatte sie sich geschämt und erkannt, wie töricht sie sich wieder einmal benommen hatte.

Töricht, weil sie im Grunde stets die Verliererin war. Die anderen, die Achtbaren, Ehrenwerten, die alles besaßen, was sie nie besessen hatte und auch niemals besitzen würde, waren wie üblich die Gewinner gewesen.

Auch diesmal hatte sie verloren.

Die Klatschmäuler, die Lauscher und Schnüffler von Kairo hatten ihr Tony weggenommen.

Sie konnte sich vorstellen, wie sie sich auf ihn gestürzt hatten, nachdem sie krank und ihr Einfluß auf ihn schwächer geworden war. Erbarmungslos hatten sie dafür gesorgt, daß er reumütig in die Arme der Gesellschaft zurückkehrte, aus denen er sich unter ihrem Einfluß befreit hatte.

Sie würden ihn vor ihr gewarnt, ihm all die Dinge erzählt haben, die er nie hatte erfahren sollen. Dinge, auf die er nie geachtet hätte, wäre sie bei ihm gewesen.

Stöhnend rollte sich Doreen auf die Seite, preßte das Gesicht in die Kissen, während sie hemmungslos zu schluchzen begann.

»Er liebt mich, er liebt mich«, flüsterte sie.

Und sie selbst war so nahe daran gewesen, ihn ebenfalls zu lieben.

Wie wundervoll war es gewesen, einen netten jungen Engländer kennenzulernen nach all den Fremden, mit denen sie in den letzten Jahren in Verbindung gekommen war.

Er war ihr erschienen wie ein Mensch von einem anderen Stern mit seiner hellen Haut, seinen blauen Augen und dem gepflegten Äußeren.

Er war so nett, so liebenswürdig. Doch nun war er fort. Sie würde ihn nie wiedersehen. Nie wieder den Klang seiner jungen Stimme hören, die ihren Namen rief. Nie mehr seinen Arm um ihre Schulter spüren oder die Berührung seiner Lippen auf den ihren.

»Du bist wundervoll«, hatte er an dem Abend, als er sie das erste Mal küßte, zu ihr gesagt.

Nichtssagende Worte, doch die Heiserkeit in seiner Stimme hatte Bände gesprochen. Und sie hatte gewußt, daß sie ihn wollte. Um seiner selbst willen ebenso wie um der Dinge willen, die er ihr bieten konnte.

Sie hatte Angst verspürt bei dem Gedanken, wie schlecht ihre Chancen standen.

Er war drei Jahre jünger als sie, doch das war nicht so tragisch. Schließlich war neunundzwanzig kein Alter in einer Zeit, wo Frauen von vierzig und fünfzig gefeierte Schönheiten waren.

Aber sie war Jahre, wenn nicht Jahrhunderte älter als er, was ihre Lebenserfahrung und ihr Wissen betraf.

Sohn reicher Eltern, verwöhnt und verhätschelt von seiner Mutter, war er nach Kairo gekommen, um dort seine Ferien zu verleben.

»Ich möchte die Welt sehen«, hatte er voller Naivität zu Doreen gesagt und war erstaunt, als sie ihm antwortete:

»Hoffentlich bist du nicht enttäuscht von dem Ausschnitt, der sich dir hier bietet!«

Aber es kam zu keiner Enttäuschung für ihn. Die Schattenseiten des Lebens in der Stadt blieben ihm erspart. Für ihn gab es nur Sonne – die Atmosphäre unberührter Heiterkeit, die Gastfreundschaft der englischen Kolonie, Vergnügungen und Amüsements vom Morgen bis zum Abend.

Das Kairo der Armut, des Elends und der Hoffnungslosigkeit bekam er nicht zu sehen. Und sie, Doreen, tat alles, um ihn davon fernzuhalten.

Im Gegenteil, sie hielt sich eng an Tony, ergriff mit beiden Händen alles, was die Götter ihr schickten, tat alles, um Tonys Erlebnisreise zu einem Erfolg zu machen. Sie wußte, wenn ihr das gelänge, war das von Vorteil für sie. Wenn es allerdings ein Fehlschlag wurde, würde sie alles verlieren.

Zusammen sahen sie die Pyramiden, die Moscheen und die erst jüngst freigelegten Königsgräber. Zusammen tanzten sie in den glitzernden Ballsälen der großen Hotels oder im Mondschein unter freiem Himmel in den überfüllten Tanzgärten.

Gemeinsam erforschten sie den Basar, entdeckten im Labyrinth seiner Gassen die herrlichsten Geschäfte, wo sie nicht nur Geschenke für Tonys Familie in England fanden, sondern auch für Doreen. Ein persisches Armband, eine Halskette aus geschnitztem Elfenbein, einen Gürtel, den ungeschliffene Türkise verzierten.

Nun waren dies die einzigen Dinge, die ihr von Tony blieben. Sie und die ägyptischen Pfundnoten, die neben ihr auf dem Bett lagen.

Damit du dir etwas kaufen kannst, das dich an die schöne Zeit erinnert, die wir zusammen hatten.

So stand es in seinem Brief, und er hätte keine Worte finden können, die verletzender gewesen wären.

Zehn Pfund, um eine Hoffnung zu beenden, an die sie sich so verzweifelt geklammert hatte. Zehn Pfund, um ein Kapitel abzuschließen, das so vielversprechend begonnen hatte.

Wie gut konnte sie sich das Gerede derer vorstellen, die glaubten, ihn vor ihr gerettet zu haben.

»Wäre doch schade um den netten Kerl gewesen, wenn er sich hätte von ihr einfangen lassen.«

Oder:

»Ende gut, alles gut – es hätte schlimmer für ihn kommen können!«

Dabei war Doreen am letzten Tag vor ihrer Krankheit so sicher gewesen, daß alles gut werden würde.

Beim Abschied, lange nach Mitternacht, hatte er sie fest an sich gepreßt und geflüstert:

»Wäre es nicht wundervoll, wenn du jetzt nicht zu gehen, mich nicht zu verlassen brauchtest?«

Ihr Herz hatte wild zu schlagen begonnen, und sie hatte ihm nicht zu antworten vermocht.

Schließlich hatte sie gesagt:

»O ja, Tony, das wäre es!«

Atemlos hatte sie darauf gewartet, daß er weitersprechen würde, aber er hatte sie nur noch einmal geküßt und ihr dann aus dem Wagen geholfen.

»Wie kann ich ihn nur dazu bringen, mich zu fragen?« hatte sie überlegt, während sie ruhelos in ihrem Zimmer auf und ab gewandert war. Erst eine Stunde später war sie zu Bett gegangen, ohne Schlaf zu finden und ohne daß ihre Gedanken zur Ruhe kamen.

Morgen ist auch noch ein Tag, hatte sie sich schließlich getröstet und war erst in der Frühdämmerung in einen unruhigen Schlaf gefallen.

Es war ein Irrtum gewesen. Das Schicksal hatte erneut zugeschlagen, und ihr blieb keine andere Wahl, als sich in das Unvermeidliche zu fügen.

Das Geld, das Tony ihr geschickt hatte, mußte sie nehmen, obwohl sie nichts lieber getan hätte, als es ihm zurückzuschicken.

Sie brauchte dieses Geld dringend, und überdies befand sich Tony nicht mehr in Kairo. Er war schon auf dem Weg nach England. Zurück in den Schoß seiner Familie, zurück zu den netten, wohlerzogenen Mädchen, die keine Ahnung hatten von der Härte des Daseins, von dem, was Armut, Einsamkeit und Verzweiflung aus einem Menschen machen konnten.

Auch sie konnte sich kaum noch daran erinnern, obwohl erst ein knapper Monat vergangen war, seit Tony in ihr Leben trat und sie sich der trügerischen Hoffnung hingab, im letzten Augenblick vor dem Sturz in den Abgrund bewahrt worden zu sein.

Ihr Leben war nie leicht, nie unkompliziert gewesen, aber mit Pepis Tod hatte sich die Katastrophe angekündigt.

Sein Verlust hatte sie hart getroffen, aber noch schmerzvoller waren die Entdeckungen, die sich damit verbanden.

Und die Hölle hatte sich vor ihr aufgetan, als sie feststellen mußte, daß diese Entdeckungen anderen Leuten schon lange bekannt gewesen waren.

Ihr erster Impuls nach Pepis Tod war gewesen, mit niemandem über die Dinge zu sprechen, die sich ihr plötzlich enthüllten, die Welt weiter einer gnädigen Unwissenheit zu überlassen.

Aber irgend jemand – sie wußte nicht mehr, wer – hatte die Geschichte genauso rasch erfahren wie sie, und die Kunde hatte sich in Kairo ausgebreitet mit der Geschwindigkeit eines Waldbrandes.

Bereits bei ihrem ersten Auftreten in der Öffentlichkeit nach Pepis Tod hatte sie die Feststellung gemacht, daß das Geheimnis, das sie so sorgfältig zu hüten versuchte, gar keins mehr war.

Verstohlene Seitenblicke, Tuscheln hinter ihrem Rücken und die demütigende Erfahrung, von Leuten geschnitten zu werden, die noch vor wenigen Wochen über eine Einladung von ihr entzückt gewesen waren, hatten ihr die Augen geöffnet.

Niemand wollte mehr etwas von ihr wissen. Und die Erkenntnis war niederschmetternd, daß es ihr in den vier Jahren, die sie mit Pepi verheiratet gewesen war, nicht gelungen war, auch nur einen zuverlässigen Freund zu finden, an den sie sich nun wenden konnte, damit er ihr mit Rat und Tat zur Seite stand.

Wenn sie die Reihe ihrer Bekannten durchging, auf der Suche nach jemandem, dem sie vertrauen oder den sie um Hilfe bitten konnte, mußte sie zugeben, daß sie die wahre Lage der Dinge längst hätte voraussehen müssen.

Alle schienen es gewußt zu haben.

Sie war die einzige, die von dem Betrug keine Ahnung gehabt hatte.

Wie naiv und blind sie gewesen war!

Aber sie hatte sich eben um nichts gekümmert, alle Dinge Pepi überlassen. Es hatte ihr genügt, endlich in Sicherheit zu sein, nach all den Jahren der Heimatlosigkeit. Pepi war der rettende Hafen für sie gewesen, ihr Schutz und ihr Halt. Obwohl er dem Alter nach ihr Vater hätte sein können, hatte sie sich nie unglücklich gefühlt – als seine Frau.

»Wie hätte ich das auch wissen sollen?« fragte sie sich nach seinem Tod immer wieder verbittert und zornig zugleich.

Und während sie Pepi innerlich Vorwürfe machte, verachtete sie sich selbst wegen ihrer eigenen Leichtgläubigkeit.

Auch das Verhalten ihrer Eltern wurde ihr im nachhinein immer unverständlicher. Hatten sie wirklich an Pepis Glaubwürdigkeit niemals Zweifel gehabt?

Vermutlich nicht. Sie waren einfach zu erleichtert über die Heirat ihrer Tochter mit ihm gewesen. Sowie er am Horizont auftauchte, hatten sie alles getan, damit diese Heirat zustande kam.

Und sie, Doreen, war mit den Bemühungen der Eltern einverstanden gewesen. Nie hatte es eine bereitwilligere Braut gegeben.

Der Altersunterschied von fünfunddreißig Jahren war zur Bedeutungslosigkeit zusammengeschrumpft angesichts der Tatsache, daß Pepi Geld hatte und heiratswillig war.

Nur das war es, was zählte, nach all den Jahren des ruhelosen Umherziehens, des Wohnens in drittklassigen Hotels, des Umgangs mit Menschen ohne Klasse und des Zusammenlebens mit einer ewig mißmutigen, jammernden Mutter und einem ewig betrunkenen, nur im Rausch gutgelaunten Vater.

Pepi war ihr erschienen wie ein Geschenk des Himmels, obwohl er nicht aus der Gesellschaftsschicht kam, der anzugehören sich ihre Mutter bei jeder passenden und unpassenden Gelegenheit brüstete.

Aber was half ihnen ihre adlige Herkunft, wenn sie lebten wie die Habenichtse, wenn sie ständig die Hotelunterkunft wechselten, weil sie die Zimmermiete nicht zahlen konnten, wenn sie ihre Gläubiger mit faustdicken Lügen hinhalten mußten, wenn ihnen auch die schäbigste Gesellschaft recht war, weil sie sich davon eine kostenlose Mahlzeit versprachen?

Nein, rückblickend schien es keinen Zweifel daran zu geben, daß ihre Eltern Pepi gegenüber ohne Verdacht gewesen waren. Sie hatten geglaubt, daß er das war, was zu sein er behauptete.

Sie selbst dagegen hätte skeptisch sein müssen angesichts seiner ständigen Heimlichtuerei, die er damit erklärt hatte, daß ein älterer Mann, der ein junges Mädchen heiratete, stets eine beliebte Zielscheibe für den Spott der Öffentlichkeit und der Zeitungen sei.

Es hätte zum Beispiel ihren Verdacht erregen müssen, daß kein einziges Mitglied der griechischen Kolonie in Kairo jemals einen Besuch bei ihnen machte, nachdem sie in ihr neues Heim eingezogen waren.

Es hatte Hunderte von Hinweisen und Zeichen gegeben, die sie hätten mißtrauisch machen müssen. Statt dessen verschloß sie die Augen vor der Wirklichkeit und lebte in paradiesischer Sorglosigkeit bis zum Tag der Testamentseröffnung, an dem sie erfuhr, daß sie in den Augen des Gesetzes keinen gesellschaftlichen Status besaß.

Pepi hatte in Bigamie mit ihr gelebt. Er besaß in Athen eine Frau und zwei erwachsene Söhne. Sie waren seine rechtmäßigen Erben – sonst niemand.

II

Wenn Doreen ihr Leben überschaute, konnte sie es in bestimmte Zeitspannen einteilen, die stets von schokkierenden Enthüllungen beendet wurden.

Mit einer Deutlichkeit, als wäre es gestern gewesen, erinnerte sie sich an jenen Zeitpunkt, da sie entdeckt hatte, daß ihr Vater trank, haltlos und ohne Maß.

Sie war noch ein Kind gewesen, aber sie konnte sich an den Ekel und das Entsetzen erinnern, das sie empfunden hatte beim Klang seiner lallenden Stimme, dem Geräusch seiner stolpernden Schritte und dem tränenreichen Lamento der Mutter.

Die Finger in den Ohren, war sie die Treppe hinauf in ihr Zimmer gerannt, hatte sich aufs Bett geworfen, das Gesicht in die Kissen gepreßt, in dem sinnlosen Bemühen, einer Welt zu entfliehen, die sich jäh und unerwartet in eine Hölle verwandelt hatte.

Doch mit der Zeit hatte sie sich an das Laster ihres Vaters gewöhnt.

Sie wurde immun gegen die häßlichen Szenen, die sich täglich zu Hause abspielten. Ungerührt half sie beim Säubern seines Zimmers, nachdem die Dienerschaft sie verlassen hatte, und ungerührt ließ sie den ständigen Wohnungswechsel über sich ergehen.

Sie gewöhnte sich an die Armut, die Dauergast in ihrer Familie geworden war, an die erbärmlichen Lebensbedingungen, unter denen sie dahinvegetierten, und an das ewige Jammern der Mutter.

Oft dachte Doreen, daß der Vater noch leichter zu ertragen wäre als die Mutter. Denn in neun von zehn Fällen war er trotz seiner Trunkenheit freundlich und gutmütig, während die Mutter ihre Umgebung unter ihrer Übellaunigkeit und Enttäuschung ständig leiden ließ.

Es kam allerdings auch immer wieder vor, daß ihr Vater reizbar und streitsüchtig wurde, und diese gelegentliche Neigung zu Jähzorn und Starrsinn war es, die sie alle so tief ins Unglück gestürzt hatte.

In einem Ausbruch unkontrollierter Wut hatte er seinen vorgesetzten Offizier geschlagen und war daraufhin unehrenhaft aus der Armee entlassen worden.

Bei seiner Heirat war Henry Wallis ein schmucker, hochgesinnter, junger Offizier gewesen, und es hatte niemanden verwundert, daß sich Mary Wickham unsterblich in ihn verliebte.

Schwierigkeiten gab es erst, als sie beschloß, den jungen Mann zu heiraten. Der Widerstand kam vor allem aus ihrer Familie, die sich für Mary eine standesgemäßere Partie vorgestellt hatte oder zumindest eine mit größeren finanziellen Vorzügen. Aber Mary setzte ihren Willen durch. Die Trauung fand statt, bevor Henrys Regiment nach Indien eingeschifft wurde.

In ihrer Jugend war Mary Wickham eine wirkliche Schönheit gewesen. Als sie starb, war sie eine verwelkte, frühzeitig gealterte Frau, der die Unzufriedenheit und Verbitterung mit tiefen Linien ins Gesicht geschrieben stand.

Ihre Ehe war von Anfang an unglücklich gewesen – eine große Enttäuschung, wie sie schon bald ernüchtert feststellte.

Sie hatte Indien gehaßt. Das Leben dort war ihr vom ersten Augenblick an eine Qual gewesen. Der Zusammenbruch und das endgültige Desaster ihres Lebens jedoch waren erfolgt, während Henry seine letzten Dienstjahre im Ausland auf ägyptischem Boden absolvierte.

Ihr Mann trank bereits seit längerer Zeit.

Mary war nicht imstande gewesen, ihn davor zu bewahren. Denn immer, wenn sie es versuchte, ärgerlich oder tränenüberströmt, lachte er nur, gab ihr einen flüchtigen Kuß und verschwand zu seinen Kameraden, in deren Gesellschaft er sich am wohlsten fühlte.

Henry Wallis selbst war sehr zufrieden mit seinem Leben.

Er mochte das Gefühl der Kameradschaft, das er im Offizierschor seines Regimentes fand. Er mochte dieses Dasein, das weder an seine Verantwortung noch an seinen Unternehmungsgeist irgendwelche Ansprüche stellte. Geselligkeit bedeutete ihm alles, und hier bekam er sie – zum Selbstkostenpreis sozusagen.

Er war ein charakterschwacher Mann und erstaunlich ungebildet. Er las niemals ein Buch und warf nur selten einen Blick in eine Zeitung.

Seine Offizierspflichten verrichtete er mechanisch, und Anstrengungen akzeptierte er nur während seiner Vergnügungen. Er mied jede Form der Verantwortung, ging allem, was nach Leistung aussah, aus dem Weg und engagierte sich nur bei den Zusammenkünften im Club oder Offizierskasino.

Sein Regiment galt nicht als besonders traditionsreich oder ruhmvoll. Die meisten seiner Offizierskameraden waren ohne Ehrgeiz wie er selbst.

Deshalb hatte es die Wirkung einer mittleren Katastrophe, als der Colonel aus gesundheitlichen Gründen frühzeitig in den Ruhestand trat und durch einen Mann ersetzt wurde, der es gewohnt war, an seine Offiziere und Soldaten hohe Anforderungen zu stellen.

Er hatte sich aus dem Mannschaftsstand hochgedient und wurde von Henry und seinen Kameraden sofort als Streber abgestempelt. Keiner von ihnen vermochte zu erkennen, daß der neue Kommandeur ein ungewöhnlicher Mann mit ungewöhnlichen Fähigkeiten war – wie es bald die Zeit zeigen sollte.

Er stieg auf der Karriereleiter Sprosse um Sprosse, und es war wie eine Ironie des Schicksals – das selten einmal ein effektvolles Zusammentreffen ausläßt –, daß genau in der Woche, in der Henry Wallis starb, die Zeitungen vom Aufstieg seines ehemaligen Regimentskommandeurs in eine der führenden Positionen der britischen Armee berichteten.

Henry und seine Freunde hätten ihm einen solch schwindelerregenden Aufstieg in der militärischen Hierarchie niemals zugetraut. Für sie war er stets nur ein Mann gewesen, der nicht einmal eine höhere Schule besucht hatte.

Es war jene gefährliche Mischung aus gesellschaftlichem Dünkel und persönlichem Unterlegenheitsgefühl, die Henry seinem neuen Vorgesetzten gegenüber genau die falsche Einstellung einnehmen ließ.

Die Konfrontation zwischen den beiden Männern war unausweichlich.

In der ersten Woche unternahm der Colonel nichts. Er beobachtete nur, was um ihn herum vorging, aus scharfen Augen, denen nicht die kleinste Kleinigkeit zu entgehen schien.

Dann, nachdem er sich über sein neues Wirkungsfeld Klarheit verschafft hatte, griff er durch.

Die Disziplin der Truppe wurde verschärft, die strikte Einhaltung aller militärischen Regeln zum obersten Grundsatz erhoben. Von einem Tag auf den anderen hörte der Schlendrian auf. Mit Dingen, die man jahrelang hatte schleifen lassen, wurde schlagartig aufgeräumt.

Die Wirkung auf das Regiment war verblüffend, die Wirkung auf viele der Offiziere katastrophal.

Doch am härtesten traf es Henry.

Bisher hatte er es verstanden, sich mehr oder weniger überall durchzuschummeln, nur das zu tun, was unbedingt von ihm verlangt wurde. Er hatte ein Schmarotzerdasein geführt und konsequent auf Kosten anderer gelebt.

Das war nun vorbei. Sich umstellen konnte er nicht. Er reagierte auf die völlig neue Situation mit Angst und Verärgerung. Er haßte den Colonel mit der Boshaftigkeit und Hinterhältigkeit eines Feiglings, der zu schwach ist, die offene Auseinandersetzung mit jemandem zu suchen, der stärker ist als er.

Er intrigierte gegen seinen Vorgesetzten, versuchte ihn lächerlich zu machen, erzählte alle möglichen Lügen über ihn. Er trank auf dessen Scheitern, so oft er ein Glas in den Händen hielt – und das war oft genug.

Eines Tages kam es zum Eklat. Henry hatte einen seiner Spezis mit ins Kasino gebracht, einen Mann, dessen Ruf zu schlecht war, um ihn ignorieren zu können. Der Colonel schnitt ihn, und Henry nahm es ihm übel.

Doch seine Verärgerung zeigte sich zunächst nur darin, daß er noch mehr trank als gewöhnlich. Nach Beendigung des Dinners stand er schwankend auf und verlangte von seinem vorgesetzten Offizier eine Erklärung.

Mit einer Handbewegung bedeutete ihm der Colonel, der die Messe verlassen wollte, ihn vorbeizulassen. Henry schoß das Blut in den Kopf, und in einem Anfall von Unerschrockenheit, die er in seinen nüchternen Momenten noch nie gekannt hatte, stürzte er sich mit einem Wutschrei auf seinen Vorgesetzten.

Er schlug ihm die Faust ins Gesicht und drosch besinnungslos auf ihn ein. Bevor die umstehenden Offiziere sich von ihrem Schreck erholt hatten, lag der Colonel blutend am Boden.

Der Vorfall hatte natürlich ein Nachspiel vor dem Kriegsgericht. Henry wurde aus dem Dienst entlassen.

Zuerst konnte er das Geschehene nicht fassen. Doch dann ging ihm auf einmal auf, daß er ein freier Mann war, und es dauerte nicht lange, bis er sich gefangen hatte und wieder der alte war.

»Es wird schon weitergehen«, sagte er zu seiner Frau.

Aber unglücklicherweise irrte er sich.

Ihre Hauptsorge war natürlich das Geld, und die sollte sie von dem Tag an, da seine militärische Laufbahn zu Ende gegangen war, nie wieder verlassen.

Henry verfügte über ein jährliches Einkommen von hundertfünfzig Pfund, das seine Mutter ihm hinterlassen hatte. Mary erhielt weitere hundert Pfund jährlich aus einer Art Treuhandvermögen, das ihr Großvater für sie angelegt hatte. Nach ihrem Tod allerdings sollten diese Zahlungen nicht an ihre Hinterbliebenen gehen, sondern an irgendeine obskure wohltätige Einrichtung im Osten Londons.

Zweihundertfünfzig Pfund im Jahr und ein kleines Kind, das zu versorgen war … große Sprünge konnten sie unter diesen Umständen nicht machen. Vor allem nicht, als sie beschlossen, in Kairo zu bleiben – einer Stadt, in der einem das Geld buchstäblich wie Sand durch die Finger rann.

Es war Marys Schuld, daß sie nicht nach England zurückkehrten. Sie schämte sich zutiefst wegen des Vorfalls, machte mehr Aufhebens davon als nötig und übertrug die eigenen Gefühle und Ängste in einem derartigen Ausmaß auf ihren Mann, daß dieser die Schmach eines Wiedersehens mit seinen Freunden und Verwandten schließlich ebenso fürchtete wie sie.

»Du wirst hier etwas finden!« sagte Mary zu ihm. »Du glaubst nicht, wie froh manche Leute sind, einen Engländer einzustellen.«

Am Anfang unternahm Henry einige Versuche, Arbeit zu finden, doch als diese fehlschlugen, gab er bald auf. Er betätigte sich als Tippgeber bei Rennwetten, wurde zum Stammgast der verschiedensten Bars und zum Dauerbesucher der Rennbahn.

In Kairo gab es stets Ausländer, die sich ausnehmen ließen, Touristen, die glücklich waren, einen netten Burschen zu finden, der sich in der Stadt auskannte und dem sie gern etwas für seine Dienste zusteckten.

Henry war hundertmal im Jahr abgebrannt, aber irgendwie blieben sie am Leben, auch in den schlimmsten Zeiten – drei Menschen in der teuersten Stadt der Welt, ohne Halt, ohne festes Zuhause und ohne jede Vorstellung, wie lange es so noch weitergehen sollte.

Henry fand das neue Leben zweifellos angenehm. Vor allem von dem Augenblick an, da er die weltmännische Atmosphäre der großen Bars kennenlernte.

Mary brauchte einige Zeit, bis sie soweit war, sich ihm anzuschließen. Doch es dauerte eigentlich nicht lange, und ihr wurde klar, daß sie nur zwei Möglichkeiten hatte. Entweder sie ging mit Henry aus, oder sie blieb mit ihrem Kind allein in der schäbigen Absteige, in der sie oft genug die einzigen weißen Gäste waren.

Sie kam zu dem Entschluß, daß die unangenehmen Dinge nicht an ihr allein hängen bleiben sollten, und ging mit, wenn Henry loszog.

Da es bei diesen Exkursionen notwendig war, Wert auf ihr Äußeres zu legen, verschlangen die Ausgaben für Kleidung einen großen Teil ihrer festen Einkünfte. Der eigentliche Leidtragende in dieser trostlosen Situation war das Kind Doreen.

Henry und Mary dagegen verlebten eine ungewöhnlich vergnügliche Zeit, nachdem sie damit begonnen hatten, als Team loszuziehen. Schließlich waren sie noch verhältnismäßig jung, waren nicht dumm und hatten die nötigen Umgangsformen.

Es gab immer Leute, die bereit waren, für sie zu zahlen, weil sie in ihnen zwei recht angenehme Gesellschafter fanden, die für jeden Spaß zu haben waren.

So war das Leben für Henry und Mary eine Zeitlang ein einziges ausgelassenes Fest, bestehend aus Champagner-Partys, Picknicks, Besuchen auf dem

Rennplatz, Ausflügen und Bällen. Doreen blieb in der Obhut eines Eingeborenenmädchens zurück, das kaum älter war als sie und das für die Handvoll lumpiger Piaster, die es bekam, so wenig wie möglich tat und oft genug sogar vergaß, dem Kind sein Essen zu geben.

Vielleicht hätte Doreen nie erfahren, wie sehr sich ihr Leben vom Leben eines gewöhnlichen Mädchens ihres Alters unterschied, hätte Henry nicht in einem Augenblick unerwarteten Reichtums beschlossen, sie für drei Monate zu ihrer Großmutter nach England zu schicken.

Doreen war damals zehn gewesen, und die Vorstellung eines Besuches im Heimatland ihrer Eltern hatte sie entsetzt. Sie hatte gebettelt und gefleht, sie in Kairo zu lassen. Aber vergeblich. Vater und Mutter hatten nicht nachgegeben. Es sei gut für sie, eines Tages werde sie das einsehen.

Ihr plötzliches Interesse am Wohlergehen ihrer Tochter war jedoch nicht selbstlos gewesen. Ein reicher Amerikaner hatte ihnen angeboten, sie in seinem Boot den Nil hinauf mitzunehmen – eine Reise, die mehrere Monate dauerte – und sie hatten sich den Kopf zerbrochen, was sie in dieser Zeit mit Doreen machen sollten.

Mary hatte mit ihrer Familie stets einen losen Kontakt gehalten.

Als ihre Mutter sich in einem ihrer Briefe nach Doreen erkundigte und um eine Photographie ihrer Enkelin bat, kamen sie auf die Idee, daß es nicht nur zum Vorteil des Mädchens wäre, wenn sie den Sommer in England verbrachte, sondern auch zu ihrem eigenen.

Also reiste Doreen in die Heimat ihrer Eltern, unglücklich bis zum letzten Augenblick. Ein viel zu schmales, nicht sonderlich reizvolles Kind, mit Augen, die viel zu groß waren für das kleine Gesicht, und blonden Haaren, die nicht die geringste Neigung zur Naturkrause hatten, jedoch so mit der Brennschere bearbeitet, daß die Kleine förmlich aufgedonnert wirkte. Der Hut, den sie trug, war riesig. Er hatte ihrer Mutter gehört, bevor diese ihn ausrangiert hatte, weil er völlig aus der Mode war.

Als Doreen zu ihren Eltern zurückkehrte, war sie eine andere geworden.

Sie sprach nur wenig über die Zeit, die hinter ihr lag. Und weil sie ihre Erlebnisse und Gedanken für sich behielt, hatten Henry und Mary nicht die kleinste Ahnung, wie oft ihre Tochter an die Monate in England dachte oder wie viel sie ihr bedeuteten.

Doch von diesem Augenblick an begann sie, ihr eigenes Leben zu führen.

Sie beklagte sich zunächst einmal, durchaus mit Recht, über die Behandlung des Hotelpersonals. Und auch wenn ihr Zimmer oft genug nur eine bessere Abstellkammer war, hielt sie es peinlich sauber. Sie fällte von nun an die Entscheidung über das, was sie anzog oder nicht anzog, und am Äußeren ihrer Mutter übte sie oft genug scharfe Kritik.

Verantwortungsbewußte Eltern hätten über dieses völlig neue, ungewohnte Verhalten ihrer Tochter nachgedacht, sie hätten sich nach der Ursache dafür gefragt. Doch Henry und Mary besaßen weder die Zeit noch das Interesse, sich wegen Doreen den Kopf zu zerbrechen. Doreen war eine Belastung für sie, ein Luxus, den sie sich nicht leisten konnten.

Außerdem hatten sie ihre Nilreise in vollen Zügen genossen und wurden nicht müde, davon zu sprechen, so daß sie vergaßen, ihre Tochter nach dem Aufenthalt in England zu fragen.

Einmal erkundigte sich Mary mit einem wehmütigen Ausdruck in den übernächtigten Augen nach ihrem Elternhaus. Doch das geschah, als Henry nicht da war.

»Das letzte, was ich mir wünsche, ist, noch einmal den Regen und den Morast da drüben zu erleben«, sagte sie dann heftig. »In Ägypten sind wir davon wenigstens verschont.«

Mit sechzehneinhalb, einem Alter, in dem andere Mädchen noch zur Schule gehen, durfte Doreen bereits Bars und Nachtclubs besuchen, wo sie die Zeit mit allen möglichen jungen Männern verbrachte. Niemand redete ihr mehr in die Gestaltung ihres Lebens hinein. Sie konnte tun und lassen, was sie wollte, so lange sie ihren Eltern nicht in die Quere kam.

Doch obwohl sie selbst es nicht bemerkte: ihr Älterwerden hatte auf Mary und Henry einen ganz bestimmten psychologischen Effekt.

Ohne es vor sich selbst einzugestehen, wurden die beiden sich der Tatsache bewußt, daß sie Versager waren.

Die wilde, heftige Art, wie Doreen ihre Jugend genoß, verunsicherte sie mehr, als sie es wahrhaben wollten.

Der Preis dieser ungebundenen, vergnügungssüchtigen Jahre war das Ausbleiben einer engeren Bindung. Es fand sich kein ernsthafter, respektabler Bewerber für die Hand ihrer Tochter.

Ein Wissen, das Henry im Alkohol zu ertränken versuchte und Mary von Tag zu Tag verdrießlicher und verbitterter werden ließ.

Ihr Zusammenleben wurde immer unerträglicher. Streitereien waren an der Tagesordnung.

Doreen kümmerte sich nicht darum.

Als sie zwanzig war, sprach man von ihr nur als von dem »wilden Wallis-Mädchen«.

Dieser Beiname traf jedoch viel weniger zu, als die meisten es ahnen konnten. Die Lebensweise ihrer Eltern, ihre eigene, äußerst attraktive Erscheinung und die Tatsache, daß sie bereit war, mit jedem den Abend zu verbringen, der ihr ein Dinner und die anschließende Unterhaltung bezahlte, genügten, um ihr den Ruf eines Flittchens einzubringen.

In Wirklichkeit vergab sich Doreen nie etwas, denn sie hatte die Angewohnheit, unwillkommene Annäherungsversuche auf der Stelle zurückzuweisen und ihren Verehrern deutlich zu zeigen, wo die Grenzen lagen.

Sie tanzte gern, sie war gerne vergnügt und lachte gern – wie jedes Mädchen ihres Alters. Aber das war auch schon alles. Daß sie unbehütet und ohne Schutz war, dafür konnte sie nichts.

Ihr Erscheinungsbild allerdings sprach gegen sie, denn sie übertrieb maßlos, was ihre Aufmachung betraf. Schuld daran trug die Beschränktheit ihrer Mutter, die ihr niemals das Gefühl gab, eine attraktive junge Frau zu sein, die es nicht nötig hatte, durch extravagante Kleidung oder ein auffälliges Make-up auf sich aufmerksam zu machen.

Mary ließ keine Gelegenheit verstreichen, Doreen klarzumachen, wie unansehnlich sie sei.

»Der Himmel mag wissen, wie wir für dich einen Mann finden sollen!« fügte sie dann mit einem Seufzer hinzu, ohne sich bewußt zu sein, wie sehr sich ihre Tochter diese Worte zu Herzen nahm.

Denn Doreen war überempfindlich, was ihr Aussehen betraf. Sie wünschte sich verzweifelt, beachtet zu werden. Vor nichts hatte sie mehr Angst, als zum Mauerblümchen abgestempelt und links liegen gelassen zu werden.

Naiv, wie sie im Grunde noch war, glaubte sie fest daran, der großzügige Gebrauch von Rouge, Lippenstift und Wimperntusche würde ihr nichtssagendes Äußeres in das einer aufsehenerregenden Schönheit verwandeln.

Ihre kosmetischen Bemühungen verliehen ihr zwar etwas Aufsehenerregendes, aber nicht in der Weise, wie sie es gewünscht hätte, wäre sie imstande gewesen, ein wenig sachlicher an das Problem heranzugehen.

Unentwegt nörgelte Mary an ihr herum und warf ihr vor, sie sehe aus wie eine Kurtisane. Sie machte jedoch nie den ernsthaften Versuch, Doreen ein Gefühl für das, was guter Geschmack war, zu vermitteln. Sie selbst versuchte schon seit Jahren, mit Hilfe von Puder und Schminke die zerstörerischen Spuren zu überdecken, die das Leben in einem heißen Klima nun einmal mit sich bringt.

Vielleicht war es sogar eine Art uneingestandener Eifersucht, die sie daran hinderte, ihrer Tochter einmal ein aufmunterndes Wort oder einen bewundernden Blick zu schenken. Die Folge war, daß Doreen ihrer Mutter gegenüber mit Trotz und Verschlossenheit reagierte.

Und das Zeichen für diesen stummen Protest war, daß sie sich immer mehr aufdonnerte, womit sie zugleich ihre Unsicherheit und ihre Minderwertigkeitsgefühle zu überspielen vermochte.

Sie ahnte nicht, daß sie den Neid der Mädchen ihres Alters in Kairo hervorrief. Hätte sie es geahnt, es wäre ein großer Trost für sie gewesen.

Diese Mädchen wären mit einem Bruchteil der Freiheiten zufrieden gewesen, die Doreen genoß. Auch sie hätten sich gern amüsiert, wären gern fröhlich und ausgelassen gewesen in der Gesellschaft eines Mannes, den sie sympathisch fanden. Und wie gern wären sie der strengen Aufsicht ihrer Mütter und Anstandsdamen entflohen, die jeden, auch den kleinsten Schritt in Richtung Freizügigkeit und Zwanglosigkeit im Keim erstickten.

Den Debütantinnen, die die Saison auf herkömmliche Weise begingen, erschien Doreens Leben geradezu ideal. Voller Neid blickten sie auf das Mädchen, wenn es wie selbstverständlich eine Einladung in ein flottes Lokal annahm oder durch die einladend geöffnete Tür eines schicken Automobils auf dem Beifahrersitz Platz nahm. Sie mußten für alles und jedes um Erlaubnis fragen oder wurden erst gar nicht eingeladen, weil jeder junge Mann wußte, daß er sowieso mit einem Korb rechnen konnte.

Keins dieser Mädchen hätte auch nur im Traum daran gedacht, daß Doreen auf sie eifersüchtig sein könnte.

Doreen sehnte sich vor allem nach einer Mutter, die auch schon einmal nein sagte, auf die sie stolz sein konnte und die ein ganz normales und weniger auffälliges Leben führte als Mary.

Es war nicht immer einfach für Doreen, einem neuen Bekannten zu erklären, daß der auffallend gekleidete Gentleman, der ganz offensichtlich üppig gespeist hatte und nun an der Bar oder auf dem Sattelplatz viel zu laut und viel zu emphatisch das große Wort führte, ihr Vater sei.

Oder daß die Frau mit dem schrillen Lachen und dem viel zu kurzen Rock, die soeben mit einem bleichgesichtigen jungen Mann tanzte, der ihr Sohn hätte sein können, ihre Mutter war.

Je älter Doreen wurde, um so öfter machte sie die Erfahrung, daß fast jeder junge Mann, der ihre Bekanntschaft suchte, mehr von ihr erwartete, als sie zu geben bereit war.

Sie hatten sich an dem Klatsch orientiert, der über Doreen in der Stadt im Umlauf war, und das Mädchen war sich darüber im klaren, daß ein paar flüchtige Küsse im Wagen oder die Erlaubnis, im Schatten der Pyramiden ihre Hand zu halten, nicht das war, was die jungen Herren von ihr erwarteten. Ihr Ruf hatte ihnen mehr versprochen.

Doreen war zynisch genug, anzunehmen, daß sogar ihre Eltern überrascht gewesen wären, hätten sie gewußt, wie rückhaltlos und unbedingt ihre Tochter ihre Tugend verteidigte.

Aus tiefster Überzeugung, die in ihrer Stärke fast etwas Religiöses hatte, wußte sie, daß sie unweigerlich in den Strudel der Verderbtheit hineingezogen würde, wenn sie sich selbst aufgab.

Als sie dreiundzwanzig war und voller Angst dem nächsten Geburtstag entgegenblickte, an dem sie vierundzwanzig wurde, trat Pepi in ihr Leben.

Die erste Begegnung mit ihm würde sie nie vergessen.

Ihre Mutter hatte einen Schwächeanfall erlitten – eins der vielen Signale, die sie innerhalb eines Jahres auf die Tatsache vorbereiten sollten, daß Mary unheilbar an Krebs erkrankt war.

Sie befanden sich auf der Rennbahn, wo sie jeden Sonntagnachmittag anzutreffen waren.

Doreen begleitete Mary zur Toilette. Ein Blick in die Runde genügte, ihren Vater auszumachen. Sein Gesicht war so rot wie die Nelke, die er im Knopfloch trug, und er bildete den Mittelpunkt einer lärmenden Gruppe von Männern am anderen Ende des Restaurants.

Sie überlegte noch, ob sie ihn bitten sollte, der Mutter einen Brandy zu besorgen, oder ob sie diesen selbst an der Theke holen sollte, als neben ihr eine Stimme fragte:

»Kann ich Ihnen helfen?«

Sie wandte den Kopf und bemerkte einen kleinen, dunkelhäutigen Mann mit einem freundlichen Gesichtsausdruck.

»Ich wäre Ihnen dankbar, wenn Sie mir einen Cognac besorgen würden«, sagte Doreen ruhig. »Meiner Mutter ist schwindlig geworden.«

»Warten Sie hier!« sagte er und bahnte sich mit den Ellbogen einen Weg zur Bar. Wenige Sekunden später kam er mit einem Glas in der Hand zurück.

»Besten Dank«, sagte Doreen und streckte die Hand nach dem Cognac aus.

Doch er schüttelte den Kopf.
»Wohin soll ich ihn bringen?«
»Zur Damentoilette«, antwortete Doreen und setzte sich in Bewegung.
Mary stand schon draußen vor der Tür. Sie war sehr blaß und griff wortlos nach dem Glas.
»Solltest du dich nicht besser setzen?« fragte Doreen.
»Ich konnte die Hitze da drinnen nicht mehr ertragen«, antwortete Mary kurzangebunden.
Doreen nahm ihr das leere Glas ab und reichte es dem Fremden.
»Danke«, sagte sie. »Was bin ich Ihnen schuldig ...«
»Bitte nicht«, wehrte er ab. »Es war mir ein Vergnügen. Und falls Ihre Mutter sich immer noch nicht wohl fühlt, würde es mir eine Ehre sein, sie nach Hause zu fahren.«
Doreen wollte schon ablehnen, doch er kam ihr zuvor:
»Ich wollte sowieso aufbrechen. Ich kam nur wegen eines ganz bestimmten Pferdes her. Es ist beim letzten Rennen gelaufen.«
Bevor sie antworten konnte, hatte Mary, ganz offensichtlich verärgert über das Zögern ihrer Tochter, das Angebot bereits angenommen.
Sie gingen zum Parkplatz, wo er zu einer riesigen, luxuriös ausgestatteten Limousine ging.
Er ließ die beiden Frauen im Fond Platz nehmen und setzte sich vorn neben den Chauffeur. Die Trennscheibe war heruntergelassen, und daher erkundigte sich Mary bei ihrer Tochter im Flüsterton:
»Wer ist der Mann?«
Doreen zuckte die Schultern.
Nach einem unwilligen Murmeln lehnte sich Mary in die Polster zurück und schloß die Augen.
Wie krank sie aussieht, dachte Doreen. Es ist das unsinnige, verrückte Leben, das sie führt! Niemand in ihrem Alter könnte das durchhalten.

Aber dann begann sie zu rechnen und stellte überrascht fest, daß Mary erst siebenundvierzig war – zu jung, um schon so erschöpft und verbraucht zu sein.

In einigen Jahren bist du genausoweit, sagte sie sich. Ein Schauder überlief sie, und sie drehte ihr Gesicht zur Seite.

Sie hatte Angst vor der Zukunft. So sehr, daß sie sich nur selten erlaubte, daran zu denken.

Es lag auf der Hand, was mit ihr passieren würde. Sie würde sitzenbleiben. Es hatte zwar zahlreiche Männer in ihrem Leben gegeben, Männer, die darauf aus waren, angenehme Stunden in ihrer Gesellschaft zu verbringen, die sie reizvoll und amüsant fanden. Aber keiner hatte ihr jemals etwas Greifbares in bezug auf die Zukunft geboten.

Sobald sie die Sprache aufs Heiraten brachte, erschien jener mißtrauische Ausdruck in ihren Augen, der Doreen an ein Tier erinnerte, das fürchtete, in eine Falle zu laufen.

Die Limousine hielt vor ihrem Hotel in einer der schmutzigen und heruntergekommenen Seitenstraßen, die an die eleganteren Viertel der Stadt anschlossen. Der kleine Mann stieg aus und half ihnen aus dem Wagen.

»Danke«, sagte Mary. »Sie waren sehr hilfsbereit. Ich hoffe, wir begegnen einander noch einmal.«

Er gab ihr die Hand und wandte sich Doreen zu.

»Es war mir ein großes Vergnügen«, sagte er. »Ich würde Sie gern wiedersehen – wenn ich darf.«

»Das wäre nett«, antwortete Doreen mehr aus Höflichkeit als aus einem inneren Bedürfnis heraus. Dann folgte sie ihrer Mutter in die Halle.

Während sie mühsam die Stufen hinaufstieg, fragte Mary:

»Wer ist er? Kennst du seinen Namen?«

»Ich habe keine Ahnung«, erwiderte ihre Tochter gleichgültig.

»Hat er sich dir denn nicht vorgestellt?«

Doreen schüttelte den Kopf.

»Nein.«

»Wie dumm von dir, dich nicht nach seinem Namen zu erkundigen!« stieß Mary heftig hervor. »Schließlich scheint er ganz schön reich zu sein. Die Limousine war ein Traum, und die Livree des Chauffeurs wirkte gediegen und teuer. Ich dachte, du hättest etwas mehr Verstand! Läßt den Mann einfach laufen, ohne eine Verabredung mit ihm getroffen zu haben! Leider fühlte ich mich nicht wohl genug, sonst hätte ich etwas unternommen. Bitte, gib mir drei von diesen Tabletten aus der Schublade meines Ankleidetisches. Sie liegen in der linken Ecke.«

Doreen fand die Tabletten und warf einen Blick auf den Aufkleber des Fläschchens.

»Drei?« fragte sie. »Ist die Dosis nicht zu stark?«

Die Tabletten waren ein Beruhigungsmittel, das in jeder Apotheke zu haben war, allerdings nur auf Rezept.

»Und ein Glas Wasser!«

Doreen holte ein Glas Wasser. Als sie sich über Mary beugte, fiel ihr erneut auf, wie erschreckend krank sie aussah.

Ein plötzliches Mitleid mit ihrer Mutter erfaßte sie. Liebevoll schüttelte sie die Kissen auf. Dann begann sie das Zimmer aufzuräumen.

Sie hängte Marys Kleid in den Schrank, faltete die vielen verstreut herumliegenden Wäschestücke zusammen und legte sie in die Kommode zurück.

Als sie fertig war, wandte sie sich zur Tür. Hinter sich hörte sie Marys Stimme, die schon ein wenig benommen klang.

»Griechen haben Geld. Vergiß nicht, herauszufinden, wer er ist!«

III

Pepi Altini galt in seiner Branche als eiskalter Geschäftsmann. Er war dafür bekannt, daß er jeden Vorteil rücksichtslos wahrnahm und sich von niemandem an die Wand drücken ließ.

Privat dagegen war er eine Art Idealist und trotz seiner achtundfünfzig Jahre immer noch auf der Suche nach einem Glück, das ihm das Leben bislang vorenthalten hatte.

Er sehnte sich nach Jugend. In seinen Gedanken und Träumen war er jung und stark und unablässig nach der Suche nach einem schönen Mädchen, das er zu seiner Lebensgefährtin machen würde.

Wenn er allerdings in den Spiegel schaute und seinen alternden Körper, fett und schlaff von zu gutem und reichlichem Essen, sah, fühlte er sich deprimiert und unglücklich, kam sich jedoch in keiner Weise lächerlich vor.

Mit neunzehn war Pepi einmal an einem schwülheißen Nachmittag durch Athen gegangen und hatte ein entzückendes dunkelhaariges Mädchen gesehen, das auf einer Mauer saß und reife Feigen aß.

Sie hatte ihm zugelächelt, und es hatte keiner weiteren Aufforderung bedurft, sie anzusprechen. Sie verabredeten sich dann für den nächsten Tag und sahen sich von da ab immer häufiger.

An ihrem siebzehnten Geburtstag verführte er sie.

Danach trennten sich ihre Wege, denn ihr Vater schickte sie aufs Land, und er sah sie nie wieder.

Doch er vergaß sie nie. Sein ganzes Leben nicht. Sie wurde für ihn die Verkörperung seiner unerfüllt gebliebenen Träume von Liebe, Jugend und romantischer Leidenschaft.

Später heiratete er die Tochter eines Geschäftsfreundes seines Vaters. Es war eine Zweckheirat. Seine Frau brachte eine beträchtliche Mitgift mit in die Ehe und schenkte ihm zwei Söhne, die beide, je älter sie wurden, ihrem Vater gegenüber ein immer stärker werdendes Gefühl mitleidiger Verachtung entwickelten.

Madame Altini wurde mit den Jahren immer korpulenter. Sie war eine bequeme Frau, die die ehelichen Pflichten als äußerst langweilig und lästig empfand, sie aber des Kinderkriegens wegen in Kauf nahm. Für sie waren Kinder das einzig Bedeutsame im Leben einer normalen Frau.

Mit vierzig war sie eine alte Frau, zufrieden damit, ihre beiden Söhne zu bemuttern und ihrer maßlosen Eßgier zu frönen.

Als Pepi ihr verkündete, er werde nach Kairo fahren, um dort eine neue Geschäftsniederlassung zu gründen, hatte sie keinerlei Einwände gegen diesen Plan, und sie schien es für selbstverständlich zu halten, daß er auf ihre Gesellschaft in Kairo keinen Wert legte.

Mit einer Wehmut, die er nach außenhin selten zeigte, hatte er sie zuvor einmal gefragt, ob sie ihn eigentlich vermissen werde, wenn er nicht mehr da sei.

Ihre Antwort war charakteristisch für sie.

»Ich habe doch meine Kinder.«

Pepi war zweiundfünfzig, als er nach Kairo kam. Und zum ersten Mal seit seiner Jugend hatte er wieder das Gefühl, ein freier Mann zu sein.

Er genoß sein Junggesellendasein und das Bewußtsein, seiner Vergnügungssucht und seinem Hang zu jungen Frauen endlich einmal nachgeben zu können ohne die unausgesprochene und dennoch deutlich spürbare Mißbilligung seiner Söhne.

Langsam und ohne daß es ihm recht bewußt wurde, begann er, von sich wie von einem Mann zu reden, der ohne Anhang ist. Anfänglich lächelte er nur, wenn die Leute, mit denen er zusammentraf, auf sein Junggesellendasein anspielten. Er nahm es als einen netten Spaß und ließ sie in ihrem Glauben. Er tat nichts, um ihre Meinung von ihm zu revidieren.

Schließlich stellte er fest, daß es gewisse Vorteile brachte, in Kairo als Junggeselle zu gelten.

Es machte ihm auch Freude, bei jungen Damen den Eindruck zu erwecken, er wäre noch zu haben – vom Standpunkt der Ehe aus gesehen. Und dies um so mehr, je sehnsüchtiger manche unverheiratete Blondine auf ein Wort von ihm wartete, das ihr auch bestimmte legale Macht- und Besitzansprüche über ihn verleihen würde.

Was als eine Art Spiel begann, wurde mit der Zeit tödlicher Ernst.

Pepi lebte in ständiger Furcht, die kleine Welt, die er sich errichtet hatte, könnte plötzlich über ihm zusammenbrechen.

Bekannte und Geschäftspartner aus Griechenland, die ihn besuchten, brachte er nie mit seinem neuen Freundeskreis zusammen. Im Gegenteil, er vermied peinlich, daß es zu irgendeiner Verbindung zwischen ihnen kam.

Zum Glück erforderten die Geschäfte, die er machte, nur selten einen persönlichen Kontakt, und seine Ängste blieben auf zwei oder drei Wochen im Jahr beschränkt.

Es dauerte also nicht lange und er genoß in Kairo den Ruf eines *roués*. Er war bekannt für seine diskreten, aber höchst amüsanten Partys, auf denen sehr junge und reizvolle Ladys anzutreffen waren, die es mit der Tugend nicht allzu ernst nahmen.

Er besaß zahlreiche Rennpferde, die ihm einen angesehenen Platz in der Sportwelt sicherten, und er nahm erfreut zur Kenntnis, daß man ihn immer häufiger als einen prächtigen Burschen bezeichnete.

Doch unter der betriebsamen und vergnügungssüchtigen Oberfläche blieb er der romantische Träumer, der er immer gewesen war. Er sehnte sich nach wahrer Liebe und nach jener Leidenschaft, die ihn vor langer Zeit einmal in einer der staubigen Straßen Athens erfaßt hatte.

Er war sich darüber im klaren, daß die Frauen, die er sich kaufte, ihm ihren Körper mit der gleichen Gedankenlosigkeit anboten, wie ein Mann ihm einen Drink spendierte oder ihm Feuer für seine Zigarette gab.

Pepi war reich – das allein zählte für sie. Aber weil er ein Idealist war, war ihm eine gekaufte Frau zu wenig. Er wollte mehr. Er hungerte nach etwas, das er seit damals nie wieder gefunden hatte und von dem er gleichzeitig wußte, daß es ihm eines Tages die Erfüllung all seiner Träume bringen würde.

Als er Doreen begegnete, verliebte er sich auf der Stelle in sie.

Einen besonderen Grund dafür gab es nicht. Sie war nicht annähernd so schön, wie viele der Mädchen, die Abend für Abend an seiner Dinnertafel saßen. Sie besaß weder die Reize noch den sprühenden Witz, über die manche Frauen in seiner Umgebung verfügten. Doch er spürte – wozu vielleicht sonst niemand in der Lage war – Doreens jugendliche Unberührtheit, die selbst noch unter der Schminke ihres Trotzes und ihrer Rebellion zu erkennen war.

Gleich in den ersten Sekunden ihrer Begegnung wußte Pepi mit untrüglicher Sicherheit, daß Doreens Verleumder die Unwahrheit sagten. Dieses Mädchen war nicht unmoralisch und auch nicht mannstoll.

Er erkannte ihre Unschuld und Unberührtheit. Er erkannte es an der Art, wie sie ging, wie sie den Kopf drehte oder die Hand bewegte. Sie erinnerte ihn an ein junges Pferd, das viel zu früh und viel zu hart eingeritten worden war, sich jedoch unter dem Zaumzeug seine Ungezähmtheit und Ungezügeltheit bewahrt hatte.

Er mochte sie, er hatte Mitleid mit ihr, und er liebte sie – obwohl sie eigentlich gar nicht sein Typ war.

Es begann auf die gewohnte Weise. Fast täglich rief er sie an und lud sie ein zu dem üblichen Zug durch die Clubs. Doreen war nur zu froh, seine Einladungen annehmen zu können.

Sie mochte Pepi, er interessierte sie, und sie war klug genug, ihn wie einen Gleichaltrigen zu behandeln und nicht wie einen Mann, der älter war als ihr Vater.

Außerdem genoß sie den Luxus, mit jemandem zusammenzusein, der wirklich reich war. Die Subalternoffiziere, die kleinen Beamten und Bankangestellten, die bis dahin die Mehrzahl ihrer Bewunderer gestellt hatten, konnten ihr längst nicht das bieten, was Pepi ihr bot.

Sein Wagen und sein Chauffeur standen stets zu ihrer Verfügung. Sein riesiges, komfortables Haus mit seinem schattigen Garten am Ufer des Nils, mit der geschulten Dienerschaft und der ausgezeichneten Küche bildeten einen Hintergrund, den ihr bisher noch kein Mann hatte bieten können.

Pepi beging nicht den Fehler, ihr zu viele Dinge zu rasch hintereinander anzubieten. Blumen, Süßigkeiten, Magazine standen selbstverständlich zu ihrer Verfügung, und wenn sie früher Rosen und Nelken an ihrer Schulter befestigt hatte, waren es nun teure Orchideen.

Doch er beleidigte sie nicht mit Geschenken wie Schmuck, Pelze oder kostspielige Kleider, wie er das zuvor so oft bei anderen Frauen getan hatte.

Lange bevor es für Doreen feststand, daß Pepi es ernst meinte, hatte er bereits den Entschluß gefaßt, daß sie die Seine werden sollte.

Die Frage war nur, wie.

Pepi war keinesfalls ein Narr. Er kannte die Geschichten, die über Doreens Eltern die Runde machten, über ihre Freizügigkeit, die Art und Weise, wie sie versuchten, sich durchs Leben zu schlagen.

Einige der Geschichten glaubte er, von anderen wußte er, daß sie unwahr und typisch für den Klatsch waren, der in einer Stadt wie Kairo die Runde machte. In seinem Innersten war er fest davon überzeugt, daß er mit keinem Antrag, außer einem rechtmäßigen, bei Doreen eine Chance haben würde.

Weil er sie wirklich liebte, fürchtete er nichts so sehr, als durch einen falschen Schritt ihr Vertrauen und ihre Freundschaft zu verlieren.

Der alternde, von seiner Ehe enttäuschte Pepi war ein Idealist. Der liebende Pepi war Romeo, Dante und Lancelot in einer Person.

Die unter der Asche seiner Enttäuschung glimmende Glut eines leidenschaftlichen Temperaments war zur hellen Flamme entfacht, und sein Verlangen nach Doreen wuchs in einem Maße, daß er schließlich glaubte, ohne sie nicht mehr leben zu können.

»Ich liebe dich – mein Leben ist sinnlos ohne dich!« sagte er zu ihr schmachtend – und er meinte es auch so.

Seine Familie in Athen hatte er buchstäblich vergessen. Zu lange war er nun schon nicht mehr dort gewesen.

Zu Weihnachten erhielt er zwar stets einen Brief von seiner Frau mit den neuesten Bildern seiner Söhne, und in einem ihrer letzten Schreiben hatte gestanden, daß der älteste von ihnen geheiratet hatte und inzwischen Vater eines gesunden Sohnes geworden war. Aber für Pepi waren diese Nachrichten ohne jedes Interesse.

Er las diese Briefe mechanisch und verbrannte sie anschließend im Kamin, da er befürchtete, sie könnten der Dienerschaft in die Hände fallen.

Er war ein Mann mit Methode, und so hatte er sich nicht nur eine Position geschaffen, die ihn in Kairo unabkömmlich machte, sondern es gleichzeitig auch fertiggebracht, den gewaltigen Bluff seiner Unabhängigkeit siebzehn Jahre lang aufrechtzuerhalten.

Jedenfalls glaubte er das.

Er ahnte nichts von dem, was man sich flüsternd und hinter vorgehaltener Hand über ihn erzählte – vor allem unter seinen Landsleuten.

Dieses Gerede war natürlich harmlos und vermochte seinem Ruf kaum zu schaden.

Bis er Doreen heiratete.

Die Hochzeit fand heimlich statt.

Erst vierzehn Tage später tauchte Pepi mit ihr wieder bei den Rennen auf und stellte sie als seine Frau vor.

Nun allerdings schwoll der Klatsch in der griechischen Kolonie zu einem Orkan an.

Aber zu dieser Zeit wiegte Pepi sich noch in absoluter Sicherheit. Er hatte jedes Gespür für eine Bedrohung oder Gefahr verloren. Er glich einem Mann, der so lange am Rande des Abgrunds gestanden hatte, daß der Sprung in die Tiefe ihm nichts mehr ausmachte. Allen Warnsignalen gegenüber, die ihm vor wenigen Jahren noch den Angstschweiß aus den Poren getrieben hätten, war er taub und blind.

Er war glücklich. Ganz unsinnig glücklich mit seiner frischvermählten Frau, die sechsunddreißig Jahre jünger war als er.

»Du bist alles, was ich mir vom Leben erträumt habe«, sagte er immer wieder zu ihr. »Du bist schön, jung und vollkommen.«

Wenn Doreen das Entzücken ihres Mannes auch nur bis zu einem gewissen Grad teilen konnte, so vermochte sie ihm dennoch eine tiefe Zuneigung entgegenzubringen.

Sie empfand eine grenzenlose Dankbarkeit für ihn, weil er sie aus ihrem Zuhause fortgeholt hatte, und sie verachtete ihre Eltern für die aufdringliche Art, wie sie ihre Genugtuung über den vorteilhaften Fang zeigten, den ihre Tochter gemacht hatte.

Sie brauchte lange, bis sie sich an die Ruhe und den Frieden gewöhnt hatte, der sie in ihrem neuen Heim umgab. Bis es in ihr Bewußtsein gedrungen war, daß ihr am Empfang kein erboster Hotelwirt mehr auflauerte, der ihr wutentbrannt die unbezahlte Zimmerrechnung entgegenhielt.

Es war der Himmel auf Erden, ungestört in einem warmen, duftenden Bad zu liegen, ohne fürchten zu müssen, daß ein anderer Benutzer unwillig an die Tür klopfte, damit sie den Raum verließ, den er für sich beanspruchte.

Sie besaß Geld, sie besaß Kleider und Schmuck, und der Gedanke an den Luxus, der sie umgab, war so beruhigend, daß es lange dauerte, bis sie sich endlich damit vertraut gemacht hatte.

Pepi stellte kaum Ansprüche an sie. Es genügte ihm, sie zu lieben. Er war weder rücksichtslos noch verlangte er zu viel von ihr, wie ein junger Mann das getan hätte. Er hatte nur den Wunsch, sie glücklich zu machen, und mit einer geradezu rührenden Unterwürfigkeit dankte er ihr für die Erfüllung dessen, was er sich ein Leben lang ersehnt hatte.

»Was kann ich dir geben für alles, was du mir gibst?« fragte er. »Ich bin unsagbar glücklich, mein Liebling, meine süße, wundervolle Frau.«

Wenn Doreen an die vergangenen vier Jahre ihrer Ehe dachte, kam es ihr vor, als hätte sie wie in einem Nebel gelebt.

Die Gäste kamen und gingen. Es gab Partys, es gab Bälle, es gab Tage auf dem Rennplatz und Wochenenden auf dem Nil. Und über allem lagen das Lachen und das endlose Geplapper vieler Stimmen.

Doch sie selbst bewegte sich in einer Art Losgelöstsein von der Wirklichkeit, die ihr das Gefühl gab, nur der Schatten ihrer selbst zu sein.

Dennoch war sie glücklich gewesen, und was sie vor allem genossen hatte, war die Tatsache, daß sie vor Pepi kein Theater spielen mußte.

Er wußte Bescheid über sie, wußte, wie es um ihre Eltern stand, die nie mit leeren Händen von einem Besuch bei ihr nach Hause zurückkehrten.

Sie konnte mit Pepi sogar über die beiden lachen, ohne sich ihretwegen zu schämen oder sich erniedrigt zu fühlen, aber froh darüber, daß sie selbst diesem Leben hatte entrinnen können.

Den Sommer verlebten sie in Alexandrien, wo Pepi eine Villa mietete und wohin die ausgelassene Schar ihnen folgte, die im Winter ihr Haus in Kairo bevölkerte.

Wenn sich Pepi einen freien Tag nehmen konnte, fuhren sie hinauf nach Luxor oder Assuan, und Doreen akzeptierte jeden seiner Pläne widerspruchslos und mit jener seltsamen Gleichgültigkeit, die nur dann einmal von ihr abfiel, wenn sie – selten genug – das Gesicht an der Brust ihres Mannes barg und flüsterte:

»Ich kann nicht glauben, daß es Wirklichkeit ist.«

Erst bei der Testamentseröffnung wurde ihr bewußt, welch einem Trugbild sie zum Opfer gefallen war, auf welch tönernen Füßen dieses vergangene Leben gestanden hatte. Pepi hätte sich all den Luxus gar nicht leisten dürfen.

Sie hatte sich um seine kaufmännischen Unternehmungen und Fähigkeiten nie gekümmert, sich nie dafür interessiert. Sie wußte auch nicht, welche Stellung er in seiner Firma eigentlich innehatte.

Die Art, wie sie das Geld ausgaben, hatte sie annehmen lassen, daß er ein sehr reicher Mann war.

Als dann der Tag kam, an dem ihre Welt des Reichtums und des Luxus zusammenbrach, stellte sie fest, daß sie eine Illusion gewesen war, genauso wie die Überzeugung, seine Ehefrau zu sein.

Pepi hinterließ ihr einen Brief, in dem er ihr klarzumachen versuchte, wie sehr er sie geliebt hatte und daß er der Überzeugung gewesen wäre, daß nur die Eheschließung mit ihr ihn in den Genuß ihrer Liebe bringen würde.

Es gab ein Testament, das für sie die armselige Summe von tausend Pfund vorsah. Der Rest seines Vermögens sollte nach Verkauf der Firma an seine Familie in Athen fallen.

»Wenn alle seine Rechnungen bezahlt sind«, erklärten die Anwälte Doreen, »wird allerdings praktisch kaum noch etwas übrig sein. Auch wenn er später gestorben wäre, hätte er den Zusammenbruch nicht mehr lange aufhalten können.«

Sie glaubte ihnen nicht. Absurd, zu glauben, Pepi könnte ein Bankrotteur sein oder zu seinen Lebzeiten vom drohenden Ruin der Firma gewußt haben! Er hatte in Gelddingen eine so glückliche Hand gehabt. Wenn er Aktien kaufte, stiegen sie. Wenn er auf ein Pferd setzte, gewann es. Aber ein Spieler erlebt selten ein ruhiges, gesichertes Alter. Pepi hätte damit rechnen müssen, daß nach dem Gesetz der Wahrscheinlichkeit seine Glückssträhne früher oder später zu Ende gehen würde. Doch bevor dieser Moment kam, starb er. Sorglos und in Frieden, auch jetzt noch vom Glück begünstigt.

Er hinterließ keinerlei Erklärungen außen der an Doreen, und die einzige Anweisung an seine Anwälte war die, seinen letzten Willen so geheim wie möglich zu behandeln.

Aber bereits vierundzwanzig Stunden später wußte die ganze Stadt davon. Wieder einmal bewahrheitete sich der Satz, daß der Orient keine Geheimnisse kennt.

Doreen packte ihre Garderobe und ihren Schmuck in einen Koffer und verließ das Haus, in dem sie mit Pepi gelebt hatte.

Ein letztes Mal schaute sie zu den Fenstern hinauf, die in der Herbstsonne funkelten, warf einen letzten Blick auf die üppigen Blumenbeete, die den gepflegten, in sattem Grün schimmernden Rasen einfaßten, und wunderte sich, daß ihre Augen trocken blieben.

Dies war nicht nur vier lange Jahre ihre Heimat gewesen, sondern ein Hafen der Ruhe und des Friedens, ein Schutz vor dem stürmischen, gefahrvollen Leben, das sie einmal gelebt hatte.

Sie konnte nicht weinen.

Pepis Tod und alles, was er zur Folge hatte, waren einfach zu erschütternd und unheilvoll. Sie hatte keine Tränen, war zu fassungslos, bestürzt und voller Angst.

Manchmal war ihr, als hätte sie alles kommen sehen, als hätte sie auch während ihrer Ehe mit Pepi das Gefühl gehabt, ihre Sicherheit könnte nicht ewig währen.

Nun mußte sie in ihr früheres Milieu zurückkehren. Doch diesmal war sie völlig allein, denn ihr Vater und ihre Mutter lebten inzwischen nicht mehr.

Mary war ein Jahr nach der Hochzeit ihrer Tochter gestorben. An Brustkrebs, den sie viel zu lange vernachlässigt hatte.

Henry folgte ihr zwei Jahre später. Sein Tod hatte niemanden überrascht, denn in der letzten Zeit war er nie mehr richtig nüchtern gewesen.

Mary fehlte ihm mehr, als er oder sonst einer es jemals für möglich gehalten hätte. Auf dem Heimweg von einer Party zog er sich eine fiebrige Erkältung zu, und es war nur noch eine Frage von Tagen, bis er starb.

Pepi sorgte dafür, daß er die besten Ärzte hatte, aber keiner von ihnen konnte ihm helfen. Er starb fröhlich, mit einem Scherz auf den Lippen. Als jemand ihn kurz vor seinem Tod fragte, wie er sich fühle, sagte er grinsend:

»Man sollte nie vom Sterben reden!«

Er hatte zuletzt ein entsetzlich armseliges Leben geführt, und Doreen fühlte, wie ihr eine Zentnerlast von der Seele fiel, nachdem Henry neben seiner Frau auf dem vornehmen Friedhof außerhalb Kairos zur letzten Ruhe gebettet worden war.

Damals ahnte sie noch nicht, daß sie schon ein Jahr später hinter einem anderen Sarg hergehen würde.

Gemäß seinem Wunsch fand Pepis Beisetzung in aller Stille statt. Weder Freunde noch Verwandte erschienen. Sie und Pepis Anwälte waren die einzigen Trauergäste.

Sie bestatteten ihn an einem herrlichen Frühlingsmorgen. Die Sonne glänzte, und die aufbrechende Natur war wie ein Stück jener Jugend, die er ein Leben lang so begierig gesucht und in den letzten vier Jahren vor seinem Tod wenigstens zu einem Teil gefunden hatte.

»Du machst mich zum glücklichsten Mann auf den Welt«, hörte Doreen ihn sagen und wußte, daß es die Wahrheit gewesen war.

IV

Es war vier, als Doreen in der Ferne eine Uhr schlagen hörte.

Sie erhob sich, nahm Tonys Brief und zerriß ihn in tausend Stücke. Sie glaubte, auf diese Weise die Erinnerung an ihn aus ihrem Herzen tilgen zu können.

Gleichzeitig sagte ihr ein Gefühl, daß dies nicht so einfach sein würde. Die Erinnerung an jene Wochen des Glücks und der Hoffnung würde sie nicht so ohne weiteres loswerden.

Sie fühlte sich zu schwach, um sich anzukleiden und ein paar Schritte zu gehen, wußte jedoch gleichzeitig, daß sie sich früher oder später dazu aufraffen mußte.

Es war wichtig, daß man wußte, sie war wieder gesund, konnte wieder zum Essen eingeladen werden und an den Partys teilnehmen, die Abend für Abend stattfanden.

Das alte, mühsame Karussell würde sich wieder zu drehen beginnen, die Tretmühle der Vergnügungen, angetrieben von der Hoffnung, eines Tages einen Mann zu finden der ein Interesse an ihr fand. Einen Mann, den sie brauchte und der vielleicht den Platz ausfüllte, den Tony freigemacht hatte.

Sie wußte, es war entwürdigend und entsetzlich. Etwas, das noch mehr schmerzte als zuvor. Doch was blieb ihr für eine Wahl?

Jetzt, da die Papierschnipsel zu Boden wehten, fragte sie sich sogar, ob sie in der Wahl ihrer Mittel nicht zu zimperlich gewesen sei.

Vielleicht hätte er die Worte, auf die sie so sehnsüchtig gewartet hatte, gesagt, wenn sie ihm mehr entgegengekommen wäre, obwohl er ein Mann gewesen war, zu dessen Gewohnheiten es gehört hatte, einer Frau Hochachtung entgegenzubringen. Und Ritterlichkeit war es gewesen, die ihn davon abgehalten hatte, sie zu verlassen, während sie krank gewesen war.

Jedenfalls trafen in der ersten Woche ihres Krankenhausaufenthaltes täglich große Blumengebinde von ihm ein.

Meist waren ein paar zärtliche Worte beigefügt. Er hatte sie zwar wegen der bestehenden Ansteckungsgefahr nicht besuchen dürfen, aber sie war sicher gewesen, daß er auf sie wartete und bei ihrer Entlassung vor dem Krankenhaus stehen würde, um sie beglückt in seine Arme zu schließen.

Dann war jede Verbindung urplötzlich abgebrochen.

Drei Tage lang hatte sie dagelegen und gewartet, auf Blumen, auf eine Nachricht von ihm.

Vergebens.

Schließlich weckte ein riesiger Korb mit Früchten, an dem eine Karte mit Besserungswünschen steckte, neue Hoffnung in ihr. Aber es war das Ende gewesen.

Nach ihrer Entlassung aus dem Hospital schrieb sie ihm, damit er wußte, daß sie wieder unter ihrer alten Adresse zu finden war.

Der Tag danach war eine einzige Marter für sie gewesen. Jedes Knarren der Treppenstufen, jede Stimme vor dem Haus ließen sie aufhorchen, hoffen und zuletzt beten.

Es war grauenvoll, dazuliegen und zu wissen, daß sie nicht die Kraft besaß, aufzustehen und die Wahrheit herauszufinden. Ans Bett gefesselt von ihrer Schwäche und Mattigkeit, konnte sie nur warten.

Tag für Tag hatte sie auf eine Nachricht gehofft, und heute war dann Tonys Brief gekommen. Er hatte ihn beim Verlassen von Port Said geschrieben. Nun wußte sie endgültig, daß sie verloren hatte. Es gab keine Hoffnung mehr für sie.

»O Gott, es kann nicht wahr sein!« flüsterte sie.

Wieder – wie so oft – stellte sie sich die Frage, wie es gewesen wäre, wenn sie Tony zwei Jahre früher kennengelernt hätte; als sie noch im Überfluß lebte und die teure, elegante Garderobe trug, die sie mit Pepis Geld bezahlte. Hätten sich die Dinge dann vielleicht anders entwickelt?

Ohne Zynismus wußte sie, welche Rolle der materielle Hintergrund einer Frau spielte.

Männer, jedenfalls diejenigen, denen sie begegnete, taxierten eine Frau. Nicht nach ihrem inneren Wert, sondern nach ihrer gesellschaftlichen Stellung.

Geld, gleichgültig, wie man in seinen Besitz kam, war wichtig. Und Doreen glaubte, wenn Pepi ihr ein

Vermögen hinterlassen hätte, Kairo wäre nur zu bereit gewesen, über die unrechtmäßige Art und Weise, wie sie zu seinem Namen gekommen war, leichten Herzens hinwegzusehen.

Aber mittellos und mit einer so ruinierten Reputation gab es kein Pardon für sie.

Sie nahm ihren alten Namen wieder an, aus Angst vor den Repressalien, die ihr drohten, sollte sie den Namen weiter benutzen, den zu tragen sie kein Recht hatte.

Die Umstellung war nicht einfach.

Die Worte »Madame Altini« zitterten gleichsam auf ihren Lippen, wenn sie einen Einkauf machte oder sich einem Unbekannten vorstellte.

Doch allmählich wurde das Zögern seltener, so wie der Gedanke an Pepi seltener wurde und schließlich völlig verblaßte. Zu phantastisch waren die Erinnerungen, die sich mit ihm verbanden, und sie paßten wenig zu ihrer augenblicklichen Lage.

Doreen ging zum Waschständer und benetzte ihr Gesicht mit dem abgestandenen Wasser. Den ganzen Tag über war sie zu müde gewesen, sich ein wenig zurechtzumachen. Doch nun, um sich eine moralische Unterstützung zu geben, zog sie sich mit dem Lippenstift die Lippen nach und puderte sich die Nase.

Voller Abscheu bemerkte sie die gelbliche Tönung ihrer Haut und die Glanzlosigkeit ihres Haars. Es war früher wie ein Goldgespinst gewesen, doch nun wirkte es durch die lange Krankheit spröde und brüchig. Die blonden Strähnen waren schmutzig und verklebt.

Selbst wenn es bedeutete, daß sie auf das Essen verzichten mußte, war ihr klar, daß ihre äußere Erscheinung dringend einer Auffrischung bedurfte. Das gute Aussehen war ihr einziges Kapital, und nichts war wichtiger für sie.

Ein Klopfen an der Tür ließ sie zusammenfahren. Hastig griff sie nach dem pinkfarbenen, bestickten Morgenmantel, der über dem Fußteil des Bettes hing, und schlüpfte hinein.

»Herein!« sagte sie.

»Geht's dir besser?«

Das Mädchen vom Stockwerk unter ihr stand in der Tür. Sie wirkte schrecklich aufgedonnert in ihrem weißen Crêpe-de-Chine-Kleid. Das tief ausgeschnittene Oberteil spannte sich fest über den vollen Brüsten.

Ein breiter roter Lackledergürtel bildete das auffallende Pendant zu dem schicken kleinen Hut, den sie herausfordernd in die Stirn gezogen hatte, und aus den weißen Wildledersandalen schauten frech die knallrot lackierten Zehennägel.

»Oh, du bist es, Alma!« sagte Doreen.

Als sie in dieses Haus eingezogen war und die einzige Weiße, die hier wohnte, zum erstenmal gesehen hatte, war sie entsetzt gewesen.

Am Anfang hatte sie die schwärmerischen Annäherungsversuche des Mädchens voller Überheblichkeit abzuwehren versucht, bis ihr schließlich bewußt geworden war, daß sie sich in ihrer Situation keinen Stolz leisten konnte. Gewiß, Almas Gewerbe war offenkundig, dennoch gab Doreen ihre mißbilligende Zurückhaltung auf und ließ zu, daß sich zwischen ihnen eine Freundschaft anbahnte.

Seit ihrer Krankheit begrüßte sie jede Gelegenheit zu einem Gespräch mit Alma, so oft diese Zeit dazu fand.

»Wie fühlst du dich heute?« wollte Alma wissen, während sie ins Zimmer kam, den breiten Mund zu einem überschwenglichen Lächeln geöffnet.

»Ziemlich schlecht«, erwiderte Doreen.

»Das wird sich auch in den nächsten drei Wochen nicht ändern«, sagte Alma. »Ich hatte das Fieber auch schon mal. Ich kann dir nicht sagen, wie saumäßig ich mich gefühlt habe. Ich wollte nur noch sterben. Und zwar so schnell wie möglich, damit ich es hinter mir hatte. Und geheult hast du auch, wie?« fügte sie mit einem kritischen Blick auf Doreens gerötete Augen hinzu.

Doreen nickte, ihrer Stimme nicht mächtig.

»Schlechte Nachrichten?« fragte Alma.

Doreen verspürte ein plötzliches Würgen in der Kehle.

»Ja«, antwortete sie mit tränenerstickter Stimme.

»Bestimmt dieser junge Mann von dir«, stellte Alma fest. »Tony hieß er. Du hast gehört, daß er nach England zurück ist.«

Doreen starrte sie an, und Alma fuhr fort:

»Ja, ich weiß, daß er fort ist. Ich hörte es. Irgend jemand im Continental sprach eines Abends davon. Aber ich wollte es dir nicht sagen. Solltest erst mal wieder ganz gesund werden.«

»Ich glaube, ich war eine Närrin, etwas anderes zu erwarten«, sagte Doreen voller Bitterkeit.

Sie hatte vor Alma keine Geheimnisse. Irgendwie empfand sie es als eine Wohltat, jemanden zu kennen, dessen Leben so vollkommen anders war als ihr eigenes, so daß sie mit Alma ganz offen über ihre Freunde sprechen konnte, ohne das Gefühl der Illoyalität ihnen gegenüber zu haben.

»Es ist hart«, meinte Alma. »Ich kenne das. Andererseits hattest du nie eine wirkliche Chance. Wenn du mal unten bist, dann bist du unten. Im Augenblick steckst du in einer verdammten Pechsträhne. Das einzige, was du tun kannst, ist, zu hoffen, daß sie eines Tages mal endet, obwohl es besser ist, du rechnest damit, daß es noch dicker kommt.«

Das war Almas Lebensphilosophie, auf einen kurzen Nenner gebracht. Doreen kannte sie bereits, aber nun schöpfte sie sogar ein wenig Trost aus dem

Gedanken, daß sie an ihrer Lage keine Schuld trug. Schuld war das Schicksal, das Rad des Lebens, das sich hob und senkte, und niemand vermochte, es anzuhalten.

»Well, was wirst du jetzt tun?« fragte Alma. »Wenn es dir besser geht, meine ich?«

»Ich gedenke in die alte Clique zurückzukehren«, antwortete Doreen mutlos.

»Weiß nicht«, meinte Alma skeptisch. »Du mußt lernen, dein Leben selbst in die Hand zu nehmen. Aber ruh dich erst noch was aus. In einigen Tagen sieht die Welt schon wieder anders aus.«

Sie warf einen Blick auf ihre Armbanduhr, die mit unechten Brillanten besetzt war.

»Himmel, ich muß lostigern«, rief sie. »Hab um halb fünf 'ne Verabredung. Hab den Kerl erst einmal gesehen. Vielleicht ist er ein Glückstreffer, obwohl ich es bezweifle. Well, mach's gut. Ich hab dir übrigens ein paar Magazine mitgebracht. Vergnüg dich damit!«

Sie warf einige Zeitschriften, die sie unter dem Arm gehalten hatte, auf Doreens Bett.

»Oh, besten Dank!«

»Keine Ursache«, erwiderte Alma. »Dank diesem Typ, der mir die Dinger gestern abend gegeben hat. Wenn ich ihn nicht daran gehindert hätte, wären sie in der Bar liegengeblieben.

›Halt, junger Mann‹, hab ich zu ihm gesagt, ›Sie haben Ihre Magazine vergessen!‹ – ›Macht nichts‹, sagte er. ›Hab sie schon gelesen!‹ – ›So, haben Sie?‹ sagte ich. ›Im Unterschied zu mir, wie? Und Sie werden ein armes Mädchen doch nicht daran hindern, daß es was für seine Bildung tut, oder?‹

Er lachte und holte sie mir. Ich wußte, du würdest dich darüber freuen.«

»Ja«, sagte Doreen. »Und danke, daß du gekommen bist, um nach mir zu sehen. Nach deinem Besuch fühle ich mich immer viel besser.«

»Ich guck heute abend noch mal rein«, versprach Alma. »Wenn es nicht zu spät wird. Sonst bis morgen früh, hörst du? Und jetzt zottele ich los, bye!«

Winkend hob sie die Hand, verließ den Raum und schloß geräuschvoll die Tür hinter sich. Doreen hörte das Klappern ihrer hochhackigen Pumps auf den hölzernen Treppenstufen.

Zwei Dinge hatte Alma zurückgelassen: den durchdringenden Duft von billigem Parfüm und eine Atmosphäre von Kameradschaft und Freundlichkeit, an der nichts auszusetzen war.

Doreen ging zum Bett zurück und nahm die Magazine in die Hand. Eines davon enthielt gezeichnete Witze, deren Inhalt haarscharf dem Zugriff der Zensur entgangen zu sein schien und auf die niedrigsten Instinkte im Leser abzielte.

Das andere war eine amerikanische Ausgabe mit Bildern berühmter Filmstars, die sich in ihren Hollywood-Villen ziemlich freizügig und unkonventionell dem Auge des Betrachters darboten.

Als Doreen dieses zweite Heft durchzublättern begann, bemerkte sie unter dem Titelblatt die dünnen Seiten einer Abendzeitung.

Nachdem sie die zerknitterten Seiten glatt gestrichen hatte, begann sie die Schlagzeilen zu lesen:

Hitler beschwört neue Krise herauf. Diesmal mit Polen.

Australien gewinnt internationale Vergleichsspiele.

Doreens Augen wanderten uninteressiert weiter, bis ein großer Artikel auf der unteren Blatthälfte ihre Aufmerksamkeit erregte.

Heldentat eines britischen Mädchens – Missionstochter pflegt Kannibalenstamm, der ihre Eltern ermordete.

Ein Name fesselte Doreens Interesse. Hastig faltete sie die Zeitung so, daß sie sie bequemer in der Hand halten konnte. Dann begann sie zu lesen:

In den Annalen der Geschichte heldenhafter Frauen wird man einen Platz finden müssen für Miß Anne Marston, einzige Tochter des Missionarehepaars Dr. Marston, die erst vor fünf Tagen aus den Trümmern einer Missionsstation in der Bahr-Al-Ghasat-Region im Sudan – allgemein als der »Sumpf« bekannt – gerettet wurde.

Es war dort zu einem Aufstand des Jurdestammes gekommen, nachdem eine tropische Fieberepidemie ausgebrochen war und zahlreiche Stammesangehörige den Tod gefunden hatten. Unter den Toten befanden sich auch der Häuptling mit seiner Frau und seinen Kindern, die sich zur Behandlung im Missionshospital von Dr. Marston aufgehalten hatten. Unter Anführung ihres Medizinmannes, der den Weißen die Schuld für die Ausbreitung der Krankheit anlastete, töteten sie den Missionar, seine Frau und mehrere ihrer treuen Diener. Sie wählten dazu den Sonntagmorgen, während Dr. Marston in der kleinen strohgedeckten Kapelle, die er und seine Frau mit eigenen Händen errichtet hatten, den Gottesdienst hielt.

Daß Miß Marston das blutige Massaker überlebte, verdankt sie dem glücklichen Umstand, daß sie mit mehreren Kindern einen Ausflug den Fluß hinunter unternahm und schon vor Sonnenaufgang aufgebrochen war. Als sie sich gegen Abend wieder der Station näherten, sahen sie die brennende Kirche und die in Flammen stehenden Wohngebäude. Die Eingeborenen umtanzten zum Klang der Kriegstrommeln den riesigen Scheiterhaufen, den sie errichtet hatten.

Zwei Tage lang versteckten sich Miß Marston und die Kinder völlig ohne Nahrung im Wald, bis sie die Nachricht erhielten, daß auch der Medizinmann an dem tödlichen Fieber erkrankt sei und die Eingeborenen, jäh zur Besinnung gekommen, voller

Furcht der Bestrafung durch die englischen Behörden entgegensähen.

Anne Marston kehrte mutig zu den verkohlten Ruinen der Missionsstation zurück, die einmal ihr Zuhause gewesen und nun zum Grab ihrer Eltern und vieler treuer Hausgenossen geworden waren. Aufopfernd widmete sie sich der Betreuung der Kranken und Sterbenden, die sie flehentlich um Hilfe baten und die grauenvolle Tat zwei Tage zuvor einfach vergessen zu haben schienen.

Einen Jungen, dem sie vertrauen konnte, sandte sie fort, um Hilfe zu holen. Da der nächste weiße Nachbar über hundert Meilen von der Mission entfernt wohnte und der Bote unterwegs mehrfach aufgehalten wurde, vergingen fast zehn Tage, bis Anne Marston in Gestalt des District Commissioners und mehrerer Eingeborenenpolizisten die ersehnte Hilfe erhielt. Miß Marston befand sich zu diesem Zeitpunkt in einem Zustand höchster Erschöpfung, war jedoch imstande, einen zusammenhängenden Bericht über die Vorfälle zu geben.

Ein Boot brachte sie nach Khartum, wo sie in ein Krankenhaus eingeliefert wurde. Inzwischen ist sie auf dem Weg der Besserung und plant nach ihrer völligen Wiederherstellung eine Reise nach England, um sich von den Folgen ihres heroischen Einsatzes und des so tragischen Todes ihrer Eltern zu erholen.

Miß Anne Marston wird auf ihrem Weg nach England in Kairo Station machen. Dr. Fisher und Gemahlin, die Repräsentanten der Missionsgesellschaft, zu der das Ehepaar gehörte, werden ihr einen feierlichen Empfang bereiten. Außer ihnen werden sich mit Sicherheit noch zahlreiche andere Landsleute einfinden, denen es ein Herzensbedürfnis ist, dem tapferen englischen Mädchen zuzujubeln, dessen Heldentum sie zweifellos an die Seite so großer Gestalten der Menschlichkeit wie Schwester Cavell, Grace Darling und Florence Nightingale stellt.

Doreen las den Artikel Wort für Wort. Dann lächelte sie. Sie sah Anne Marston vor sich, wie sie sie zuletzt in Erinnerung hatte: ein dickes, pummeliges Kind mit zwei Zöpfen, die hinter den Ohren zu Schnecken aufgesteckt waren, und das im Tonfall fassungslosen Entsetzens zu ihr sagte:

»Großmama hat uns verboten, Himbeeren zu essen!«

Anne tut stets das Richtige im richtigen Augenblick, dachte Doreen. Und obwohl sie den Mut und die Entschlußkraft ihrer Kusine bewunderte, konnte sie sich des Gedankens nicht erwehren, daß es für Anne Marston einfach unvermeidlich war, sich früher oder später heroisch zu verhalten.

»Ich habe es regelrecht von ihr erwartet«, murmelte sie.

Sie erinnerte sich an die Scheinheiligkeit und Selbstgerechtigkeit des zwölfjährigen Kindes, das sie herumkommandiert hatte von dem Moment an, da sie auf dem Landsitz ihrer Großmutter angekommen war, bis zu jenem andern, da sie ihn wieder verließ.

Niemand hatte geahnt, welche Ängste und Qualen sie aus diesem Grund während ihres kurzen Aufenthaltes in England ausstand.

Es war die Angst vor ihrer Großmutter gewesen, Angst vor der erdrückenden Größe des Hauses, in dem ihre Mutter aufgewachsen war.

Sie haßte Annes selbstgefällige Geziertheit von dem Augenblick an, indem sie sich vorgestellt worden waren und man ihnen erklärt hatte, sie müßten miteinander spielen und gute Freundinnen werden, da sie Kusinen ersten Grades seien.

Obwohl Anne von Anfang an keinen Zweifel darüber ließ, daß Doreen in ihren Augen keine ebenbürtige Spielgefährtin für sie war, hatte keiner der Erwachsenen auch nur die geringste Ahnung davon gehabt.

Vor ihnen spielte Anne die herzliche Freundin, und während des Essens berichtete sie mit ihrer hellen, überheblichen Stimme, was sie in den Stunden zuvor mit ihrer Kusine alles unternommen hatte.

»Ich bin heute morgen mit Doreen bei den Kühen gewesen, Großmama«, rief sie eifrig und wurde von ihrer Großmutter mit einem Lächeln oder Lob bedacht.

Daß sie Doreen Angst gemacht und versucht hatte, sie, das furchtsame, unerfahrene Großstadtkind, vor eine besonders wild aussehende Färse zu schubsen, erwähnte sie mit keinem Wort.

Doreen hatte sich für die Gemeinheiten ihrer Kusine natürlich zu rächen gewußt. Mehr als einmal zog sie, so fest sie konnte, an Annes Zöpfen, so daß diese vor Schmerz aufschrie.

Als sie in diesem Moment daran dachte, lächelte sie vergnügt.

Bevor Doreen England verließ, um zu ihren Eltern zurückzukehren, mußte sie der Großmutter und den zum Abschied versammelten Tanten feierlich versprechen, Anne in Zukunft regelmäßig zu schreiben.

Es war eines jener Versprechen gewesen, die man einem Kind, das zu aufgeregt und ängstlich ist, nein zu sagen, so leicht zu entlocken vermag.

»Ihr werdet euch schreiben, ihr beiden, nicht wahr? Wie nett wird es für Anne sein, zu erfahren, wie das Leben eines Mädchens im Mittleren Osten aussieht, wenn sie hier zur Schule geht. Und Anne wird dir dafür über England berichten. Nicht wahr, Anne?«

»Aber natürlich«, antwortete Anne. »Und ich werde einige englische Blumen pflücken, sie zwischen meiner Bibel trocknen und Doreen nach Ägypten schicken.«

»Du bist ein gutes Kind!« lobte die Großmutter und fügte zu Doreen gewandt hinzu: »Und du, Doreen, was wirst du Anne schicken?«

Hilflos trat Doreen von einem Fuß auf den anderen.

»Well, Liebes, kannst du dir denn gar nichts denken, was du ihr schicken könntest?« wollte die Großmutter wissen.

»Einen Skorpion!« erwiderte Doreen heftig.

Noch während sie sprach, war ihr klar, daß sie sich selbst einen schlechten Dienst erwies. Alle blickten sie entrüstet an. Anne war wieder einmal diejenige, die mit Glanz und Gloria aus dem Scharmützel hervorging.

Doreens Mutter, Mary Wickham, war ein Zwilling gewesen. Ihre Schwester hatte bei der Taufe den Namen Martha erhalten, und es mutete wie eine Ironie des Schicksals an, daß Martha – gleichsam um ihren Namen Lügen zu strafen – sich nur für geistige Dinge interessierte, während Mary dem Materiellen den Vorzug gab.

Martha heiratete den Ortsgeistlichen, der sich dazu berufen fühlte, den Heiden das Christentum zu bringen, und sie war bereit und willens, ihm zu folgen. Wenn es sein mußte, bis an die Grenzen der Erde.

Ein Jahr nach ihrer Heirat und wenige Monate nach der Geburt ihres ersten Kindes verließen sie England. Ihr Ziel war ein bis dahin noch kaum erforschter Teil des Sudans.

Daß vor ihm zahlreiche andere fähige Männer an der Aufgabe gescheitert waren, den Stamm der Jurde zu christianisieren, schreckte den selbstbewußten David Marston nicht.

Er war ein Fanatiker und zugleich ungewöhnlich praktisch, wenn es darum ging, Dinge zu tun, die sich mit seiner religiösen Überzeugung nur schwerlich verbinden ließen.

Ursprünglich hatte er Medizin studiert. Die Kenntnisse, die er sich während dieses Studiums angeeignet hatte, kamen ihm in diesem ungesunden Teil des Landes, in dem alle möglichen Krankheiten und Seuchen an der Tagesordnung waren, sehr zugute.

Doch Krankheit war keineswegs die größte Schwierigkeit, mit der sie sich im »Sumpf« konfrontiert sahen.

Sie hatten anzukämpfen gegen ein tief verwurzeltes Mißtrauen, gegen Vorurteile, ja sogar Haß, bis es ihnen gelang, unter den Eingeborenen einigermaßen Fuß zu fassen.

Im Lauf der Zeit jedoch konnten sie ihre Position weiter festigen, und so wurden sie immer mehr zu einer Macht im Land, die auch von den Behörden anerkannt wurde. Schließlich glaubten sie es verantworten zu können, ihre Tochter aus England herüberkommen zu lassen.

Im Gegensatz zu den meisten Zwillingspaaren hatten Mary und Martha sich nach ihren Eheschließungen ganz aus den Augen verloren.

Mary heiratete kurze Zeit nach ihrer Schwester, und am Anfang schrieb sie ihr lange Berichte über ihr Leben in Indien. Dies jedoch ganz offensichtlich in der Absicht, in Martha ein Gefühl des Neides zu erwecken.

Anne kam anderthalb Jahre vor Doreen zur Welt. Mary hatte gehofft, ihr Baby würde ein Junge werden, einfach weil sie ihrer Zwillingsschwester Martha dadurch etwas voraushaben würde.

Als sich dann einige Jahre später ihre Lebensumstände zu verschlechtern begannen, wurden Marys Briefe immer seltener, und schließlich brach der Kontakt zwischen ihr und Martha ganz ab. Sie sprach zwar noch öfter von ihr, doch dies geschah immer mit einem deutlichen Unterton von Neid und Mißgunst.

Erst als Doreen nach dem Tod ihrer Mutter sämtliche Briefe fand, die Martha ihrer Schwester geschrieben hatte, wurde ihr bewußt, daß Mary unter der Trennung schmerzlicher gelitten haben mußte, als sie es vor sich selbst hatte wahrhaben wollen.

Seltsam, daß die beiden Schwestern über zwanzig Jahre auf dem selben Kontinent gelebt hatten, sich jedoch niemals begegnet waren.

Ein- oder zweimal fand in Kairo ein missionarischer Kongreß statt. Mary erfuhr davon aus der Zeitung und sagte zu ihrem Mann:

»Stell dir vor, wir laufen uns plötzlich irgendwo in der Stadt über den Weg. Ob Martha mich überhaupt wiedererkennen würde?«

Und ein anderes Mal, als Henry lärmend und ziemlich angeheitert nach Hause kam, äußerte sie ironisch:

»Na, wenigstens hab ich keinen Missionar geheiratet!«

Es war, als haßte sie das Leben, das ihre Schwester erwählt hatte, denn immer wieder machte sie sich lustig über »Quiseln, wie meine Schwester.«

Nur manchmal änderte sich ihre Stimmung schlagartig, und ihren abfälligen Bemerkungen über Frömmlerinnen und Betschwestern folgten heftigen Angriffe auf Henry und Ausbrüche des Selbstmitleids, weil sie an einen Mann gefesselt sei, der ihr Gefühl für Anstand und Moral, ihre Selbstachtung und ihren Stolz zerstört habe.

Nach dem Begräbnis der Mutter verbrannte Doreen all diese aufbewahrten Briefe, ohne sie zu lesen. Nun bedauerte sie das. Ein Einblick in die Gefühls- und Gedankenwelt von Mutter hätte mir mancherlei Aufschlüsse geben können, dachte sie.

Rein äußerlich betrachtet, konnte man sich keine unterschiedlicheren Lebensformen vorstellen, als die von Mary und Martha, oder auch die eigene und die von Anne.

Glückliche Anne, die wieder nach England zurückkehren durfte, in dem Bewußtsein, daß dort ein Zuhause auf sie wartete!

Doreen vermutete, daß ihre Großmutter noch lebte und Anne in Brookavon wohnen würde.

Wie gut konnte sie sich noch an das Haus erinnern. Mary hatte in den letzten Jahren ihres Lebens jeden Kontakt mit ihren Angehörigen abgebrochen, doch nach ihrem Tod schrieb Henry an Mrs. Wickham. Als Antwort erhielten sie einen langen Brief, in dem die Großmutter um ausführliche Nachricht über Doreen bat.

Der Brief war unbeantwortet geblieben. Henry hatte ihn in seiner gewohnten Schlampigkeit verlegt, und Doreen – zufrieden in ihrer Ehe mit Pepi – sah keinen Sinn darin, den Kontakt mit Verwandten zu erneuern, die sie seit ihrem zehnten Lebensjahr nicht mehr gesehen hatte.

Nun tat es ihr leid.

Sie fragte sich, ob man sie wohl mit offenen Armen aufnehmen würde, wenn sie nach England reiste. Sie bezweifelte es. Sie paßte wohl kaum in die Wickhamfamilie, so wie sie sie in Erinnerung hatte.

Großmama, streng und ehrfurchtgebietend, Tante Edith, die unverheiratete Tochter, eine alte Jungfer mit einem weichen, sanften Gemüt, deren Freundlichkeit Doreen damals regelrecht erschreckt hatte. Jetzt schalt sie sich eine Närrin, weil sie den Vorteil nicht ausgenutzt hatte, den Tante Ediths Zuneigung ihr bot.

Es gab da auch noch einen Onkel, den einzigen noch lebenden Bruder ihrer Mutter. Aber der hatte nur wenig Eindruck auf sie gemacht, da er Kriegsversehrter war und sich meist in seinem Zimmer aufhielt.

Liebe alte Leute, dachte Doreen. Und wenn Anne sich nicht geändert hatte, würde sie sich in deren Mitte pudelwohl fühlen.

Eine plötzliche Sehnsucht nach dem England, in dem sie als Kind einmal die Sommerferien verbracht hatte, griff nach ihr. Sie sah das große graue Herrenhaus vor sich, umgeben von hohen grünen Bäumen, ausgedehnten Obstgärten und farbenprächtigen Blumenbeeten.

Sie atmete den Duft des regennassen Rasens, des Heus, das auf den Feldern trocknete, des Geißblatts, das sich an den Säulen der Vorhalle emporrankte – ja, seltsam genug, sie hatte keinen dieser Eindrücke aus dem Gedächtnis verloren.

Andere Dinge von früher hatte sie vergessen. Sie waren verblaßt, und es gab nur noch verschwommene Erinnerungen daran.

Doch die drei Monate in England, nachdem ihre Angst vor dem Aufenthalt dort sich allmählich in Begeisterung verwandelt hatte, waren ihr unvergeßlich geblieben.

Ein plötzlicher Gedanke schoß ihr durch den Kopf.

Sie würde Anne wiedersehen. Sie würde Anne bitten, ihr zu helfen.

Warum nicht?

Sie wird mir helfen, dachte sie aufgeregt. Sie muß mir helfen!

V

Die Zeitungen, stets auf der Jagd nach sensationellen Ereignissen und des Nervenkrieges müde, beschlossen, solange ihre Leser das Spiel mitmachten, Anne Marston zur Superheldin Nummer eins zu ernennen.

Geschichten vom Leben auf der Missionsstation, wo sie mit ihren Eltern gelebt hatte – die meisten davon erfunden und unwahr –, Bilder von ihrer Ankunft in Khartum auf einer Tragbahre und von wild blickenden, furchteinflößenden Eingeborenen hielten das öffentliche Interesse lebendig. Hinzu kamen Artikel mit Überschriften wie:

»Ist Kannibalismus ausrottbar?«, »Ist christliche Mission notwendig?« und »Ist der Wilde glücklicher als sein zivilisierter Bruder?«

Bis zur Ankunft Annes in Kairo würden noch eine Reihe von Tagen vergehen, so daß Doreen genügend Zeit blieb, sich genauestens zu überlegen, was sie ihrer Kusine sagen und wie sie sie dazu bewegen konnte, ihr zu helfen.

Die Zeitungen machten ihr deutlich, daß sie nicht viel Zeit haben würde, um Anne ihren Fall vorzutragen. Anne würde sich nur zwei Tage in Kairo aufhalten. Sie reiste dann weiter nach Part Said und bestieg dort das Schiff, das sie nach England bringen sollte.

Mehr als einmal fragte sich Doreen, wie ihre Bemühungen, eine Bekanntschaft zu erneuern, die sie vor neunzehn Jahren gemacht hatte, aufgenommen werden würden.

Sie wußte, es würde in der beschaulichen Ruhe des englischen Landlebens und in der frommen Atmosphäre der Mission, die von den Marstons geleitet wurde, viel Mißbilligung und Kritik an der Lebensführung ihrer Eltern gegeben haben.

Und doch mußte Doreen es wagen. Nach langem Überlegen beschloß sie, Anne einen Brief zu schreiben und ihn in das Hotel zu schicken, in dem sie während ihres Kairo Aufenthaltes absteigen würde.

Das Abfassen des Briefes wurde zu einer Schwerstarbeit. Immer wieder zerriß sie die Seiten und begann von vorn. Schließlich glaubte sie, einen Brief zustande gebracht zu haben, der seine Wirkung auf Anne nicht verfehlen würde, ohne sich selbst dabei etwas vergeben zu haben.

Sie schrieb der Kusine, daß sie sich in einer verzweifelten Situation befinde und sie unbedingt sehen müsse. Sie fügte hinzu, daß sie im Augenblick krank sei und ihr Zimmer nicht verlassen könne.

Die Entscheidung, nicht bei Anne im Hotel vorzusprechen, hatte Doreen nach reiflicher Überlegung getroffen. Sie sagte sich, daß sie in der Atmosphäre religiöser Ehrbarkeit, mit der Anne sich dort zweifellos umgeben werde, keine allzu gute Figur machen dürfte.

Höchstwahrscheinlich würden dort zahlreiche andere Mitglieder der missionarischen Vereinigung, der Anne angehörte, zugegen sein, so daß es wohl kaum die Gelegenheit gab, mit Anne unter vier Augen zu sprechen.

Das Fehlen der passenden Kleidung und die Notwendigkeit, sich zu schminken, ließen es ihr angebracht erscheinen, Anne in ihrem Zimmer zu empfangen.

Die Überzeugung, daß die Heimkehr nach England ihre einzige Chance wäre, verstärkte sich mehr und mehr während der Tage, die sie auf Annes Ankunft in Kairo wartete.

Sie hatte die Stadt satt. Sie hatte ihre Freunde, ihre Umgebung, ihre ganze Art zu leben satt. Außerdem war Kairo voller Erinnerungen für sie, und mit dem Fatalismus einer Kranken redete sie sich ein, die Stadt sei ein einziges Unglück für sie.

Der Tod ihrer Eltern, Pepis Tod, Tonys Flucht und die tausend bissigen kleinen Beleidigungen und Kränkungen, die sie erdulden mußte, all dies führte sie zu der Einsicht, daß sie hier unmöglich bleiben konnte.

Sie mußte fort. Sie mußte einen neuen Anfang machen, sich ein Leben nach völlig anderen Grundsätzen aufbauen. Vielleicht hatte sie Glück, vielleicht schaffte sie den Absprung und fand eine Erfüllung, die größer und vollkommener war, als sie es in ihren kühnsten Träumen erhoffte.

»Ich war eine Närrin!« gestand sie sich ein.

Aber war dies wirklich so? War sie nicht im Gegenteil das Opfer? Das Opfer der Umstände? Es war so schwierig, die Vergangenheit zu überschauen, zu entscheiden, was sie anders hätte machen können und wo sie sich eindeutig falsch verhalten hatte.

Alle sagten jetzt, sie hätte wissen müssen, wie es um Pepi stand. Selbst die Tolerantesten unter ihnen warfen ihr mangelndes Interesse vor. Sie hätte sich über ihn erkundigen müssen. Über sein Leben und seine Tätigkeit in Athen, über seine Angehörigen.

Aber warum hätte sie das tun sollen? Sie war zufrieden gewesen. Pepi hatte sie aus einem Leben erlöst, das immer unerträglicher für sie geworden war.

Im nachhinein sahen die Dinge natürlich völlig anders aus, und Doreen war ehrlich genug, sich selbst einzugestehen, daß sie eine Versagerin war und nur ein drastischer Schnitt, eine Wende um 180 Grad, sie vor dem totalen Untergang bewahren konnte.

So wie bisher durfte es nicht weitergehen. Sie mußte einen Bruch vollziehen. Und wie der Regenbogen nach einem Gewitter, stellte sich die Hoffnung ein, daß Anne ihr die Rettung bringen würde.

Am Morgen von Annes Ankunft in Kairo brachten die Zeitungen riesige Schlagzeilen und Berichte über den Abflug der Heldin in Khartum am Abend zuvor.

Sie hatte mehrere Tage im Hospital zugebracht, und obwohl sie nach Auskunft der Ärzte eigentlich noch gar nicht reisefähig war, zeigte Miß Marston eine solche Ungeduld, nach England zu kommen, daß man ihrem Drängen nachgegeben hatte und das Risiko einer zu frühen Entlassung auf sich nahm.

Das Warten wurde für Doreen immer qualvoller. War Anne überhaupt imstande, sie aufzusuchen? Und wenn, würde sie als Begleiterin irgendeine alte Betschwester mitbringen, die nur stören konnte? Und wenn sie nur die Hälfte dessen gehört hatte, was man sich von der Wallis-Familie erzählte, würde sie dann nicht eine Begegnung mit der Kusine, die sie nur ein einziges Mal im Leben gesehen hatte, für unangebracht halten?

In Doreens Zimmer schienen die Stunden dahinzukriechen. Bis zum Mittag hatte sie noch keine Nachricht erhalten. Sie hatte ihr Zimmer gefegt und aufgeräumt, und nun lag sie erschöpft unter dem dünnen Laken auf dem Bett. Sie versuchte, sich nicht zu bewegen, und lauschte angespannt auf das Geräusch von Schritten auf der Treppe.

Es war kurz vor fünf, als ihre Geduld endlich belohnt wurde. Das Herz schlug ihr bis in den Hals, als an der Tür ein Klopfen ertönte.

»Herein!« rief sie.

Die Tür wurde zögernd geöffnet, und eine Stimme fragte: »Wohnt hier Miß Wallis?«

»Komm herein, Anne«, sagte Doreen erfreut.

Sie war so erleichtert darüber, ihre Kusine zu sehen und nicht umsonst gewartet zu haben, daß ihre Stimme richtig fest und kraftvoll klang, wie sie erschreckt feststellte.

Anne Marston betrat das Zimmer.

Sie war allein.

»Ich konnte niemanden finden, der mir sagte, welches Zimmer du bewohnst«, sagte sie näherkommend. »Die Hoteltür stand auf, aber am Empfang war niemand. Ich habe an fast jede Tür im ganzen Haus geklopft.«

»Tut mir leid«, erwiderte Doreen. »Doch zu dieser Tageszeit haben die Angestellten frei, und die Hotelbesitzerin trinkt bis zum Abend irgendwo Kaffee.«

Anne kam auf das Bett zu, und Doreen betrachtete sie aufmerksam. Ihre Kusine trug eine dunkle Sonnenbrille, aber auch ohne diese Brille würde Doreen sie nicht wiedererkannt haben.

Sie war erschreckend mager, magerer als sie selbst, und neben den Mundwinkeln hatten sich tiefe Falten der Erschöpfung und Müdigkeit eingegraben.

»Wie schmal du geworden bist!« sagte Doreen unwillkürlich.

»Ich war sehr krank«, antwortete Anne. »Und außerdem ist das Klima im Sudan der Fettleibigkeit nicht förderlich.« Sie machte eine Pause, dann fuhr sie voller Stolz fort:

»Hinzu kommt, daß wir in den vergangenen Jahren sehr hart arbeiten mußten.«

Sie ließ sich auf dem Stuhl nieder, den Doreen ans Bett gestellt hatte.

Wie entsetzlich sie aussieht! dachte Doreen.

Typisch für Anne, trotz der Hitze ein so unvorteilhaftes schwarzes Kleid aus dickem Leinen zu tragen. Und dann der Strohhut, mit einem so breiten Rand, daß die Wangenknochen in dem bleichen Gesicht noch kantiger hervortraten.

»Ich war sehr betrübt, als ich in den Zeitungen las, was dir und deinen Eltern zugestoßen ist«, sagte sie teilnahmsvoll.

»Ich kann immer noch nicht darüber sprechen«, antwortete Anne leise. »Ich vermag gar nicht zu glauben, daß es wirklich wahr ist: das Werk von siebenundzwanzig Jahren innerhalb weniger Stunden vernichtet!«

»Du warst so tapfer!«

»Ich habe nur getan, was jeder andere an meiner Stelle auch getan hätte«, erwiderte Anne und schlug die Augen nieder.

Doreen konnte sich des Gedankens nicht erwehren, daß sie diesen Satz in den letzten Tagen schon oft benutzt hatte, da sie ihn für äußerst wirkungsvoll hielt.

Obwohl dieses Zusammentreffen von äußerster Wichtigkeit für sie war, spürte Doreen die alte Spannung zwischen ihnen. Sie konnte nichts dagegen tun, aber sie glaubte, den Strom der Selbstzufriedenheit und -gefälligkeit zu spüren, der von Anne ausging und die Zuneigung zerstörte, die Doreen ihrer Kusine so gerne entgegengebracht hätte.

Obwohl Anne wirklich sehr krank aussah, gab es in ihrem Gesicht und ihrer Haltung nichts, was auch nur den Hauch von Weichheit oder Schwäche signalisiert hätte. Im Gegenteil, sie strahlte eine Strenge und Verbitterung aus, als würde sie es ihrem Körper verübeln, daß er es wagte, sich gegen ihren Willen aufzulehnen.

»Erzähl mir von dir«, forderte Doreen sie auf und kämpfte gegen das Gefühl der Abneigung an, das in ihr aufstieg.

»Ich bin hier, um von dir zu hören, wie es dir geht«, erwiderte Anne voller Schärfe. »Ich erhielt deinen Brief. Ich habe ihn übrigens niemandem gegenüber erwähnt.«

»Aber wie hast du dich freimachen und herkommen können?« fragte Doreen mit einem etwas boshaften Unterton.

Es amüsierte sie, daß sie mit ihrer Vermutung richtig lag, Anne wäre nicht sonderlich stolz auf ihre Verwandtschaft mit der Wallis-Familie, die überall in der Stadt in schlechtem Ruf stand.

»Auf Anweisung der Ärzte ruhe ich bis sieben Uhr«, erwiderte Anne frostig. »Eine halbe Stunde später empfange ich einige Missionare aus Kairo, die wissen möchten, wie es meiner Meinung nach mit unserer Niederlassung weitergehen soll. Ich glaube, sie haben vor, mir bei dieser Gelegenheit ein Geschenk zu überreichen.«

»Geld?« fragte Doreen.

»Ich nehme es an«, erwiderte Anne. »Man hat da bereits gewisse Vorstellungen, die den Wiederaufbau der Station betreffen. Jedenfalls wird man jemanden bestimmen, der an die Stelle meines Vaters treten soll. Man erwartet zwar von ihm nicht die gleichen Erfolge, wie mein Vater sie erzielte, dem die Mehrzahl der Eingeborenen ein ungewöhnliches Vertrauen entgegenbrachte. Trotzdem können wir nicht zulassen, daß Vaters Werk unvollendet bleibt.«

Sie rekapituliert bereits die Ansprache, die sie heute abend halten wird, dachte Doreen.

»Ich finde es nett von dir, daß du vorher noch zu mir gekommen bist«, sagte sie laut. »Ich hatte schon die Befürchtung, du könntest zu schwach dazu sein. Dann hätte ich natürlich versucht, dich aufzusuchen, wie schwierig es auch für mich gewesen wäre.«

Der Ausdruck von Bestürzung auf Annes Gesicht entging ihr nicht.

»Ich glaube, das wäre sehr unklug gewesen«, sagte ihre Kusine hastig. »In deinem Zustand wäre es unverantwortlich, das Bett zu verlassen. Und es war ja auch nicht nötig. Ich bin ja hier.«

»Ja«, antwortete Doreen, »und ich bin dir auch sehr dankbar dafür, weil ich unbedingt mit dir reden muß, Anne. Mir ist allerdings ein wenig seltsam dabei zumute. Schließlich sind wir uns nur ein einziges Mal im Leben begegnet, und das vor neunzehn Jahren – damals, als ich das erste und letzte Mal bei Großmutter in England war.«

»Ich habe sie vor acht Jahren das letzte Mal gesehen«, sagte Anne.

»Vor acht Jahren? Ich habe mir eingebildet, du hättest jedes Jahr deinen Urlaub zu Hause verbracht.«

»Das wäre unverantwortlich gewesen«, erwiderte Anne. »Schließlich standen wir im Dienste des Herrn. Eine solche Aufgabe läßt häufige Ferien allein zum eigenen Vergnügen nicht zu.«

Doreen empfand die Worte als Zurechtweisung. Aber sie schluckte die leichtfertige Bemerkung, die ihr auf der Zunge lag, herunter und sagte ruhig:

»Wäre es nicht bequemer für dich, wenn du Hut und Sonnenbrille ablegen würdest, solange du hier bist?«

Nach kurzem Zögern nahm Anne ihren Vorschlag an, doch nicht ohne durch ihren Gesichtsausdruck kundzutun, daß mit dem Ablegen jedes dieser beiden Stücke eine Intimität zwischen ihnen entstand, die ihr höchst unerwünscht war.

»Meine Augen haben im Sudan sehr gelitten«, erklärte sie geziert. »Ich vertrage kein grelles Licht mehr. Aber ich denke, hier im Raum ist es dunkel genug.«

»Fieber hat oft diese Wirkung«, sagte Doreen und betrachtete ihre Kusine aufmerksam.

»Anne«, rief sie dann überrascht, »das ist ja erstaunlich. Jetzt, ohne die dunkle Brille und vor allem, weil du schmäler geworden bist, sehen wir einander auffallend ähnlich.«

Anne schaute sie mit dem Ausdruck äußerster Ablehnung an.

»Glaubst du?« sagte sie. »Soweit ich das sehe, besteht kaum die kleinste Ähnlichkeit zwischen uns. Aber das mag auch daran liegen, daß ich selten einmal einen Blick in den Spiegel werfe.«

»Tut mir leid, wenn es dich ärgert.« Doreen blieb hartnäckig. »Aber ich finde sogar, daß wir uns ganz auffallend gleichen. Ich denke, daß es so ist, weil unsere Mütter Zwillingsschwestern waren. Die Ähnlichkeit zwischen den beiden war ja frappierend. Dich habe ich noch in Erinnerung als pummeliges kleines Mädchen mit Zöpfen. Jetzt allerdings stelle ich fest, daß wir uns beinahe gleichen wie ein Ei dem anderen. Typische Wickhams bis auf die Tönung der Haut und den Schnitt unserer Gesichter. Du gleichst deinem Vater überhaupt nicht – so wie ich nicht dem meinen gleiche.«

Anne senkte den Kopf.

»Ich wäre sehr stolz, wenn ich meinem Vater gliche.«

Doreen widerstand dem heftigen Wunsch, ausfallend zu werden. Es überraschte sie, wie sehr sich Annes Äußeres seit damals verändert hatte.

Wenn sie Anne anschaute, hatte sie den Eindruck, ihr eigenes Spiegelbild vor sich zu haben.

Da waren die hohen Wangenknochen, das wohlgeformte Kinn und die weit auseinanderstehenden Augen unter der klaren Stirn.

Doch sie hat einen verkniffenen Mund, dachte Doreen. Selbst der Gebrauch eines Lippenstiftes würde nichts daran ändern können.

Im Gegensatz zu ihrer Kusine benutzte Anne keine Schönheitsmittel. Ihre Wimpern waren so farblos wie ihr Haar, das sie in der Mitte gescheitelt und an den Schläfen straff zurückgebürstet trug. Und sie schien auch nichts gegen die Trockenheit und die gelbliche Tönung ihrer Haut zu tun.

Sie sieht bedeutend älter aus als ich, dachte Doreen mit einem Gefühl der Genugtuung. Viel älter als die zwölf Monate, die zwischen uns liegen.

Doch dann dachte sie bedrückt, daß sie in der Erreichung ihres Zieles noch keine bemerkenswerten Fortschritte gemacht hatte, und sagte:

»Wirst du mir helfen, Anne?«

»Geld habe ich keins«, entgegnete Anne hastig.

Während sie sprach, blickte sie sich im Zimmer um. Sie konnte die Armut, in der Doreen lebte, gewiß nicht übersehen. Ohne viel Worte mußte es ihr klar werden, in welcher Not ihre Kusine lebte.

»Ich will kein Geld«, erwiderte Doreen. »Ich wünsche mir, daß du mich mit nach England nimmst.«

Anne starrte sie an, sprachlos vor Entsetzen.

»Für meine Überfahrt habe ich bereits einiges zurückgelegt«, fuhr Doreen fort. »Du brauchtest mir nur mit einer Kleinigkeit auszuhelfen. Ich bin sicher,

Großmutter wird dir den Betrag zurückgeben, sobald wir zu Hause sind. Außerdem könnte ich dritter Klasse reisen oder auf dem Zwischendeck. Wenn du möchtest, komme ich als deine Zofe oder Pflegerin mit.«

»Du mußt verrückt sein!« brach es aus Anne hervor, ehe sie sich wieder unter Kontrolle hatte. Dann schien ihr bewußt zu werden, daß sie sich im Ton vergriffen hatte, denn sie fügte zögernd hinzu: »Ich glaube nicht, daß etwas Derartiges durchführbar ist. Du mußt immerhin bedenken, daß ich nicht nur meinetwegen nach England zurückkehre, sondern vor allem im Interesse der Mission. Verstehst du das?«

»Nein, ich fürchte, nicht«, antwortete Doreen. »Bitte, Anne, sei doch nicht so hart. Du ahnst nicht, wie wichtig es für mich ist. Es bedeutet einfach alles für mich! Ich muß fort von hier. Hörst du, ich muß! Ich bin sehr krank gewesen, und ich bin mit meinen Geldmitteln am Ende. Das Schicksal hat es nicht gut mit mir gemeint, wie du bestimmt wissen wirst. Ich habe niemanden mehr auf der Welt. Niemanden, der mir helfen könnte. Ich kann nicht plötzlich an Großmutter schreiben, nur damit sie mich bei sich aufnehmen soll. Außerdem würde das alles viel zu lange dauern. Ich muß jetzt gehen! Mit dir! Gib mir eine Chance, Anne! Du wirst es nicht bereuen, ich schwöre es dir.«

Während sie sprach, hatte Doreen sich im Bett aufgesetzt. Flehentlich rang sie die Hände, aber sie hatte das niederschmetternde Gefühl, daß sie gegen eine Wand anredete. Annes Ablehnung war deutlich spürbar.

Wie versteinert saß sie auf ihrem Stuhl, mit abgewandtem Gesicht und dem Ausdruck höchsten Mißfallens darin.

»Ich kann nicht«, sagte sie dann gepreßt. »Verstehst du denn nicht? Ich kann das unmöglich machen. Es wird Abordnungen geben, die Presse wird da sein. Die ganze Sache wäre sehr peinlich für mich, Doreen. Dein gesunder Menschenverstand müßte dir doch sagen, daß ich dir diese Bitte unmöglich erfüllen kann.«

»Du meinst, meine Anwesenheit könnte deinem guten Ruf schaden?« fragte Doreen leise.

»Weil«, sagte Anne in mißbilligendem Ton. »Du weißt, es kursieren viele und sehr unterschiedliche Geschichten über dich und deine Eltern.«

»Einige davon mögen sogar stimmen«, räumte Doreen ein. »Die meisten jedoch waren zweifellos übertrieben. Kannst du nicht verstehen, daß ich dir niemals geschrieben, dich nie um Hilfe gebeten hätte, wenn mir das Wasser nicht bis zum Hals stünde?«

»Das verstehe ich sogar sehr gut«, erwiderte Anne kühl. »Ich werde mein Bestes tun, dir ein wenig Geld zukommen zu lassen. Doch was das andere betrifft, daß du mit mir nach England fahren willst, das solltest du dir aus dem Kopf schlagen.«

»Aber es muß sein! Es muß!«

Doreen hatte das Gefühl, Anne ihren Willen aufzwingen zu müssen. Es war, als ob Anne die Tore der Zukunft gewaltsam vor ihr verschlossen hielt, sie vom Leben auszusperren versuchte.

Doreen war verzweifelt, und es gab nur einen Menschen auf der Welt, den sie von ihrer Verzweiflung zu überzeugen hatte. Wäre doch gelacht, wenn ihr das nicht gelingen würde. Annes Wille konnte doch nicht stärker sein als ihr eigener!

»Bitte!« flehte sie. »Bitte, bitte, hör mir zu! Kannst du mich nicht mit dir reisen lassen, wenn ich dir verspreche, aus unserer Verwandtschaft keinen Nutzen zu ziehen, bis wir in England sind? Sag den Leuten, ich sei ein gefallenes Mädchen. Sag ihnen, ich sei jemand, dessen du dich aus christlicher Nächstenliebe angenommen habest. Es wird dir sogar noch die

Bewunderung und Achtung der Öffentlichkeit einbringen.«

»Den Zeitungen kannst du nichts vormachen«, erwiderte Anne. »Das Risiko ist zu groß. Es wäre nicht gerecht. Mir gegenüber nicht und auch nicht gegenüber der Sache, die ich repräsentierte.«

Doreen verlor die Geduld.

»Die Zeitungen!« rief sie. »Das ist alles, woran du denken kannst! Du willst, daß sie deinen Namen in großen Schlagzeilen bringen! Du willst Publicity! Öffentliche Anerkennung! Den Rausch und die Erregung, eine Heldin zu sein! Du hast Angst, dein Heiligenschein, dein Ruf als christliche Märtyrerin konnte Schaden leiden, wenn du mir hilfst! Du willst nicht sehen, wie äußerlich das alles ist. Du bist in den Schein verliebt, so sehr, daß du die Hand nicht siehst, die sich dir entgegenstreckt, die Hand eines Menschen, der wirklich Hilfe braucht.«

Anne setzte ihre Sonnenbrille auf.

»Ich denke, diese Unterhaltung ist völlig zwecklos«, erklärte sie mit kalter Stimme.

»Du kannst mich doch nicht einfach meinem Schicksal überlassen!« sagte Doreen mit schwacher Stimme. »Du mußt mir helfen! Es ist deine Christenpflicht!«

Sie erkannte den Ausdruck der Abweisung auf dem Gesicht ihrer Kusine, und plötzlich sah sie rot.

»Wenn du mir nicht hilfst«, schrie sie, »wirst du es bereuen. Ich werde mich an die Presse wenden. Interviews geben, Storys von früher erzählen. Ich werde auspacken und dich bloßstellen als die, die du wirklich bist: eine herzlose, geltungssüchtige Heuchlerin, der das Christentum völlig gleichgültig ist und die nur an sich selbst denkt!«

Anne sprang auf die Füße. »Das wagst du nicht!«

»Und ob ich das wage! Was habe ich denn zu verlieren? Nichts. Du dagegen alles. Und das weißt du genau. Du hast jetzt Angst, mich zu kennen. Aber das ist noch nichts. Du wirst mich erst noch kennenlernen. Keine ruhige Minute wirst du mehr vor mir haben. Ich werde dich in der Öffentlichkeit unmöglich machen. Die Angst, die du jetzt meinetwegen hast, wird harmlos sein verglichen mit der Angst, die du erst noch vor mir bekommen wirst. Das verspreche ich dir!«

Doreen holte Atem, und da Anne schwieg, fuhr sie fort:

»Meine Bitte ist die Bitte eines Menschen in Not, aber du schlägst sie ab. Nicht weil sie unerfüllbar wäre, sondern einzig und allein, weil du auf die Schmeicheleien einiger sensationsgieriger Klatschblätter nicht verzichten willst!«

»Du wagst es nicht! Du wagst es nicht!« rief Anne wütend.

Doch es war nicht zu übersehen, daß sie Angst hatte.

Mit einem Gefühl des Triumphs sah Doreen, wie Annes Zunge verstohlen über die trockenen Lippen fuhr und die knochigen Hände sich fest gegen ihre Brust preßten.

»Warte ab, Kusine Anne«, sagte sie drohend. »Warte nur ab!«

Noch während sie sprach, bemerkte Doreen entsetzt, wie Annes Körper plötzlich erschlaffte und über den Stuhl sank, auf dem sie gesessen hatte. Sie lag halb über dem Sitz, ihre Knie berührten den Boden, und die Hände waren ausgestreckt, als wollten sie sich an Doreens Bett festklammern.

Doreen brauchte einige Sekunden, bis sie die Decke zur Seite schleuderte und mit einem Satz aus dem Bett sprang.

Anne rang nach Atem. Wie tot hing sie in Doreens Armen, als diese sie unter Aufbietung all ihrer Kräfte hochhob und auf ihr Bett legte.

Ein Schwindel erfaßte Doreen. Die Knie drohten, unter ihr nachzugeben. Nur mühsam hielt sie sich noch auf den Beinen und wankte zum Waschständer, um ein Glas Wasser einzugießen.

Als sie damit zurückkam, war Annes Mund geöffnet. Ihre Augen waren nach oben verdreht, und das Gesicht war blaß und schmerzverzerrt.

Doreen setzte das Glas an Annes Lippen, aber die Flüssigkeit lief an den Mundwinkeln entlang den Hals hinab aufs Kissen.

»Anne!« flüsterte Doreen. »Anne, es tut mir leid. Ich habe es doch nicht so gemeint. Ich bin doch nur verzweifelt. Verstehst du mich, Anne? Bitte, sprich mit mir, wenn du kannst.«

Doch Anne fuhr fort, auf diese seltsam rasselnde, stoßartige Weise zu atmen, und Doreen hatte den Eindruck, daß die Kusine nicht fähig war, zu reden, obwohl in ihren Augen ein Ausdruck des Erkennens zu liegen schien.

Sie begann damit, Annes Hände zu reiben, und öffnete die Knöpfe am Oberteil ihres Kleides. Annes Herz schlug noch, daran bestand kein Zweifel. Wie wild hämmerte es gegen ihre Brust.

Immer noch voller Furcht, zog Doreen der Kusine die Schuhe aus und versuchte, sie so bequem wie möglich zu lagern.

»Was soll ich tun?« fragte sie laut.

Sie stellte fest, daß Annes Gesicht inzwischen totenbleich war. Aus ihren Lippen war alles Blut gewichen, und das mühsame Atmen schien den Zustand der Kranken nur noch weiter zu verschlimmern.

Ich muß den Arzt holen, dachte Doreen.

Sie eilte zum Schrank und holte ein Kleid hervor, das sie über das Nachthemd zog. Dann schlüpfte sie in ein Paar Schuhe, öffnete mit einem letzten Blick auf Anne die Tür und rannte die Treppe hinunter.

VI

Die Drogerie war leer. Fliegen saßen auf der schmutzigen Ladentheke, umschwirrten summend die Flaschen und Dosen in den Regalen. Als Doreen klopfte, erschien ein kleiner Araberjunge, ein großes Stück Fladen in der Faust.

»Wo wohnt der nächste Arzt?« fragte sie aufgeregt, sah aber sofort, daß er ihre Frage nicht verstand, und setzte auf arabisch hinzu: »Hol den Besitzer – rasch!«

Der Junge verschwand, und nach einer Weile, die Doreen wie eine Ewigkeit vorkam, schlurfte die Tochter des Drogisten, eine apathische junge Ägypterin, die Doreen schon einige Male bedient hatte, in den Laden.

Sie war ganz offensichtlich eben erst aufgestanden, denn sie war noch dabei, ihre Bluse zuzuknöpfen, und in ihren Haaren steckten noch papierene Lokkenwickler.

»Was ist denn?« erkundigte sie sich nicht gerade freundlich.

»Ich brauche einen Arzt«, antwortete Doreen. »Es ist sehr dringend. Eine Freundin ist in meinem Zimmer ohnmächtig geworden.«

»Nun, wenn's eilt, rufen Sie am besten Doktor Malasque an«, sagte das Mädchen. »Er wohnt nur wenige Straßen von hier. Wählen Sie diese Telefonnummer!«

Sie schob Doreen einen Zettel hin und wandte sich zum Gehen. Zweifellos war sie entschlossen, ihre unterbrochene Siesta fortzusetzen. Doreen hob den Hörer ab.

Mit einem Gefühl der Erleichterung überquerte sie eine Minute später die Straße. Der Arzt hatte ihr versprochen, so schnell wie möglich zu kommen.

Sie betrat das Hotel, hastete die Stufen hinauf und öffnete die Tür. Anne lag noch genauso auf dem Bett, wie sie sie verlassen hatte. Immer noch rollte sie den Kopf hin und her, und sie schien immer noch bewußtlos zu sein und von dem, was um sie herum vorging, nichts zu bemerken.

Ihr Kleid, das Doreen so hastig aufgeknöpft hatte, war vor der Brust stark verknittert. Anne mußte, nach Luft ringend, verzweifelt daran gezerrt haben. Um dem Arzt die Arbeit abzunehmen, öffnete Doreen den Gürtel, der Annes Taille umschloß, und konnte das Kleid leicht abstreifen.

»So wird es etwas angenehmer für dich sein!« sagte sie zu der Ohnmächtigen. Aber Anne reagierte nicht.

Unter dem Kleid trug sie einen Unterrock aus steifem Leinen. Doreen betrachtete ihn voller Abscheu. Dann schob sie der Kranken das Kissen unter dem Kopf zurecht und deckte sie mit einem leichten Laken zu.

Nun konnte sie nur noch warten. Sie ging zur Zimmertür und öffnete sie, damit sie den Wagen des Arztes hörte, sobald er vor dem Hotel hielt.

Das Haus war ruhig. Wie sie Anne gesagt hatte, war dies die Zeit, in der die Besitzerin zu einer Freundin zum Kaffeetrinken ging oder sich in einem der Lokale am Rande des Basars ihre Limonade genehmigte.

Auch die Angestellten waren gegangen. Nach Hause oder in die Moschee. Doreen war in diesen Stunden oft genug der einzige Mensch in dem großen Gebäude.

Die Haupttür blieb stets weit geöffnet. Niemand hatte hier Angst vor Dieben oder Einbrechern. In diesem Haus gab es kaum etwas zu holen, denn alle Mieter waren arm und besaßen oft nicht einmal das zum Leben Notwendige.

Ruhelos wanderte Doreen zwischen Bett und Treppenabsatz hin und her, bis sie schließlich schon nicht mehr mit dem Kommen des Arztes rechnete. Doch dann hörte sie Schritte in der Halle. Sie sah, wie sich ein Mann auf die Treppe zu bewegte.

»Sind Sie der Arzt?« fragte Doreen über das Geländer gebeugt. »Würden Sie bitte nach oben kommen?«

Als er den Absatz unter ihr erreicht hatte, stellte Doreen erschreckt fest, daß er Araber war. Sie hatte einen Engländer oder Griechen erwartet, doch sie gab sich alle Mühe, ihr Erstaunen vor ihm zu verbergen.

»Meine Freundin ist plötzlich erkrankt«, erklärte sie, als er vor ihr stand. »Ich weiß nicht, was es ist. Nur, daß sie in den vergangenen Tagen schon hohes Fieber hatte.«

»Lassen Sie mich einen Blick auf sie werfen!«

Er zog sein Stethoskop hervor und horchte Annes Herz ab. Dann fühlte er den Puls und zog das untere Augenlid herab, um den Augapfel zu betrachten.

»Es ist das Herz, glaube ich. Sie sagten, sie hatte Fieber?«

»Ja, schlimmes Fieber sogar«, antwortete Doreen. »Sie kommt eben aus dem Sudan.«

»Ah, das könnte die Erklärung sein«, meinte der Arzt. »Sie muß umgehend ins Krankenhaus. Ich werde gehen, um die nötigen Anweisungen zu geben.«

»Danke.«

»Und der Name?« fragte er und zog Federhalter und Rezeptblock hervor.

»Miß Wallis – Doreen Wallis«, erwiderte Doreen. »Ich werde so schnell wie möglich zurücksein«, versprach der Arzt und ging zur Tür. »Ich glaube, das beste ist, wir lassen sie von der Ambulanz abholen.«

»Aber können Sie ihr vorher nicht wenigstens eine Spritze geben?« fragte Doreen.

»Ich möchte dafür nicht die Verantwortung übernehmen«, sagte er. »Mein Partner ist unterwegs. Ich würde gern noch seine Diagnose einholen.«

Gütiger Himmel, dachte Doreen. Sehr beruhigend hörte sich das nicht an. Vielleicht hatte dieser Doktor Malasque noch gar keine Approbation.

Der Arzt nahm seine Tasche.

»Ich werde mich beeilen«, sagte er. »Bis dahin achten Sie darauf, daß niemand Miß Wallis bewegt.«

Er verließ das Zimmer und eilte die Treppe hinunter, bevor Doreen ihm erklären konnte, daß sie ihm den falschen Namen genannt habe in der Annahme, daß es ihr eigener Name war, den er hatte wissen wollen.

Na schön, dachte sie und verzog das Gesicht zu einem kleinen Lächeln. Ich werd's ihm erklären, wenn er zurückkommt. Anne wird nicht sehr glücklich darüber sein, wenn sie feststellt, daß man sie mit mir verwechselt. Ich glaube, ich ziehe mich doch besser an, bevor er zurück ist.

Sie streifte Morgenmantel und Nachthemd ab, holte sich aus der Kommode einen Hüftgürtel und frische Unterwäsche. Dann begann sie sich anzukleiden.

Sie zog sich eben die Strümpfe über, als ein Geräusch vom Bett her sie zusammenfahren ließ. Hastig sprang sie auf und durchquerte den Raum.

Entsetzt stellte sie fest, daß Anne röchelte, als läge sie im Sterben. Speichel rann ihr aus dem Mund und lief in einem dünnen Rinnsal das Kinn hinab.

Hilflos stand Doreen vor dem Bett. Die Kranke rollte immer noch den Kopf hin und her. Plötzlich wurde Annes Körper von heftigen Zuckungen erfaßt. Wild bäumte er sich auf, das Gesicht verzerrte sich vor Schmerz, und ihre Hände ballten sich zu Fäusten.

»Anne!« rief Doreen verzweifelt. »Anne, Anne! O Gott, was soll ich denn nur tun?«

Anne gab noch ein ersticktes Röcheln von sich, dann erschlaffte sie. Ihr Körper streckte sich, ihr Kopf fiel zurück, und der geöffnete Mund und die aufgerissenen Augen gaben ihrem Gesicht einen leichten Ausdruck von Schwachsinn.

»Anne!« flüsterte Doreen. »Anne!«

Sie war vor Schreck wie gelähmt. Mit untrüglicher Sicherheit wußte sie, daß Anne tot war.

Sekundenlang war sie nicht imstande, auch nur einen Finger zu rühren. Sie war so entsetzt, daß sie nichts anderes tun konnte, als dazustehen und auf die Tote niederzustarren.

Eine unsagbare Angst erfaßte sie. Sie rannte auf das Treppenpodest hinaus, blickte in die Halle hinunter und schrie, so laut sie konnte:

»Hilfe!«

Ihre Stimme wurde von den leeren Wänden zurückgeworfen.

»Hilfe! Hilfe!«

Kein anderer Laut war zu vernehmen.

Sie eilte zum Bett zurück, nahm Annes Linke, legte ihr die andere Hand auf die Stirn und dann auf die Brust. Die Haut der Toten war schweißnaß und warm, doch Annes Herz schlug nicht mehr.

»Sie ist tot«, murmelte Doreen. »Sie ist tot.«

Plötzlich fühlte sie sich schwach und krank. Sie ließ sich auf den nächsten Stuhl sinken. Doch dann konnte sie den Anblick des geöffneten Mundes und der starren Augen nicht mehr ertragen. Sie zog sich in den entferntesten Winkel des Zimmers zurück und schlug die Hände vors Gesicht.

Es ist entsetzlich! dachte sie. Es ist einfach entsetzlich!

Ein inneres Zittern befiel sie.

Ich muß versuchen, mich zusammenzureißen. Ich muß mich zusammenreißen, bevor der Arzt zurückkommt!

Sie blickte auf die Uhr, die auf dem Ankleidetisch stand. Es waren erst fünf Minuten nach seinem Weggehen verstrichen.

Sie hob den Strumpf auf, der ihr Sekunden zuvor aus der Hand gefallen war, und streifte ihn über das andere Bein. Ein Schauder überlief sie. Trotz der unerträglichen Hitze zitterte sie vor Kälte.

»Es muß der Schock sein«, murmelte sie und versuchte, ihre Fassung wiederzugewinnen.

Langsam trat sie an den Kleiderschrank und öffnete die Tür. Ihr Blick wanderte die Reihe der Kleider entlang, weiß, rot, blau und gelb. Sie starrte darauf und fragte sich, was sie eigentlich suchte.

Dann begriff sie. Ihr völlig unbewußt, hatte sie nach etwas Schwarzem gesucht. Anne war tot. Sie sollte also ein schwarzes Kleid tragen.

Aber das einzige schwarze Kleid, das sie besaß, war ein Abendkleid.

Dann bemerkte sie aus den Augenwinkeln etwas Dunkles. Annes Kleid, das sie vorhin über den Stuhl neben dem Bett geworfen hatte. Dicht dabei, auf einem kleinen Tisch, lagen der Hut und die Sonnenbrille.

Langsam, aber wie selbstverständlich formte sich ein Gedanke in ihr und nahm Gestalt an. Es war, als fügten sich die Steine eines Puzzles, wie von unsichtbarer Hand geschoben, zu einem Bild zusammen.

Warum sollte sie nicht einfach Annes Sachen anziehen? Weshalb sollte sie nicht das schwarze Leinenkleid, den breitrandigen dunklen Hut und die Sonnenbrille der Kusine tragen?

Und wenn sie genauso aussah wie Anne, warum konnte sie nicht auch so sein wie Anne? Ja, sie würde Anne sein!

Weshalb zögerte sie noch?

Die Gedanken wirbelten in ihrem Kopf, ein Schwindelgefühl erfaßte Doreen. Doch die Idee blieb. Sie schrillte in ihr wie eine Glocke, die niemand abzustellen vermochte.

»Es müßte spaßig sein, Anne zu werden«, murmelte sie vor sich hin. »Ungeheuer spaßig.«

Sie spürte, wie alle Mattigkeit und Erschöpfung von ihr abfielen. Es war, als strömte neues Leben in sie hinein, eine starke Kraft, die sie vorwärts drängte.

»Du mußt es tun«, schien eine Stimme zu sagen. »Dies ist die Chance, auf die du gewartest hast. Greif zu! Es ist eine einmalige Gelegenheit!«

Ihre Persönlichkeit schien sich zu spalten. Sie war nicht mehr eine Person, es waren zwei.

Und die eine von ihnen sagte: »Wie kannst du so etwas tun, das ist doch undurchführbar!«

Und die andere drängte: »Warum nicht? Wer sollte etwas davon merken? Wie sollte es herauskommen? Anne war seit acht Jahren nicht mehr in England . Sie hat es selbst gesagt. Die Menschen ändern sich in acht Jahren. Die Zeit ist eine Verwandlerin – die Arbeit auf der Missionsstation, die entsetzliche Erfahrung, daß ihre Eltern ermordet worden waren, ihr heldenhafter Einsatz bei den kranken Eingeborenen, all das hat eine andere aus Anne gemacht.«

Doreen glaubte Annes Stimme zu hören, die sagte: »Ich kann immer noch nicht darüber sprechen.«

Sie glaubte zu erkennen, wie sich das Problem gleichsam von selbst löste.

Sie hörte sich bereits murmeln, daß der Schock und die Krankheit, die hinter ihr lagen, noch zu frisch seien, um über das entsetzliche Geschehen jetzt schon reden zu können.

Sie würde sich bescheiden und zurückhaltend geben. Und damit würde sie mehr bewirken als Anne mit ihrer Selbstgefälligkeit und ihrem nichtssagenden Geschwätz.

»Ich werde es nicht tun. Es ist viel zu riskant!« widersprach Doreen ihrem anderen Ich. Und doch wußte sie: Die Würfel waren längst gefallen; ihre Entscheidung stand fest.

Zögernd und wie betäubt näherte sie sich dem schwarzen Kleid über der Stuhllehne.

Sie berührte es mit den Fingerspitzen und blickte voller Furcht auf Anne, als erwartete sie deren anklagenden Blick.

Hastig zog sie das Kleid an. Knöpfte es vor der Brust mit zitternden Fingern.

Der dicke Stoff fühlte sich auf ihrer Haut unangenehm an, und Annes schwacher Körpergeruch bewirkte ein leichtes Ekelgefühl in ihr.

Sekundenlang hielt sie inne, verspürte den Impuls, das Kleid wieder auszuziehen.

Das Geräusch eines vorfahrenden Autos vertrieb die unentschlossene Starre und verwandelte sie in wilde Hektik.

Sie sah Annes Schuhe auf dem Fußboden, Schuhe mit flachen Absätzen, praktisch und ohne Chic, und schlüpfte hinein. Sie stellte fest, daß sie ihr paßten, ein wenig zu groß waren vielleicht. Aber sie konnte darin gehen.

Ihre Gedanken arbeiteten jetzt fieberhaft.

Wenn sie die Sache wirklich zu Ende bringen wollte, durfte sie keine Spuren hinterlassen, die sie verraten konnten. Sie mußte ihre eigene Identität auslöschen und völlig in die von Anne hineinschlüpfen.

Sie trat vor den Spiegel und wischte sich die Puderschicht aus dem Gesicht. Sie rieb so lange über ihren Mund, bis auch der letzte Rest des Lippenstifts getilgt war.

Sie scheitelte ihr Haar in der Mitte und kämmte es glatt zurück. Im Nacken steckte sie es fest. Es war so kurz, daß zwei Nadeln genügten, um es in Form zu halten.

Als sie in den Spiegel starrte, erkannte sie sich kaum wieder.

Sie wandte sich zum Bett um.

Etwas Grauenvolles lag in dem Anblick der starr geweiteten Augen, des geöffneten Mundes und des zurückgebogenen Kopfes.

»Mein Gott, das könnte ich sein«, flüsterte sie mit heiserer Stimme. Dann fuhr sie lauter fort: »Das bin ich! Ich bin tot! Von diesem Moment an bin ich tot!«

Sie griff nach Annes Hut und setzte ihn auf. Dann schob sie die Bügel der Sonnenbrille hinter die Ohren. Keiner ihrer Freunde würde sie wiedererkennen. Bei einem Blick durch das Zimmer entdeckte sie ihre rote Handtasche.

Sollte sie wenigstens das Geld an sich nehmen?

Ihr Instinkt sagte ihr, daß es unklug sei. Geldscheine ließen sich zurückverfolgen. Nein, nichts in diesem Zimmer gehörte der neuen Anne Marston.

Zitternd vor Schwäche und atemloser Angst, stieg Doreen die Treppe hinunter.

Das gleißende Sonnenlicht war fast unerträglich.

Sie ging ein Stück zu Fuß, dann hielt sie ein Taxi an. Sie nannte den Namen des Hotels und ließ sich tief in das Polster des Rücksitzes sinken, als wollte sie sich verstecken.

Ich habe mich entschieden, dachte sie. Jetzt gibt es kein Zurück mehr für mich.

Tausende von Fragen und Problemen stürmten auf sie ein. Sie kannte weder die Zimmernummer im Hotel, noch hatte sie eine Ahnung von den Verabredungen, die Anne getroffen hatte. Und sie kannte auch die Namen der Missionare nicht, mit denen diese sich treffen wollte.

Ein weiteres Problem war die Geldfrage.

Während sie noch darüber nachdachte, spürte sie etwas Hartes in der Tasche des Leinenkleides. Sie griff hinein und zog ein Taschentuch und eine kleine, mit einem Reißverschluß versehene Geldbörse hervor, die zwei sauber gefaltete Geldscheine und einige ägyptische Silbermünzen enthielt.

Typisch Anne, keine Handtasche mitzunehmen, dachte Doreen. Doch dann rief sie sich zur Ordnung. Sie reagierte viel zu gefühlvoll. Sie mußte sachlicher bleiben. Anne war keine andere mehr, keine Fremde. Sie selbst war jetzt Anne. Ich bin es, die nie eine Handtasche bei sich hat! dachte sie.

Die Fahrt zum Hotel war kurz. Als das Taxi hielt und der Portier den Wagenschlag öffnete, überkam Doreen eine jähe Panik. In ihr war der Impuls, sich umzudrehen und Hals über Kopf davonzulaufen.

Doch mit einem Willen, von dessen Existenz sie nie etwas geahnt hatte, zwang sie sich, auf das Portal zuzugehen. Sie betrat die Eingangshalle durch eine riesige Drehtür. Dort blieb sie stehen, unschlüssig, nicht wissend, was sie tun sollte, als der Rezeptionsclerk ihr zurief:

»Ich habe zwei Briefe für Sie, Miß Marston.«

Automatisch setzte Doreen sich in Bewegung. Sie ging auf das Pult zu und nahm mit einem Lächeln die beiden Umschläge entgegen.

»Danke«, sagte sie.

»Aber gerne!« erwiderte er und händigte ihr den Zimmerschlüssel aus.

Das Metall lag kühl in ihrer Hand, und sie umschloß es mit einem jähen Gefühl der Erleichterung.

Wie einfach alles war. Viel einfacher, als sie angenommen hatte.

Sie wandte sich ab und ging zum Lift. Der Page, der dort stand, öffnete ihr die Tür.

Sie hörte, wie das Gitter sich hinter ihr schloß, dann glitt der Aufzug nach oben.

Es gab kein Zurück mehr.

Doreen Wallis war tot.

VII

Allein auf dem Zimmer, fühlte Doreen, wie die fast unerträglich gewordene Spannung in ihr abklang.

Sie lehnte sich mit dem Rücken gegen die Tür, die sie mit bebenden Händen hinter sich verriegelt hatte, als wären ihr Verfolger auf den Fersen.

Zwei oder drei Sekunden lang glaubte sie, in Ohnmacht zu sinken. Ihre Knie wurden weich, und der Schweiß brach ihr aus. Sie stieß sich von der Tür ab und wankte zu einem Stuhl.

Nachdem sie die Sonnenbrille abgenommen hatte, schaute sie sich im Raum um. Sie befand sich in der gewohnt farblosen Umgebung eines Hotelzimmers, sauber, aufgeräumt und derart ohne persönliche Note, daß sie einen kurzen, entsetzten Augenblick lang glaubte, im falschen Raum zu sein.

Dann sah sie neben dem Bett ein ledergebundenes Buch mit Goldschnitt. Zweifellos die Bibel.

Doreen atmete auf. Dann widmete sie ihre Aufmerksamkeit den beiden Briefen.

Der erste enthielt die Einladung zum Besuch eines Antiquitätengeschäftes, das eine Ausstellung mit Eingeborenenkunst aus dem Sudan ankündigte.

Der andere Brief trug die Unterschrift einer Ella Fisher.

Doreen begann zu lesen:

Liebe Miß Marston,

mein Gatte hat vom Hoteldirektor die Erlaubnis zur Benutzung eines kleinen Sitzungssaales für unseren Empfang heute abend erhalten. Eigene Unkosten werden uns daraus nicht entstehen. Wir werden gegen Viertel vor sieben dort sein, und ich werde Sie vorher auf Ihrem Zimmer aufsuchen, für den Fall, daß Sie noch irgendwelche Fragen an mich haben, bevor wir uns nach unten begeben.

Ich glaube, Sie werden froh sein über die Unterstützung, die wir Ihnen zugedacht haben und über die Sympathie und Bewunderung, die wir – wie Sie wissen – für Sie empfinden.

Ihre Sie liebende Schwester
in Christo
Ella Fisher

Nachdem Doreen den Brief aufmerksam gelesen hatte, blickte sie sich suchend um. Eine elektrische Uhr auf dem Kaminsims sagte ihr, daß es zehn nach sechs war.

Eine Gnadenfrist von fünfunddreißig Minuten blieb ihr noch. Fünfunddreißig Minuten, in denen sie sich auf die schwerste Prüfung ihres Lebens vorbereiten konnte.

Sie erhob sich und begann das Zimmer systematisch zu durchsuchen. Es war geradezu mitleiderregend, wie wenig ihre Kusine besessen hatte. Im Kleiderschrank hing ein Mantel, und in der Kommode lagen zwei Garnituren Unterwäsche aus grobem Leinen. Annes einziger Besitz – außer der Bibel, die auf dem Nachttischchen lag und in der Doreen ein paar getrocknete Blumen fand.

Natürlich, dachte sie, ihre Sachen sind ja auf der Mission alle verbrannt. Die wenigen Dinge, die sie besaß, mußte Anne in Khartum entweder gekauft oder geschenkt bekommen haben.

Sie ging zum Ankleidetisch und betrachtete sich im Spiegel. Bei genauer Prüfung verspürte sie wiederum eine starke Unsicherheit. Zweifel befielen sie. Sah sie wirklich so aus wie Anne? Würde sie die Fishers täuschen können, die Anne schon früher gesehen hatten?

Würde sie vor allem vor den viel kritischeren Augen der Verwandten und Freunde Annes in England bestehen können, auch wenn diese das Mädchen acht Jahre lang nicht mehr gesehen hatten?

»Zu spät, um jetzt noch einen Rückzieher zu machen«, sagte sie sich.

Dann fiel ihr Blick auf ihr Haar, und sie stellte entsetzt fest, daß sogar das Auge eines Laien erkennen mußte, daß sie jahrelang Wasserstoffsuperoxyd verwendet hatte.

Was sollte sie tun?

Sie konnte bei dem Empfang unmöglich mit einem riesigen Strohhut erscheinen. Hastig riß sie die Schubladen auf. Aber da war nichts, weder ein Stück Chiffon noch ein Band, das sie sich auf den Kopf hätte tun können, um die gelbblonden Strähnen zu verbergen.

Das einzige, was sie fand, war ein neues Paar schwarzer Strümpfe. Offensichtlich das einzige Paar, das Anne außer dem, was sie trug, besaß.

Doreen blickte an sich herunter auf ihre Beine. Als sie Annes Schuhe anzog, hatte sie übersehen, daß sie immer noch ihre eigenen Strümpfe trug. Sie waren von einem tiefen Sonnenbraun und schimmerten seidig. Sie paßten also keineswegs zu Anne, die ja in Trauer war und von der man wußte, daß sie es damit sehr ernst nahm.

Rasch streifte Doreen ihre Seidenstrümpfe ab und zog Annes Baumwollstrümpfe über. Danach fuhr sie verzweifelt mit der Suche nach etwas, womit sie ihr Haar verdecken konnte, fort.

Im Kleiderschrank fand sie einen schwarzen Mantel mit einem billigen Seidenfutter. Sie riß es heraus und band es sich um den Kopf.

Inzwischen zeigte die Uhr zwanzig vor sieben. Mrs. Fisher konnte jeden Augenblick an die Tür klopfen. Sie wollte eben erleichtert aufatmen, als ihr Blick auf ihre Fingernägel fiel. Gütiger Himmel, sie sind viel zu lang und zu spitz, dachte sie.

Es kostete sie Überwindung, die billige Nagelschere zu benutzen, die auf der Platte des Frisiertisches lag. Aber sie mußte die letzten Spuren ihres Lebens als Doreen Wallis beseitigen. Sie kürzte die Nägel mit zitternden Fingern, denn ihr war bewußt geworden, daß auch die geringste Abweichung von Annes Äußerem, die sie übersehen hatte, ihr gefährlicher werden konnte als die Tatsache, daß sie nicht die geringste Ahnung vom Sudan und vom Stamm der Jurde hatte.

Als sie sich die dunkle Sonnenbrille aufsetzte, klopfte es an die Tür.

Sekundenlang war Doreen wie versteinert. Die Stimme versagte ihr den Dienst.

Doch dann schüttelte sie die Lähmung gewaltsam ab. Sie durchquerte das Zimmer, schob den Riegel zurück und rief: »Herein!«

Der Außenschlüssel wurde umgedreht, und Mrs. Fisher trat ein.

»Sind Sie fertig, meine Liebe?« fragte sie.

Doreen wußte, ihre Antwort würde den Charakter eines Tests haben. Was war, wenn Mrs. Fisher einen Unterschied in ihren Stimmen feststellte? Was ...

Die Besucherin machte Doreens Furcht ein Ende.

»Ja«, gab sie sich selbst die Antwort. »Ich sehe, Sie sind bereits soweit. Na schön! Wir haben Zeit genug, aber ich glaube, wir sollten schon nach unten gehen. Ich nehme an, Sie sind ziemlich aufgeregt. Nun, seien Sie unbesorgt! Überlassen Sie alles uns. Ich sollte wohl besser sagen: meinem Mann. Er macht das schon, das versichere ich Ihnen!«

Sie holte Luft und fuhr dann fort:

»Er wird schon darauf achten, daß Sie heute abend nicht überfordert werden. Wir haben übrigens nur einen ganz kleinen Kreis zu dieser Begegnung eingeladen. Aber das sagte ich Ihnen ja schon. Wir werden etwa zu zehn oder zwölf sein. Leider erfuhren wir eben erst, daß die Matthews nicht frühzeitig aus Ismailia zurück sind, und vor allem bedaure ich,

Ihnen mitteilen zu müssen, daß Professor Brown und Gemahlin leider an Fieber erkrankt sind und deshalb den Abend nicht mit uns verbringen können. Well, wenn Sie also fertig sind, könnten ...«

Sie verstummte. Dann sagte sie:

»Nein, warten Sie. Beinahe hätte ich etwas vergessen ... Ich mußte meinem lieben Mann versprechen, Ihnen das hier zu geben – das Geld.«

»Für die Mission?« fragte Doreen. Es waren die ersten Worte, die sie sprach.

»Nein, nein, natürlich nicht«, erwiderte Mrs. Fisher. »Es ist das Geld, über das wir heute morgen sprachen. Den kleinen Vorschuß, den mein Mann Ihnen in Aussicht stellte. Sie wissen, die Vereinigung schuldete Ihrem Vater noch eine beträchtliche Summe. Es tut mir nur leid, daß es nicht mehr ist. Doch für einige Kleider dürfte es reichen.«

Wieder machte Mrs. Fisher eine Pause, um dann in ihrem Monolog fortzufahren:

»Sie brauchen selbstverständlich einige wichtige Dinge auf der Reise, und Sie werden nicht daran vorbeikommen, an Bord das eine oder andere Trinkgeld zu geben. Aber übertreiben Sie nicht damit, meine Teure. Es gäbe keinen Grund dazu, und es wird auch nicht von Ihnen erwartet. Ihr Ticket kommt heute abend noch. Dr. Fisher wird es Ihnen an den Bahnhof bringen.«

Sie nahm einen Umschlag aus ihrer Handtasche und öffnete ihn.

»Hier«, sagte sie. »Das sind fünfzehn Pfund. Am besten ist, Sie zählen nach, damit es kein Mißverständnis gibt.«

»Ich glaube nicht, daß dies nötig ist«, sagte Doreen mit einem nervösen Lachen.

»Well, aber tun Sie es gut weg«, rief Mrs. Fisher. »Man kann in diesen Zeiten nicht vorsichtig genug sein, nicht wahr? Haben Sie keine Handtasche?«

»Ich glaube ... nein, nein, eine Handtasche habe ich nicht.«

»Weil, dann stecken Sie es in die Tasche Ihres Kleides, mein liebes Kind. Und befestigen Sie es mit einer Nadel. Das mache ich auch immer so. Nichts ist so zuverlässig wie eine gute Sicherheitsnadel, wenn es um Geldscheine geht!«

Sie warf einen Blick auf den Ankleidetisch und sagte:

»Keine Sicherheitsnadeln? Du meine Güte, ist es nicht entsetzlich, wie viele triviale Dinge man bei einem Anlaß wie diesem braucht? Ich sage so oft zu meinem lieben Mann, daß er gar keine Ahnung davon hat, wie schwierig das Leben für eine Frau ohne diese Kleinigkeiten wäre. Nadeln, Bänder, Knöpfe, sie sind ein so wesentlicher Teil unseres Lebens, nicht wahr?«

Sie öffnete ihre Tasche.

»Nun, lassen Sie mich nachschauen. Eine Sicherheitsnadel müßte ich eigentlich bei mir haben. Eine ganz bestimmt!« Triumphierend blickte sie auf. »Aha, hier ist sie schon. Eine schwarze. Das nennt man Glück, oder?«

Gottergeben stand Doreen da, während Mrs. Fisher die Geldscheine mit der Nadel durchbohrte und diese dann an der Innenseite der aufgesteppten Kleidertasche befestigte.

»Wenn Sie heute abend ins Bett gehen«, fügte die unermüdliche Mrs. Fisher hinzu, »stecken Sie die Scheine unters Kopfkissen. Dies ist zwar ein angesehenes Hotel, aber wissen kann man es nie. Alle Zimmerkellner sind Eingeborene, und man kann ihnen nicht trauen – in keiner Hinsicht. Obwohl ich sicher bin, daß ich Ihnen das nicht sagen muß.«

»Ich werde Ihren Rat befolgen!« versprach Doreen leise.

»Nun, dann wollen wir gehen!« rief Mrs. Fisher.

Sie setzten sich Richtung Tür in Bewegung.

»Ich nehme an, Sie müssen diese dunklen Gläser tragen. Es ist nur bedauerlich, wenn Sie Ihre Augen bei einer Ansprache verdecken müssen. Irgendwie leidet der Kontakt darunter. Ich sage immer zu meinem lieben Mann: ›Die Augen sind die Fenster unserer Seele!‹ Meinen Sie nicht auch?«

»Ich fürchte, ich kann die Brille nicht abnehmen«, sagte Doreen hastig.

»Nein, nein, das verstehe ich schon. Sie haben sich den Anweisungen des Arztes zu beugen, mögen Sie auch noch so lästig sein. Bitte, das ist alles in Ordnung. Wir werden heute abend wirklich nicht zuviel von Ihnen verlangen. Sobald unsere kleine Feier vorüber ist, dürfen Sie sich empfehlen und sofort zu Bett gehen. Aber lassen Sie sich noch ein kleines Nachtessen und eine warme Tasse Tee aufs Zimmer bringen. Um so besser schlafen Sie dann. Vergessen Sie nicht, morgen haben Sie einen anstrengenden Tag vor sich.«

»Wann fährt mein Zug genau?« fragte Doreen, während sie auf den Fahrstuhl warteten.

»Um halb fünf«, erwiderte Mrs. Fisher. »Zeit genug, um am Morgen in aller Ruhe noch einige kleine Einkäufe zu machen. Hätten Sie gern, wenn ich mitkäme, Liebes? Ich hatte zwar vor, eine Lesung in unserem Frauenclub zu halten. Aber ich glaube, ich könnte jemanden finden, der für mich einspringt.«

»Nein, nein, das wird nicht nötig sein!« sagte Doreen rasch. »Ich möchte Ihr Programm in keiner Weise durcheinanderbringen. Außerdem komme ich ganz gut alleine zurecht. Es sind ja nur Kleinigkeiten, die ich benötige.«

»Wenn Sie wirklich meinen, daß Sie allein zurecht kommen«, sagte Mrs. Fisher zögernd.

Doreen hatte das Gefühl, ein morgendlicher Einkaufsbummel hätte der Frau Spaß gemacht.

»Ja, ich komme wirklich allein zurecht«, erwiderte sie fest.

Mit einem Seufzer betrat die gute Lady den Aufzug, nachdem der Page das Türgitter geöffnet hatte.

Dr. Fisher war ein großer Mann mit einer dröhnenden Stimme und einer Jovialität, die Doreen auf Anhieb unecht vorkam.

»Well, wie geht es uns denn heute abend?« fragte er sie und streckte ihr seine große, knochige Hand entgegen. Sein Händedruck war betont fest. Vermutlich gehörte er zu den Menschen, die glaubten, ein kraftvoller Händedruck verrate einen starken Geist und einen starken Glauben.

»Ich bin sehr erschöpft«, antwortete Doreen. »Ich hoffe nur, daß sie keine allzu lange Rede von mir erwarten, Doktor Fisher. Das Sprechen fällt mir noch schwer.«

Sie senkte den Kopf und fuhr mit leiser Stimme fort:

»Oft fürchte ich, vor einem neuen Zusammenbruch zu stehen.«

Es war eine schauspielerische Meisterleistung, der die augenblickliche Wirkung auf die Fishers nicht versagt blieb.

»Aber mein liebes Kind, das verstehen wir doch«, sagte Mrs. Fisher und legte Doreen die Hand auf den Arm. »Überlassen Sie nur alles meinem lieben Mann, wie ich Ihnen vorhin schon sagte. Ich wüßte keinen Grund, weshalb Sie auch nur ein Wort mehr sagen sollten als ›Danke schön‹, wenn man Ihnen den kleinen Geldbetrag überreicht, den wir für Sie zusammengebracht haben.«

»Sie sind so überaus freundlich zu mir«, murmelte Doreen. »So freundlich und so bewundernswert hilfsbereit.« Sie fing einen Blick auf, den die beiden miteinander tauschten und der äußerste Zustimmung auszudrücken schien.

Ihr kam der Gedanke, daß Anne vielleicht nicht soviel Gefühl gezeigt, sondern sich nüchtern und geschäftsmäßiger gegeben hatte.

»Ich habe natürlich vollstes Verständnis für Sie«, sagte Dr. Fisher und räusperte sich. »Wie meine Frau schon vorschlug, überlassen Sie alles mir. Ich glaube, ohne Übertreibung von mir behaupten zu können, daß ich durchaus imstande bin, unserem kleinen Kreis Ihre Gefühle und Empfindungen darzulegen. Entschuldigen Sie mich einen Augenblick.«

Jemand war in der Tür erschienen und winkte ihm.

»Setzen Sie sich doch, meine Liebe!« forderte Mrs. Fisher Doreen auf.

Doreen folgte der Aufforderung, froh darüber, daß sich die Dinge in ihrem Sinne entwickelten. Und einmal abgesehen von ihrer Furcht vor einer Entlarvung, fühlte sie sich wirklich so schwach, wie Anne sich hätte fühlen können.

Es war das erste Mal seit ihrem Aufenthalt im Krankenhaus, daß sie für längere Zeit das Bett verlassen hatte, und sie verspürte ein starkes Schwindelgefühl.

»Ob ich wohl ein Glas Wasser haben könnte?« fragte sie Mrs. Fisher.

»Aber natürlich«, entgegnete diese. »Ich hole es Ihnen.«

Sie wandte sich zur Tür, doch bevor sie den Raum verlassen konnte, kehrte Dr. Fisher in Begleitung von drei Bildreportern zurück.

»Die Herren sind von der Presse, Miß Marston«, sagte er. »Sie hätten gern einige Fotos von Ihnen gemacht. Ich bin ganz sicher, Sie werden ihnen diesen Wunsch nicht abschlagen.«

»Aber nicht ich allein!« rief Doreen. »Ich möchte nicht gern allein photographiert werden. Wenn Sie und Mrs. Fisher mit aufs Bild kommen ...«

Sie wußte nicht, warum, doch sie hatte das Gefühl, eine Gruppenaufnahme wäre weniger gefährlich für sie. Es war eigentlich unwahrscheinlich, daß sie erkannt wurde, und doch ließ sie die Furcht nicht los, die Tür könnte sich öffnen, und es käme jemand herein, der ihren richtigen Namen rief.

Die Fishers waren nur zu bereit, ihr diesen Gefallen zu tun, und nahmen sie augenblicklich in die Mitte.

»Selbstverständlich, wenn Sie das wünschen«, erklärte Mrs. Fisher. »Wir sind stolz darauf, mit Ihnen photographiert zu werden.«

Sie nahmen beim Fenster Aufstellung, und während die Bildreporter ihre Aufnahmen machten, trafen die ersten Gäste ein. Doreen bot sich keine Gelegenheit mehr, noch einmal um ein Glas Wasser zu bitten.

Ich hätte nach einem Brandy fragen sollen, dachte Doreen, und bei dieser Vorstellung konnte sie sich kaum ernst halten.

Mein Gott, wären die Fishers geschockt gewesen! Sie war sicher, die beiden waren fanatische Antialkoholiker. Und die übrigen Gäste, die sich zu Ehren des Engels des Jurdestammes eingefunden hatten, sahen auch nicht aus wie Trinker und Feinschmecker.

Diese Menschen gehören einer völlig anderen Schicht an als der, die ich in der Vergangenheit gekannt habe, dachte sie.

Die meisten der Männer hatten die gleiche plumpvertrauliche Art, wie sie Dr. Fisher an den Tag legte, und die Frauen sprachen meist mit leiser, beherrschter Stimme, gaben sich sehr zurückhaltend und waren ohne jeden Geschmack gekleidet.

Unvorstellbar, dachte Doreen, daß sie das schön fanden. Es war wirklich ein Wunder, daß sie bei soviel Unansehnlichkeit überhaupt einen Mann gefunden hatten.

Jede von ihnen trug das Haar glatt und streng nach hinten gekämmt. Sie hatten die gleichen blassen, nichtssagenden Gesichter und geradezu groteske Kleider. Man hätte diese Ladys für eine Bühnenparodie von Betschwestern und Frömmlerinnen halten können, doch wie ein Wunder war es ihnen allen gelungen, einen Ehestand zu gründen und Kinder auf die Welt zu bringen.

Und sie alle waren vollkommen zufrieden mit sich und ihrem Leben – wenigstens wirkten sie so.

Was Doreen besonders auffiel, obwohl es sie zugleich höchst seltsam berührte, war die Tatsache, daß sie sich in der Ermordung der Masters regelrecht zu sonnen schienen.

Ist es nun der Nervenkitzel, das Bewußtsein der Gefahr, die sie so reagieren lassen, fragte sich Doreen? Oder ist tatsächlich die Krone des Martyriums für sie die einzige und höchste Erfüllung ihres sonst so grauen und eintönigen Daseins?

Dr. Fisher sprach »im Namen und im Auftrag von Miß Anne Marston, die sich nach dem schmerzlichen Verlust, den sie erst kürzlich erlitten hat, nicht imstande sieht, ihre Brüder und Schwestern in Christo persönlich zu begrüßen.«

Er schilderte das tragische Geschehen in allen Einzelheiten und rühmte in beredten Worten das wundervolle Werk, das Dr. und Mrs. Marston in den vergangenen siebenundzwanzig Jahren geschaffen hatten.

»Wir alle«, fuhr Dr. Fisher fort, »waren immer wieder begeistert von den glühenden Schilderungen, die uns von Zeit zu Zeit aus der vordersten Front unseres großen Schlachtfeldes erreichten. Ich meine natürlich jenes Schlachtfeld, auf dem wir kämpfen unter dem glorreichen Banner unseres göttlichen Kriegsherrn Jesus Christus.«

Dr. Fisher machte eine wirkungsvolle Pause, in der niemand von seinen Zuhörern zu atmen wagte. Dann sprach er weiter.

»Dr. Marston war ein Idealist, einer jener seltenen Exemplare Mensch, denen es gelingt, ihr Ideal zu einem großen Teil tatsächlich zu verwirklichen. Ich glaube, Miß Marston wird mir verzeihen, wenn ich es in gewisser Weise begrüße, daß er nicht mehr unter uns weilt. Denn so mußte er nicht mehr miterleben, was er vielleicht als einen gewaltigen Rückschlag seiner Arbeit angesehen hätte.«

Wieder schwieg Dr. Fisher und blickte sich zustimmungheischend um. Dann fuhr er fort:

»Auch seine Frau war auf ihre ruhige, bescheidene Art eine der Menschen, die in der Verkündigung des Reiches Gottes Großes leisten. Zusammen haben sie den Weinberg des Herrn bestellt. Zusammen haben sie die Ernte ihrer Arbeit in die Scheuern des himmlischen Vaters eingebracht. Und wenn sie uns die Verpflichtung ihres vorbildlichen Lebens hinterlassen haben, dann auch die Verantwortung, ihrem Beispiel zu folgen.«

Dr. Fishers Stimme steigerte sich, wurde immer eindringlicher und beschwörender.

»Wir müssen weitermachen, müssen das Werk vollenden, das Doktor Marston so edelmütig begann und für das er so heldenmütig in den Tod ging! Wir können keinen Defaitismus, keine Mutlosigkeit dulden, wenn der Glaube an Gott auf dem Spiel steht. Und an der Stelle, wo der Tod Doktor Marston zwang, seine Arbeit niederzulegen, sind wir aufgerufen, diese Arbeit wiederaufzunehmen und sie zu Ende zu führen!«

Schweigen! Beeindrucktes Schweigen! Dr. Fisher kostete es sekundenlang aus. Dann kam er zum Höhepunkt und Schluß seiner Ansprache:

»Ladies und Gentlemen, ich appelliere an Ihren Glauben und an Ihre Opferbereitschaft! Helfen Sie durch Ihre tatkräftige Unterstützung mit, daß die Marston-Niederlassung fortbesteht, und vergessen Sie in Ihren Gebeten nicht den Bruder und die Schwester, die uns durch das dunkle Tor des Todes vorausgegangen sind in den Frieden des Allerhöchsten.«

Als er sich niedersetzte, gab es bei den Versammelten kein Auge, das trocken geblieben wäre. Doch die Taschentücher wurden hastig eingesteckt, um die Hände für einen anhaltenden Applaus freizumachen.

Als der Beifall schließlich abgeebbt war, erhob sich ein anderer Missionar, der, nachdem er sich etwa zehn Minuten in ähnlichen Worten ergangen hatte wie sein Vorgänger, dem Ehrengast ein Tablett überreichte, auf dem ein kleiner Lederbeutel lag.

»Im Namen meiner Kollegen und in meinem eigenen Namen«, begann er feierlich, »möchte ich Ihnen für den Aufbau der neuen Marston-Missionsniederlassung die Summe von acht Pfund, zwölf Shilling und Sixpence überreichen, die wir in den vergangenen Tagen gesammelt haben. Wir alle möchten damit unserer tiefen Verbundenheit mit Ihnen, Miß Marston, Ausdruck verleihen und uns gleichzeitig dem Gefühl der Bewunderung für Ihre Eltern anschließen, die Doktor Fisher so beredt in Worte faßte.«

Neuer Beifall erhob sich, und Doreen beugte sich vor, um den kleinen Lederbehälter in Empfang zu nehmen. »Danke«, murmelte sie.

»Lasset uns beten!« rief Dr. Fisher.

Alle sanken zu einem langen Gebet auf die Knie nieder. Dann erhoben sie sich und sangen die Missionshymne.

Damit war der offizielle Teil des Empfangs beendet. Ein jeder drängte sich nun nach vorn, um ein paar Worte mit dem Ehrengast zu sprechen. Doreen hielt sich immer in der Nähe Mrs. Fishers auf, und alle Fragen beantwortete sie mit leiser Stimme. Dabei faßte sie sich stets kurz und überließ alles weitere der redseligen Lady an ihrer Seite, die sich in dieser Situation als unersetzlich erwies.

Endlich zerstreuten sich die Gäste. Nach dem letzten Händedruck wandte Mrs. Fisher sich an Doreen.

»Jetzt aber rasch ins Bett, mein liebes Kind! Sie wissen doch, wie sehr Sie Ihre Kräfte noch schonen müssen, nicht wahr?« Einen Moment lang schwieg sie und setzte dann betont beiläufig hinzu: »Oh, was das Geld betrifft! Ich hielte es für das Beste, wenn Sie es meinem Mann zur Aufbewahrung geben. Weshalb sollen Sie es mit nach England nehmen? Viel einfacher, wir deponieren es auf einer hiesigen Bank und machen Kairo zum Sitz der Stiftung. Alle Spenden, die Sie zu Hause einnehmen, können Sie dann gleich hierhin überweisen.«

»Glauben Sie, es ist so am besten?« fragte Doreen.

»Mit Sicherheit«, entschied Mrs. Fisher nachdrücklich. »Ich könnte mir denken, daß Ihnen der Umgang mit Geld und die Verwaltung eines solchen Fonds nicht liegt, meine Liebe. Also überlassen Sie die Sache meinem Mann. Bei ihm ist alles in guten Händen. Er wird zum Beispiel gleich einen Spendenaufruf in die Zeitungen setzen. Ich bin überzeugt, daß er damit großen Erfolg haben wird. Könnte mir vorstellen, daß das Geld nur so hereinströmen wird – mit ihm als Schatzmeister.«

Doreen verspürte einen fast unüberwindlichen Drang zu der Bemerkung, daß ihr die Funktion des Schatzmeisters auch zusagen würde. Doch sie wußte, daß dies höchst unklug sein würde. Also übergab sie den Lederbeutel mit einer müden Handbewegung Dr. Fisher, der ihn mit der Geschwindigkeit eines Zauberers in einer der weiten Taschen seines schwarzen Alpaccamantels verschwinden ließ.

»Zerbrechen Sie sich nicht den Kopf mit Gelddingen«, sagte er. »Ich werde mich darum kümmern, ich habe Übung darin. Meine Frau zieht mich manchmal auf, indem sie sagt, sie sehe mich nie ohne die Rechentabelle in der einen und das Kontobuch in der anderen Hand. Nun, vielleicht hat sie recht. Das würde bedeuten, daß ein weiteres leeres Fach in meinem Schreibtisch einem vernünftigen Zweck zugeführt wird – und nicht nur einem vernünftigen, sondern auch sehr gewinnbringenden, wie ich hoffe.«

»Ja, das hoffen wir auch, nicht wahr, meine Gute«, sagte Mrs. Fisher und lächelte verzückt. »Und Sie werden das Ihre sicher dazu beitragen, sobald Sie in England sind, liebe Miß Marston. Vor allem sollten Sie alles tun, was in Ihren Kräften steht, um unser Anliegen über die Tageszeitungen den Menschen nahezubringen. Zeitungen können eine große Hilfe sein. Ich kann mich erinnern, daß wir einmal eine weltweite Unterstützung für unser Waisenhaus erhielten, weil eine Zeitung einen Bericht über ein Waisenkind brachte, das von einem Krokodil gefressen wurde. Dabei stimmte das gar nicht. Wenigstens nicht so, wie der Zeitungsbericht es schilderte. Eins unserer Kinder war in den Fluß gefallen, und wir hatten eine entsetzliche Angst, es könnte von einem Krokodil gefressen worden sein. Nun, dennoch tat diese Nachricht uns einen enormen Dienst. Mit jeder Post erhielten wir Hunderte von Pfund, so daß Dr. Fisher regelrecht mit Geldscheinen zugeschneit wurde. Nicht wahr, mein Lieber?«

»Ja, ja«, antwortete Dr. Fisher und fügte hastig hinzu: »Meine Frau will damit natürlich nicht sagen, daß Sie regelrechte Werbung für die Mission betreiben sollen, Miß Marston. Doch andererseits bin ich der festen Überzeugung, Gott wird uns bald die nötige Hilfe gewähren, wenn er will, daß wir diese Dinge zu seiner Ehre gebrauchen sollen.«

»Ja, da bin ich ganz Ihrer Meinung«, antwortete Doreen schwach und reichte den beiden die Hand. »Gute Nacht, und Dank für alles.«

Die Fishers begleiteten sie zum Aufzug, und mit einem Seufzer der Erleichterung sah Doreen auf ihre nach oben gewandten Gesichter hinab, während der Fahrstuhl aufwärts schwebte und die beiden in der Halle zurückblieben.

Sie bewahrte die Fassung, bis sie auf ihrem Zimmer angekommen war.

Nun endlich begann sie zu lachen. Anfangs verhalten, dann immer schallender und hysterischer, bis ihr die Tränen die Wangen hinunterliefen und sie das Gesicht in die Kissen preßte, damit niemand sie draußen auf dem Flur hörte.

VIII

Als Doreen in Port Said an Bord des Schiffes angekommen war und erfuhr, daß sie eine Kabine ganz für sich allein erhalten würde, hätte sie den rotgesichtigen, freundlichen Zahlmeister am liebsten umarmt.

»Es ist mir gelungen, Ihnen eine Einzelkabine zu beschaffen, Miß Marston«, erklärte er. »Ich dachte mir, unter diesen Umständen würden Sie es vorziehen, allein zu sein.«

Die Aufregungen der Eisenbahnreise, die Feuerprobe mehrerer Interviews auf der Landebrücke, bevor sie an Bord ging, traten in den Hintergrund ihres Bewußtseins wie ein böser Traum nach dem Erwachen.

Jetzt zählte nur noch eins: sie war allein und konnte sich in der kleinen, aber gut ausgestatteten Kabine, zu der eine lächelnde Stewardeß sie führte, von allen Anstrengungen der letzten Tage erholen.

Doreen nahm den Hut und die Sonnenbrille ab, die sie inzwischen regelrecht hassen gelernt hatte, obwohl sie sich gleichzeitig darüber im klaren war, welchen Schutz sie den dunklen Gläsern verdankte. Dann ging sie zum Waschbecken, hielt ihr Taschentuch unter den Wasserhahn und preßte es auf die schmerzende Stirn.

Den ganzen Tag über war es unerträglich heiß gewesen. Auch jetzt noch, nachdem es Abend geworden war und die Dunkelheit sich herabgesenkt hatte, herrschte in der Kabine eine erbarumungslose Hitze.

Doreen war sehr müde. Die Angst, entdeckt zu werden, die sie die ganze Zeit über keine Sekunde lang verließ, hatte ihr eine schlaflose Nacht beschert. In Schweiß gebadet hatte sie im Bett gelegen, und mehr als einmal war die Frage in ihr aufgetaucht, ob das Fieber vielleicht wieder zurückgekehrt sei und sie am nächsten Morgen ihre Reise überhaupt wieder antreten könne.

Um halb acht, als man ihr das Frühstück aufs Zimmer brachte, fühlte sie sich schwach und äußerst erschöpft. Dennoch hatte es sie nicht mehr im Bett gehalten. Um neun war sie fertig angezogen gewesen und bereit zum vorgesehenen Gang in die Stadt.

Sie kaufte mehrere Kleider, einen Mantel, zwei Paar Schuhe und einige Garnituren etwas reizvollerer Unterwäsche, obwohl Letztere nicht unbedingt notwendig gewesen wären.

Allerdings war sie bei Schwarz geblieben. Einmal, weil man dies von einer Trauernden erwartete, und zum anderen, weil es auf die Dauer wirtschaftlicher war, wenn die Kleidungsstücke, die sie besaß, zueinander paßten.

»Ich werde aussehen wie eine Eule«, sagte sie zu sich. »Aber es muß sein. Ich darf jetzt einfach kein Risiko eingehen!«

Die einzige Konzession, die sie machte, war der Kauf einer Puderdose, einer Puderquaste und eines blassen, kaum wahrnehmbaren Lippenstiftes.

Doch diese Dinge würde sie erst benutzen, nachdem sie Kairo hinter sich gelassen hatte und auf dem Schiff angekommen war. Fest stand in jedem Fall für sie, daß sie England nicht ohne Make-up und keinesfalls so, wie sie im Augenblick herumlief, betreten würde.

Eine gute Gesichtscreme war eine unbedingte Notwendigkeit, und sie bedauerte die Extraausgabe nicht, die die Anschaffung eines besonders qualitativen Hautpflegemittels erforderlich machte.

Ein weiteres Problem waren ihre Haare. Sie erstand eine kleine Flasche Shampoon, und nachdem sie gegen elf ins Hotel zurückgekehrt war, wusch sie ihr Haar im Waschbecken, um den künstlichen Goldglanz darin herauszuspülen.

Nach mehreren Waschvorgängen hatte sie erreicht, daß nur ein sehr geschultes Auge imstande war, zu erkennen, daß ihr Haar jemals mit einem Haarfärbemittel in Berührung gekommen war.

Obwohl der Zug die Stadt zur heißesten Zeit des Nachmittags verließ, stellte Doreen voller Rührung fest, wie viele Menschen sich auf dem Bahnsteig eingefunden hatten, um ihr Lebewohl zu sagen.

So waren zum Beispiel alle Missionare vom Vorabend gekommen. Die Fishers eilten geschäftig hin und her, begrüßten die Mitglieder ihrer Vereinigung, kümmerten sich um Doreens Gepäck, überhäuften sie mit Ratschlägen und taten alles, um den Bahnbeamten gehörig auf die Nerven zu fallen.

Ein schüchternes kleines Mädchen überreichte Doreen einen Blumenstrauß, die Presseleute schossen zahlreiche Bilder von ihr, während sie bei den Missionaren stand, und die letzten, als sie in den Wagen stieg und aus dem Fenster blickte.

Während sich der Zug in Bewegung setzte und die Gruppe winkender Menschen auf dem Bahnsteig zurückblieb, spürte Doreen, wie es ihr die Kehle zuschnürte. Doch die Ursache für die Rührung, die sie plötzlich überfiel, war nicht der Abschied von dem Häuflein eifriger Missionare und Evangelisten, sondern der Abschied von der Stadt, die bis zu diesem Tag ihre Heimat gewesen war.

Als sie auf ihrem Sitz Platz nahm, murmelte sie: »Vergiß nicht, du bist tot. Am Leben geblieben ist Anne, und Annes Leben ist nun das deine geworden!«

Sie nahm den Stoß Zeitschriften zur Hand, den Dr. Fisher ihr im letzten Augenblick durch das Abteilfenster gereicht hatte.

Gegen Mittag hatte sie mit ihm telefoniert und ihn gebeten, ihr alle Artikel mitzubringen, die über die Missionsniederlassung, über ihren Vater und ihre Mutter im Lauf der Jahre erschienen waren.

»Ich würde mich gern noch einmal in all die Geschehnisse meines bisherigen Lebens hinein vertiefen«, hatte sie ihm erklärt. »Vieles davon ist bei mir mit der Zeit doch etwas in Vergessenheit geraten.«

»Aber gern«, hatte er geantwortet. »Ich verstehe Sie ja so gut, mein liebes Kind. Wir müßten die Ausgaben noch alle haben. Ich werde sie für Sie heraussuchen.«

Er hatte sein Versprechen gehalten, und als Doreen den riesigen Stoß Lesematerial betrachtete, überkam sie ein leises Gefühl des Entsetzens.

Aber sie würde nicht am Studium dieser Berichte vorbeikommen. Schließlich war es unerläßlich für sie, sich mit dem Leben vertraut zu machen, das sie bisher in den Augen der Menschen geführt hatte.

Erschreckt stellte sie fest, wie wenig sie über Missionare und deren Tätigkeit und über die Eingeborenenstämme in Afrika wußte.

In ihre ungewohnte Lektüre vertieft, überstand sie die beschwerliche Bahnfahrt besser, als sie geglaubt hatte. Und nun war sie an Bord des Schiffes, das sie nach England bringen würde.

Eines machte sich Doreen völlig klar: Was immer dort auch geschehen würde, für sie gab es keine Rückkehr nach Ägypten mehr. Der Blick durch das Bullauge ihrer Kabine auf die Lichter des Hafens war das letzte, was sie in ihrem Leben vom dunklen Kontinent sehen würde.

Gegen Mitternacht lichtete das Schiff die Anker und stach in See. Doreen, die ihre Koffer ausgepackt hatte, ging auf Deck und trat an die Reling, um dem Land ihrer Kindheit und Jugend endgültig ade zu sagen.

Am Himmel leuchteten die Sterne. Am Quai winkten die Menschen. Die Stahltrosse der riesigen Hebekrans jaulten. Und vom Hafeneingang drang das Tuten einlaufender Dampfer herüber.

Unter dem rhythmischen Stampfen der Schiffsmaschinen glitten sie in den Kanal.

»Die Stadt scheint nie zur Ruhe zu kommen«, sagte eine Stimme.

Unwillkürlich setzte Doreen die dunkle Brille auf, die sie während des stummen Lebewohls in der Hand gehalten hatte, und wandte sich um. Ein hochgewachsener, breitschultriger Mann lehnte neben ihr an der Reling.

Er mußte sich sehr leise genähert haben, denn sie hatte von seinem Kommen nichts gehört.

»Es ist lange her, seit ich das letzte Mal hier war«, sagte sie.

»Kann Ihnen gar nicht sagen, wie oft ich schon auf die schwindenden Lichter des Hafens gestarrt habe«, erwiderte er. »Doch es fasziniert einen immer wieder aufs neue. Jedesmal gehe ich an Deck und schaue zu, wie wir ablegen. Nun, zum Glück werden wir bald diese gräßliche Hitze los ein. Sie kommen aus Kairo?«

»Ja, ich bin heute erst angekommen.«

»Ich auch.« Er machte eine kurze Pause. »Nachdem ich mich dort bestens amüsiert habe«, fuhr er dann fort. »Ein Paradies für den gestreßten Geschäftsmann. Haben Sie die neue Show im Kit-Cat gesehen? Spitze, nicht wahr?«

»Ich war nur einmal dort«, sagte Doreen.

Innerlich mußte sie lächeln. Sie kannte die Show, von der er sprach. Ein exotisches, ziemlich freizügiges Spektakel, das Nacht für Nacht volle Kassen brachte. Sie blickte den Fremden an und fragte sich, wer er wohl sein mochte.

Seine Stimme besaß einen stählernen Klang, der in einem seltsamen Gegensatz zum Inhalt seiner Worte stand. Doch das, was sie von ihm sah, gefiel ihr. Sein Gesicht trug scharfgeschnittene Züge, seine Stirn war hoch und sein Kinn kraftvoll.

Dennoch gab sie sich zurückhaltend, und während das Schiff ruhig durch die Dunkelheit glitt, trat sie von der Reling zurück.

»Gute Nacht«, sagte sie.

»Gute Nacht«, gab er zur Antwort. »Hoffe, wir sehen uns morgen. Mein Name ist Dale – John Dale. Und die Bar ist der Ort, wo ich während der ganzen Reise zu finden bin.«

Er lächelte sie an, und unwillkürlich lächelte sie zurück. Er strahlte eine verhaltene Heiterkeit aus, der sie sich nicht entziehen konnte.

Doreen rief sich zur Ordnung.

»Gute Nacht«, sagte sie ein zweitesmal und hoffte, daß ihre Stimme kühl und reserviert klang.

In ihrer Kabine angekommen, dachte sie, sie müßte sich mehr zusammenreißen. Der kleinste Flirt oder die kleinste Vertraulichkeit mit einem Vertreter des anderen Geschlechts konnte katastrophale Folgen für eine Frau haben, die sich für Anne Marston ausgab.

Du bist nun nicht mehr Doreen Wallis, sagte sie sich, sondern Anne Marston, der Engel des Jurdestammes. Also keine Dummheiten, mein Kind! Und kein Gedanke an irgendeine Art von Techtelmechtel!

Sie betrachtete ihr Spiegelbild und lachte.

Unmöglich, daß jemand sie in dieser Aufmachung anziehend fand!

Sie lockerte das straff zurückgekämmte Haar und überlegte, ob sie es wagen konnte, ihre Frisur wenigstens ein wenig gefälliger anzuordnen.

Und dann diese Sonnenbrille!

War es wirklich notwendig, sie auch jetzt noch aufzusetzen?

Sicherer war es in jedem Fall.

Aber fest stand auch, daß sie ohne die Brille nicht mehr so bedauernswert und bedrückt wirken würde.

Wieder rief sie sich zur Ordnung.

Warum machte sie sich so unnötige Sorgen wegen ihres Aussehens? Das war die unwichtigste Seite an ihrem neuen Selbst. Bei Doreen Wallis war es anders gewesen. Ihr Gesicht, ihre Figur, ihre ganze Erscheinung waren ihr Kapital gewesen. Bei Anne Marston war es die Reputation, der gute Ruf, auf die es ankam.

»Gar nicht so einfach, mit neunundzwanzig schon die Nichtigkeit des Lebens erkennen zu müssen«, murmelte sie.

Sie ging zu Bett, Gesicht und Hals mit einer dicken Schicht Nachtcreme versehen, in dem Glauben, daß diese Behandlung ihre Haut glatt und geschmeidig erhalten würde.

Zu ihrer Überraschung schlief sie tief und sorglos. Sie war zwar körperlich erschöpft, seelisch jedoch so aufgewühlt und erregt gewesen, daß sie mit einer weiteren schlaflosen Nacht gerechnet hatte.

Aber sie schlief durch bis zum nächsten Morgen. Als sie kurz vor acht die Augen aufschlug, schien die Sonne durch das Bullauge und warf tanzende Lichter an die Kabinendecke.

Mit einem Satz sprang sie aus ihrer Koje und schaute nach draußen.

Der Anblick des weiten Meeres gab ihr ein Gefühl der Befreiung und erfüllte sie mit Kraft und Zuversicht.

Doreen streckte sich und lächelte in die Sonne.

Der Speisesalon war fast leer. Als sie dem Steward ihren Namen nannte, führte er sie zu einem Tisch, an dem nur zwei Personen saßen. Die beiden leitenden Ingenieure, wie er erklärte.

»Ich werde dafür sorgen, daß sich gleich jemand Ihrer annimmt, Miß Marston«, sagte der Chefsteward. Doreen lächelte ihm dankend zu.

In seiner Stimme lag Ehrerbietung und Hochachtung, und Doreen dachte: es tut gut, seiner Umgebung einmal auf achtunggebietende, respektvolle Weise bekannt zu sein.

Bisher war sie von Oberkellnern immer sehr vertraulich behandelt worden. Das wissende und zugleich ironische Lächeln, das auf ihren Gesichtern lag, wenn sie Doreen zu einem halbversteckten Tisch führten, an dem ein viel zu junger Verehrer auf sie wartete, war für sie stets die reinste Folter gewesen.

Sie bestellte sich ein ausgiebiges Frühstück, und nachdem sie fertig war, ging sie an Deck.

Es war ein wundervoller Morgen – mit der Verheißung nachfolgender Hitze. Doch wie immer auf hoher See, wehte eine kühle Brise. Doreen fühlte sich wie neugeboren.

Sie sehnte sich nach Regen, nach dem rauhen, stürmischen Wind, den sie erst ein einziges Mal in ihrem Leben kennengelernt hatte. Damals, vor neunzehn Jahren, als sie die Sommerferien in England verlebte.

Wie kalt ihr zuerst gewesen war! Noch jetzt fühlte sie, wie sie fröstelnd unter einem Berg von Wolldecken in dem großen Zimmer im Haus der Großmutter gelegen hatte.

Wie ungewohnt es gewesen war, dem Regen zuzuschauen, wie er auf die Blumen niederprasselte, die Büsche zu Boden drückte und die Wipfel der Bäume bog. Sie hatte sich gefürchtet und war sich gleichzeitig wie verzaubert vorgekommen.

Und als der Sturm dann gegen Abend abflaute und die Sonne für eine kurze Stunde durch die Wolken brach und sämtliche Regentropfen funkeln und glitzern ließ wie Diamanten, hatte Doreen geglaubt, ein Wunder wäre geschehen und die Welt in ein Märchenland verwandelt worden.

Lange Zeit, nachdem sie wieder in Ägypten gewesen war, hatte sie sich diese Bilder vorgestellt und sich an den Geruch der klaren, regennassen Landschaft erinnert. Besonders dann, wenn sie in einem engen, stickigen Zimmer lag und vor lautet Hitze und Schwüle nicht einschlafen konnte.

Sie fragte sich nun, ob ihre Eltern jemals diese Sehnsucht nach dem Land verspürt hatten, in dem sie geboren und aufgewachsen waren.

Wie hatte Mary, die auf dem Land großgeworden war, den Osten nur so viele Jahre ertragen können? Gewiß, in den Zeiten, in denen es ihr und Henry noch gutging, hatte die Möglichkeit bestanden, im Sommer nach Alexandrien ans Meer zu fahren. Doch das konnte sie doch nicht entschädigt haben für England, für ihr Zuhause, wo sie als Kind und junges Mädchen ein so glückliches Leben gehabt hatte.

Nein, England und Ägypten waren nicht miteinander zu vergleichen. Ägypten würde gegenüber diesem Kleinod inmitten des Atlantiks immer den kürzeren ziehen.

Und doch, auch die vertraute Umgebung hielt den Menschen mit starken Banden. So widersprüchlich und unverständlich es auch sein mochte, Doreen fühlte gerade in diesem Augenblick etwas wie Heimweh nach dem Land, dem sie vor Stunden den Rücken gekehrt hatte. Sie mochte Kairo hassen, die vielen Erinnerungen verabscheuen, die sich mit dieser Stadt verbanden, aber alles dort war ihr vertraut gewesen, und diese Vertrautheit hatte ihr zugleich eine starke Sicherheit und Geborgenheit gegeben.

»Warum bin ich hier?« fragte sie sich in einem jähen Stimmungswechsel. »Ich muß verrückt sein! Ich habe alles über Bord geworfen, was bis dahin mein Leben ausmachte! Ich fühle mich leer und wie ausgebrannt. Ich gehe wieder zurück!«

Entsetzen erfaßte sie. Verängstigt wie ein schutzsuchender Vogel wollte sie zurück zu ihrer Kabine. Doch als sie sich umwandte, stand John Dale vor ihr.

»Well, wenn das nicht meine kleine Freundin von gestern abend ist!« sagte er und streckte ihr die Hand entgegen. »Wie geht es Ihnen heute morgen? Das Atmen fällt einem wieder leichter, jetzt, wo Ägypten hinter uns liegt, nicht wahr?«

Er machte eine Pause, und als sie nicht antwortete, fuhr er fort:

»Stelle fest, Sie sind Frühaufsteherin. Was mich betrifft, so schlafe ich nie in der ersten Nacht auf See. Also hab ich mir gedacht: ›Die frische Luft an Deck kann nicht schaden, alter Junge! Denn sobald du ein paar Freunde gefunden hast, kommst du bis zum Lunch sowieso nicht mehr dazu, was für deine Sauerstoffversorgung zu tun.‹«

»Ich habe herrlich geschlafen«, sagte Doreen, die das Gefühl hatte, irgend etwas antworten zu müssen.

»Finde ich famos«, erwiderte John Dale. »Vielleicht reisen Sie viel.«

Doreen schüttelte den Kopf.

»Nein, sehr selten.«

»Well, falls es nicht die Übung ist, die Sie gleich so gut schlafen läßt, muß es Ihr gutes Gewissen sein«, sagte er und lachte. »Wie wär's mit einem Liegestuhl?« fragte er dann. »Oder machen wir einen Rundgang auf Deck?«

»Oh, gehen wir lieber«, antwortete Doreen.

»Fein!« sagte er impulsiv. »Etwas Bewegung kann nicht schaden. Langsam setze ich Fett an. Vor fünfzehn Jahren war ich dünn wie eine Latte. Aber damals arbeitete ich auch noch in einer Mine. Und Sie hat man auch ans Arbeiten gebracht? Ich würde sagen: ja!«

»Was für eine Mine?« fragte Doreen.

»Diamantenmine. Sie kennen doch sicher die kleinen Klunker, die die Augen der Frauen zum Funkeln bringen! Aber das ist lange her – und eine lange Geschichte. Wollte es meinem alten Herrn nur zeigen. Er gehört noch zu der Sorte von Vätern, denen man als Sohn nur imponieren kann, wenn man ihnen beweist, daß man aus dem gleichen Holz geschnitzt ist wie sie. Well, ich bewies ihm also, daß ich kein Windbeutel bin, und eines Tages hatte ich den alten Knaben davon überzeugt. Gab sogar zu, daß ich alle seine Erwartungen übertroffen hätte. Sie haben natürlich schon von ihm gehört. Joseph Dale. Und ich bin stolz darauf, sein Sprößling zu sein.«

»Ja, natürlich«, antwortete Doreen höflich.

Joseph Dale? wiederholte sie in Gedanken.

Der Name kam ihr bekannt vor, aber sie vermochte nicht zu sagen, wo und in welchem Zusammenhang sie ihn schon einmal gehört hatte. Zum Glück schien ihr Begleiter keinen Kommentar von ihr zu erwarten. Er war schon dabei, weiterzusprechen.

»Diesmal komme ich aus Johannesburg. Fuhr runter, um den alten Knaben wiederzusehen und rauszufinden, was an der Börse los ist, denn ich bin jetzt Börsenmakler. Ziemlich zahmer Job nach allem, was ich vorher gemacht habe. Aber er ernährt seinen Mann – und ich habe eine Beschäftigung. Ist heutzutage die Hauptsache, nicht wahr? Bin zum Faulenzer einfach nicht geschaffen. Und ich hasse es, zur wohlhabenden Klasse zu gehören. Was meinen Sie?«

»Ich fürchte, ich hatte nie eine Beschäftigung dieser Art ...«, sagte Doreen. Doch dann fiel ihr Annes Tätigkeit auf der Missionsstation ein, und sie fügte rasch hinzu: »Jedenfalls keine bezahlte Tätigkeit.«

»Na endlich machen Sie den Mund auf!« John Dale lachte. »Tätigkeit und bezahlte Tätigkeit, das sind allerdings zwei paar Stiefel.«

Sie hatten das Deck einmal umrundet, und er hielt vor dem Eingang zum Rauchsalon.

»Wie wär's mit einem Drink?« fragte er. »Noch zu früh für Sie? Sie wissen ja, daß die Bar an Bord durchgehend geöffnet hat.«

»Ich würde gern ein Glas Milch trinken«, erwiderte Doreen bescheiden.

Beim Verlassen des Hospitals hatte der Arzt ihr das empfohlen, und sie glaubte, dies wäre der richtige Moment, seiner Anweisung endlich nachzukommen.

»Gütiger Himmel!« rief John Dale. »Das trifft mich hart. Bin noch nie einer Frau begegnet, die zu einem Champagnercocktail nicht ja gesagt oder ihre Ablehnung mit Seekrankheit begründet hätte!«

Er wandte den Kopf und rief mit Stentorstimme:

»Steward!«

Der Steward bediente am anderen Ende des Rauchsalons und blickte mißbilligend in ihre Richtung. Doch als er John Dale erkannte, eilte er mit einem Lächeln auf sie zu.

»Guten Morgen, Mister Dale. Ich dachte schon, daß wir bald wieder das Vergnügen haben würden!«

»Und damit lagen Sie gar nicht so verkehrt, mein Junge. Hier bin ich also wieder. Diese Lady und ich haben Durst. Wir sind mit den Lerchen aufgestanden und haben bereits einen Spaziergang hinter uns, der einem englisch-indischen Colonel alle Ehre gemacht hätte. Was können Sie mehr von einem Schiffspassagier verlangen?«

»Sie nehmen das übliche, Mister Dale?« erkundigte sich der Steward freundlich.

»Halt, nicht so stürmisch!« erwiderte John Dale. »Diese Lady hat einen ganz ausgefallenen Wunsch. Ich bezweifle fast, daß Sie ein solches Getränk überhaupt an Bord haben.« Er drehte sich zu Doreen um und fragte mit gespielter Unwissenheit:

»Was war es auch noch, was Sie zu trinken wünschten?«

»Milch«, antwortete Doreen. »Ganz gewöhnliche Trinkmilch. Von der Kuh, wenn möglich.«

»Haben Sie das gehört, Steward?« sagte John Dale und lachte schallend. »Von der Kuh, wenn möglich. Und wohlgemerkt, es ist nichts von den prächtigen Sachen, die in Ihren Regalen stehen.«

Doreen bereute ihre Wahl, als der Steward ein Glas mit dünner, fast wäßrig weißer Flüssigkeit vor sie hinstellte.

»Wurde gestern frisch an Bord gebracht, Miß«, erklärte er achselzuckend. »Aber diese Gyppies liefern nicht gerade die beste Qualität.«

John Dale erhielt ein großes Glas »Black velvet«, wie er es nannte: Bier mit Champagner gemischt. Doreen hätte sich ihm gern angeschlossen, doch sie war sich darüber im klaren, daß dies unmöglich war. Sie mußte jetzt konsequent bleiben und sich so verhalten, wie Anne es in einer solchen Situation getan hätte.

Der Rauchsalon füllte sich, und John Dales sonore Stimme begrüßte einige Bekannte, die ihm zuwinkten oder einige Worte mit ihm wechselten, bevor sie an anderen Tischen Platz nahmen.

Es kam Doreen so vor, als streifte sie mehr als ein neugieriger Blick, und nach einer Weile verstärkte sich der Verdacht in ihr, daß sie in der Wahl ihres Begleiters nicht besonders klug gehandelt hatte.

Wäre sie als Doreen Wallis gereist, so hätte sie die Achseln gezuckt und an die Meinung der Leute keinen Gedanken verschwendet. Doch wie die Dinge lagen, mußte sie auf der Hut sein und alles vermeiden, was die Lage komplizieren oder zu Gerede Anlaß geben konnte.

So verließ sie den Rauchsalon zehn Minuten später wieder und ging trotz John Dales Protest nach unten in ihre Kabine.

»Vielleicht mache ich aus einer Mücke einen Elefanten«, murmelte sie voller Bedauern und griff mit einem Seufzer zu einer der Zeitschriften, die Dr. Fisher ihr besorgt hatte.

»Warum sollte an der Bekanntschaft mit John Dale etwas verkehrt sein? Und wer ist sein Vater? Ich sollte ihn kennen, aber ich habe nicht die leiseste Ahnung, wer er sein könnte.«

In Gedanken beschäftigte sie sich mit diesen Fragen einen guten Teil des Tages. Aber erst am Abend sollte sie eine Antwort erhalten.

IX

Doreen verwendete sehr viel Sorgfalt auf ihr Äußeres, bevor sie zum Dinner in den Speisesaal ging. Ganz wohl war ihr dabei allerdings nicht. Sie wußte, Anne hätte, was ihre Kleidung und Erscheinung anging, längst keinen solchen Aufwand getrieben.

Das Kleid, das sie für diesen Abend vorgesehen hatte, war schlicht und praktisch, der Stoff von minderer Qualität. Doch da sie großes Geschick besaß, aus allem, auch dem Einfachsten, noch etwas zu machen, gelang es ihr, einigermaßen schick und interessant auszusehen.

Ein Blick in den schmalen Spiegel, der in der Kabine hing, bestätigte diesen Eindruck. Sie konnte sich sehen lassen, und das Schwarz verlieh ihr sogar noch ein Flair von Vornehmheit.

Das Kleid besaß keine Applikationen außer einem strengen weißen Kragen, dessen Spitzen weit über das Oberteil hinabreichten.

Es war zwar kein Abendkleid, aber Doreen war vernünftig genug, sich zu sagen, daß eine Frau wie Anne auf Abendkleider keinen Wert legen würde. Der Rocksaum endete knöchelhoch über dem Boden. Sie würde also in dieser Aufmachung genauso wirken, wie man es von ihr erwartete: schlicht, ansprechend und vollkommen ehrbar.

Der Tag war nicht ohne Pannen vorübergegangen. Zum Lunch hatte sie sich ein wenig verspätet. Ihre Tischnachbarn hatten bereits ihre Plätze eingenommen, als Doreen den Saal betrat. Der Chefmaschinist erhob sich, als sie näherkam. Er reichte ihr die Hand und stellte sie den anderen vor.

Während sie sich setzten, sagte er:

»Der Kapitän bat mich, Ihnen sein Bedauern auszusprechen, daß er Sie nicht an seinem Tisch unterbringen konnte, da wir seit Bombay voll belegt sind. Doch sein Verlust ist mein Gewinn, wenn ich mir diese Bemerkung erlauben darf.«

Ihre Tischgenossen waren fast alle älter, und unter normalen Umständen hätte Doreen sie fade genannt. Doch was sie wundervoll fand, war, daß man sie mit großem Respekt und äußerstem Interesse behandelte – eine Erfahrung, die sie nie zuvor in ihrem Leben gemacht hatte.

Du bist jetzt eben eine Berühmtheit, dachte sie ironisch. Doch gleichzeitig genoß sie das ungewohnte Aufsehen, das sie erregte.

Nach dem Lunch lud eine der Damen am Tisch sie zum Kaffee in den Salon ein. Sie war der Typ der älteren Lady, die in Kairo zu ihren erbittertsten Feindinnen gehört hatte. Gemahlin eines ehemaligen Teepflanzers, verbrachte sie die Wintermonate in Indien oder Ceylon, und besuchte dort ihre alten Freunde und Bekannten. Sie hatte unzählige Geschichten auf Lager und kannte sämtlichen Tratsch und alle Gerüchte zwischen England und dem Vizekönigreich.

Die drei Wochen Seereise bedeuteten für sie ein einziges Vergnügen, denn sie lernte Hunderte von Leuten kennen, deren Leben, deren Geheimnisse. Und sie benutzte das neue Wissen nur dazu, den Betroffenen allen möglichen Ärger zu bereiten.

Hätte Doreen bei Tisch nicht erfahren, daß Mrs. Waverton Watson seit Jahren nicht mehr in Kairo gewesen war und erst fürs kommende Jahr dort einen Besuch plante, wenn nämlich ihr Sohn auf seiner Heimreise aus Indien in Ägypten Zwischenstation machte, die Lady würde ihr Angst gemacht haben.

So aber ließ sie sich von ihren Skandalgeschichten unterhalten, zumal die gefährliche Dame sich alle Mühe gab, so nett wie möglich zu ihr zu sein.

»Ich muß weit bedeutender sein, als ich geglaubt habe«, murmelte sie auf dem Weg zum Salon vor sich hin, während Mrs. Watson mit einem vernichtenden Blick ihrer scharfen Augen einige in Port Said hinzugekommene Schiffspassagiere von ihrem Lieblingssofa verscheuchte.

»Wirklich«, sagte sie laut zu Doreen, als sie sich darauf niederließen, »Leute, die erst in Port Said an Bord gekommen sind, kennen nicht die kleinste Rücksicht gegenüber den Reisenden, die die ganze Fahrt mitmachen. Ich habe dem Steward schon so oft gesagt, daß er die Plätze im Salon reservieren soll, aber er weist dann stets darauf hin, daß dies gegen die Bestimmungen der Gesellschaft sei. Ich muß meinem Mann einmal sagen, daß er nach unserer Rückkehr einen Brief an die Hauptverwaltung schreibt. Er kennt mehrere der Direktoren. Wenn er Beschwerde einlegt, hat das zweifellos Gewicht.«

»Da bin ich ganz sicher«, stimmte Doreen ihr zu.

»Ich vermute, Sie reisen allein«, sagte Mrs. Watson.

»Ja«, erwiderte Doreen. »Es gab niemanden, der mich hätte begleiten können.« Sie sprach mit gedämpfter Stimme und sah amüsiert, wie Mrs. Watsons

Züge den Ausdruck kummervoller Teilnahme annahmen, so ähnlich, als wenn sie vom Tod gesprochen hätten.

»Natürlich, natürlich. Ein schrecklicher Verlust für Sie – ganz schrecklich. Ich darf Ihnen doch das Anerbieten machen, daß ich gern bereit bin, Sie während der Reise unter meine Fittiche zu nehmen und als Ihre Anstandsdame zu fungieren.«

»Oh, das ist sehr freundlich von Ihnen«, murmelte Doreen.

»Es würde mir ein Vergnügen sein«, erwiderte Mrs. Watson gönnerhaft. »Ich habe die Zeitungsberichte über Sie gelesen, und ich muß sagen, es hat mir imponiert, wie mutig Sie sich verhalten haben. Sie reisen zu Verwandten nach England, nehme ich an.«

»Zu meiner Großmutter«, antwortete Doreen.

»Ich frage mich, ob ich sie vielleicht kenne. Ist Ihr Name Marston?«

»Nein, Wickham. Sie ist die Mutter meiner Mutter. Sie wohnt in Brookavon, einem kleinen Dorf in Gloucestershire.«

»Wickham? Der Name kommt mir bekannt vor. Ich glaube, mein Sohn sprach einmal davon. Ein Mann dieses Namens muß mit ihm Offizier im gleichen Regiment gewesen sein.«

»Ich fürchte, es sind ganz schlichte und einfache Leute«, murmelte Doreen.

»Aber sie sind gewiß sehr stolz auf Sie«, meinte Mrs. Watson großmütig. »Sie waren so tapfer und furchtlos, meine Liebe. Was wollen Sie tun, wenn Sie wieder in England sind?«

»Ich habe mich noch nicht endgültig entschieden«, erwiderte Doreen.

»Ich hoffe, Sie sind vor der Presse und all dem verrückten Öffentlichkeitsrummel auf der Hut«, sagte Mrs. Watson. »Nach dem, was ich in der Zeitung las, fürchte ich, Sie werden am Ende Ihrer Reise mit einem riesigen Empfang rechnen müssen. Ich könnte mir denken, daß dies unter den gegebenen Umständen eine Tortur für Sie ist.«

»Aber für Sie selbst, Madam, würde es ein himmlisches Vergnügen sein!« hätte Doreen am liebsten geantwortet.

Doch laut äußerte sie etwas, das sich nach Zustimmung anhörte, und Mrs. Watson war entzückt von Doreens Gelassenheit und Bescheidenheit.

Von nun an wurde Doreen die neugierige Lady nicht mehr los. Mrs. Watson gab sich nämlich nicht mit dem Kaffee nach dem Lunch zufrieden. Auch nach dem Dinner lud sie ihre neue Bekannte zu diesem Ritual ein. Doreen fand Mrs. Watson entsetzlich langweilig, sie wußte jedoch nicht, wie sie sich ihrer erwehren sollte und folgte ihr gottergeben in den Salon.

Im Laufe des Abends machte sie dann auch die Bekanntschaft des einzigen Geistlichen an Bord. Er kam aus Rangun, und nachdem sie sich vorgestellt hatten, überschüttete er sie mit einem Schwall von Worten, so daß Doreen Hören und Sehen verging. Er mußte das Gesagte vorbereitet und auswendig gelernt haben, nachdem er erfahren hatte, daß sie in Port Said zugestiegen war.

Er hatte sie mit Mrs. Watson im Salon entdeckt und war auf sie zugeeilt.

Mrs. Watson entsprach seiner Bitte, ihnen Gesellschaft leisten zu dürfen, wenn auch nicht sehr huldvoll. Ein wenig schien die alte Dame darüber verärgert, daß Ehrwürden nicht abgewartet hatte, bis sie sich herabließ, ihn einzuladen.

»Wir sind für diese Jahreszeit auf dem Schiff ziemlich ausgebucht«, bemerkte der Geistliche nach seiner Lobeshymne auf Doreen.

»Das war eigentlich immer der Fall, wenn ich auf dieser Route fuhr«, erwiderte Mrs. Watson mit dem

Tonfall einer Reisenden, der man nichts Neues mehr erzählen kann.

»Die Passagiere sind übrigens angenehmer als gewöhnlich«, fuhr der Reverend fort. »Obwohl in Port Said ein alter Bekannter zustieg, der gern ein wenig Schwung in den Laden bringt, wie er es zu nennen pflegt.«

»Wen meinen Sie damit?« fragte Mrs. Watson, deren Neugier über ihre Kühle den Sieg davontrug.

»John Dale«, antwortete der Reverend. »Sie wissen doch, wen ich meine. Den einzigen Sohn von Joseph Dale, dem südafrikanischen Millionär.«

Nur mit größter Mühe gelang es Doreen, ihr Interesse an dem neuen Gesprächsthema nicht zu deutlich zu zeigen. Sie verhielt sich ruhig, machte ein leicht gelangweiltes Gesicht und hoffte im stillen, die beiden würden sich dem Thema John und Joseph Dale möglichst ausführlich widmen.

»Aber natürlich kenne ich John Dale«, versicherte Mrs. Watson. »Ein schrecklicher junger Mann. Ich erinnere mich an meine letzte Rückreise aus Kalkutta. Er wohnte mit einigen seiner Freunde auf dem gleichen Deck wie ich. Sie suchten erst in den frühen Morgenstunden ihre Kabinen auf, singend und grölend, als wären sie die einzigen Menschen auf dem Schiff. Sie waren natürlich völlig betrunken. Ich beschwerte mich beim Zahlmeister über sie und sagte ihm, ich würde an die Hauptverwaltung in London schreiben, wenn das noch einmal passierte.«

»Ein Skandal, ein Skandal!« ereiferte sich der Reverend. »Ja, ich denke, John Dale ist auf dieser Linie bekannt wie ein bunter Hund. Seltsam nur, daß alle ihn mögen. Sogar der Kapitän hat einen Narren an ihm gefressen, obwohl er ihn schon mehrmals zur Ordnung rufen mußte, wenn ich mich nicht irre.«

»Ich glaube, die Menschen haben immer eine Entschuldigung zur Hand, wenn es sich um Leute mit

Geld handelt«, stellte Mrs. Watson voller Bitterkeit fest.

»Well, da mag etwas Wahres dran sein«, gab der Reverend ihr recht. »Andererseits ist er wirklich ein äußerst gutmütiger Bursche. Ich denke da an das Feuer, das vor drei Jahren im Laderaum ausbrach und bei dem mehrere Heizer schwer verletzt wurden. Erinnern Sie sich an den Vorfall? Es wurde damals viel darüber geredet.«

»Ich war an Bord, als das Unglück geschah«, sagte Mrs. Watson eisig. »Wie Sie wissen, benutze ich diese Linie sehr häufig.«

»So, Sie waren damals an Bord?« rief der Reverend, ohne zu ahnen, wie kränkend die Lady seine Frage fand. »Ich hatte es doch tatsächlich schon vergessen. Nun, jedenfalls veranstaltete John Dale eine Sammlung für die armen Teufel, und er selbst spendete die gleiche Summe, die eingekommen war. Und er veranlaßte, daß sie in Marseille von Bord gebracht und mit einer Ambulanz nach England geschafft wurden. Das rettete einem der Männer den Arm, wie ich hörte. Der Arzt an Bord war nicht in der Lage, mit einem wirklich schweren Fall fertig zu werden.«

»Das glaube ich gern«, sagte Mrs. Watson. »Ich habe ihn bei den verschiedensten Gelegenheiten gebeten, mich zu behandeln, und stellte fest, daß er sich ziemlich dumm anstellte. Ich habe dem Zahlmeister schon gesagt, daß dies kein Zustand ist. Auf einem Schiff von dieser Größe sollte man eine bessere medizinische Versorgung erwarten.«

Damit war Mrs. Watson beim Thema, wie Doreen feststellte. Der arme Arzt wurde von beiden so zwischen die Zähne genommen, bis kein gutes Haar mehr an ihm war. Auf John Dale kamen sie nicht wieder zurück. Zu Doreens größtem Bedauern.

Aber sie wußte nun wenigstens, warum ihr der Name Dale so bekannt vorgekommen war. Vor einigen Jahren hatte man ihr Joseph Dale sogar auf der Pferderennbahn gezeigt. Er war ein Selfmademan, immens reich und zweifellos eine politische Kraft in Südafrika. Vage erinnerte sie sich daran, daß viel über ihn gesprochen wurde, doch von seinem Sohn war nie die Rede gewesen.

Ein Millionär also. Das Wort klang angenehm in ihren Ohren, gleichzeitig jedoch war ihr klar, daß sie alles tun mußte, um zu vermeiden, daß man sie mit jemandem, der so bekannt wie John Dale war, in Zusammenhang brachte.

Ich glaube, ich übertreibe mal wieder, dachte sie dann. Es war höchst unwahrscheinlich, daß John Dale sie beachten würde.

Wenn er auch während der ersten Stunden an Bord sehr nett und gesprächig gewesen war, mußte das nicht heißen, daß er die Bekanntschaft fortzusetzen wünschte.

Und doch hätte sie gern gewußt, was er in diesem Moment machte. Beim Dinner hatte sie ihn nicht gesehen, aber das war verständlich, denn der Saal war bis auf den letzten Platz besetzt gewesen, und von ihrem Tisch aus vermochte sie nur die Hälfte des Raumes zu überblicken.

Doreen trank ihren Kaffee aus und erhob sich.

»Ich denke, ich werde noch etwas frische Luft schnappen, bevor ich zu Bett gehe.«

»Dazu ist es mir leider schon zu kühl«, erwiderte Mrs. Watson.

»Ich komme noch einmal zurück und sage Ihnen gute Nacht«, antwortete Doreen.

»Gleich beginnt auch der Ball, Miß Marston«, sagte der Geistliche. »Hätten Sie keine Lust?«

Ein entsetzter Ausruf Mrs. Watsons erinnerte ihn an die Taktlosigkeit seiner Frage.

»Nein, nein, natürlich nicht«, fügte er hastig hinzu. »Es tut mir leid. Ich vergaß, daß Sie in Trauer sind.«

Doreen konnte ein Lächeln nicht unterdrücken bei seiner Verlegenheit. Sie verließ den Salon und ging zum Deck hinauf.

Es war eine wundervolle Nacht, ruhig und still. Die See war glatt, die Bugwelle schäumte silbern im Mondschein. Auf dem Achterdeck strahlten zahlreiche Lichter, und die Schiffskapelle begann zu spielen.

Wie gern würde ich jetzt tanzen, dachte Doreen und wußte, daß dies ein unmöglicher Wunsch war.

Also kehrte sie der Versuchung den Rücken und begab sich zu einem ruhigeren Teil des Schiffsdecks. Doch dort kam ihr John Dale, begleitet von zwei Herren, entgegen.

»Well, wenn das nicht meine kleine Freundin ist!« rief er erfreut. »Und was machen Sie hier so mutterseelenallein?«

»Ich genieße die Nachtluft, bevor ich zu Bett gehe«, antwortete sie.

»Zu Bett gehen?« rief er erstaunt. »Habe selten einen solchen Unsinn gehört! Kommen Sie, tanzen Sie mit mir! Um so länger dauert's, bis diese beiden Johnnies versuchen, mir das Geld aus der Tasche zu ziehen. Sie können es kaum noch erwarten!«

»Danke, ich tanze nicht«, sagte Doreen.

John öffnete den Mund zu einem Protest, doch einer seiner Begleiter kam ihm zuvor:

»Das ist Miß Marston«, sagte er, »falls Sie es nicht wissen sollten. Miß Anne Marston – Sie wissen, wen ich meine.«

»By jove, das ist mal wieder typisch für mich!« rief John Dale. »Stelle mich ihr vor und frage nicht nach ihrem Namen. Well, es ist mir eine Ehre, Sie kennenzulernen, Miß Marston. Ich habe in der Zeitung über Sie gelesen, und ich muß zugeben, Sie haben verdammt viel Schneid. Besser kann man's nicht ausdrücken, nicht wahr?«

»Natürlich nicht«, antwortete Doreen.

»Dann trinken Sie wenigstens ein Glas mit mir – zum Zeichen, daß Sie mir mein Benehmen nicht übelnehmen.«

»Danke, aber ich trinke nicht«, gab Doreen zur Antwort. »Aber das wissen Sie ja bereits.«

»Richtig, Sie trinken nur Milch!« rief er. »Aber es ist Abend, und an Bord eines Schiffes vergessen zu dieser Tageszeit selbst die Blaukreuzler ihre Grundsätze. Stimmt es nicht, alter Junge?«

Er wandte sich zu dem Mann um, der vorhin eingegriffen hatte, und legte ihm mit einer schwerfälligen Bewegung die Rechte auf die Schulter.

Doreen war klar, daß er bereits mehr als genug getrunken hatte.

»Ich bin heute abend sehr müde«, sagte sie ruhig. »Wenn Sie gestatten, werde ich mich jetzt zurückziehen. Gute Nacht.«

Bevor er es bemerkt hatte, war sie gegangen. Als sie den Niedergang hinuntereilte, hörte sie, wie er mit seiner mächtigen Stimme etwas hinter ihr her rief, aber sie verstand nicht, was er sagte.

»Verdammt«, murmelte sie, als sie in ihrer Kabine angekommen war, »es hätte mir solchen Spaß gemacht, mit ihm und den anderen den Abend zu verbringen!«

Doch das war unmöglich. Das Risiko war zu groß. Also ging sie um neun, einer Zeit, in der jedermann in ihrem Alter an Deck strebte, um sich zu den Klängen der Bordkapelle und unter einem sternenübersäten Himmel dem Tanz hinzugeben, zu Bett.

Scheußlich!

Doch wenn sie ihren Entschluß während der Nacht auch bereute, am nächsten Morgen beglückwünschte sie sich zu ihrem gesunden Menschenverstand, denn beim Frühstück war nur noch die Rede von der nächtlichen Party, die John Dale in der Bar gegeben hatte. Es mußte einen Höllenlärm gegeben haben, und als John Dale und seine Kumpane gegen Morgen in ihre Kabinen zurückgekehrt waren, hatten sie das halbe Schiff aufgeweckt.

»Ein Glück für John Dale, daß er genug Geld hat«, sagte der Reverend verdrossen. »Der Schaden, den diese Vandalen angerichtet haben, muß in die Tausende gehen. Das Geld hätte man für einen besseren Zweck verwenden können.«

Doreen unterdrückte ein Lächeln. Wie gut sie diese Art von Partys kannte, über die der Reverend sich entsetzte, und wie gern hätte sie daran teilgenommen!

Aber sie wußte genau, wie man über sie geredet hätte, wäre sie dabei gewesen.

Da gab es nämlich eine rothaarige junge Frau mit einer Stupsnase und einer unglaublich guten Figur, über die sich alle Welt den Mund zerriß und an der niemand mehr ein gutes Haar ließ. Doreen erfuhr, daß die Schamlose geschieden war und daß jedermann auf dem Schiff bereits damit gerechnet hatte, daß diese Lady sich über kurz oder lang an John Dale heranmachen würde.

Offensichtlich hatten die Lästermäuler recht behalten, denn die Party hatte zu Ehren der Rothaarigen stattgefunden.

»Sie ist seit einigen Jahren schon auf der Jagd nach einem neuen Ehemann«, wußte Mrs. Watson zu berichten, »und nach allem, was ich von den beiden so gehört habe, passen sie hervorragend zueinander.«

John Dale ließ sich an diesem Tag nicht blicken. Am nächsten Morgen – Doreen lag auf Deck in einem Liegestuhl und las – tauchte er plötzlich auf und ließ sich in dem Stuhl zu ihrer Linken nieder.

»Wo verstecken Sie sich?« fragte er.

»Nirgendwo«, erwiderte Doreen, »aber ich könnte Ihnen die gleiche Frage stellen.«

»Ich war ein wenig indisponiert.«

»Das habe ich gehört«, sagte sie mit einem Lächeln.

»Und das gereicht mir nicht gerade zur Ehre, wie?« fragte er. »All right, ich geb's ja zu: ich bin gestern total versumpft. Konnte kaum noch aus den Augen sehen. Hatte während des Dinners schon zu tief ins Glas geschaut. Und nachher in der Bar bin ich total versackt. Weshalb sind Sie nicht mitgekommen? Hätte Sie auf andere Gedanken gebracht. Sinnlos, den Kopf hängen zu lassen und Trübsal zu blasen!«

»Machen Sie sich um mich mal keine Sorgen!«

»Well, ich nehme an, es ist gar nicht so leicht für Sie«, sagte er. »By jove, bin mir nicht sicher, aber vielleicht haben Sie tatsächlich den besten Teil erwählt. Wenn man zu viel trinkt, fühlt man sich am nächsten Tag immer verdammt elend.«

»So?« fragte Doreen mit einem feinen Lächeln.

»Ja, und das nicht zu knapp«, antwortete er reumütig.

Dann zog er seinen Liegestuhl näher heran und sagte in vertraulichem Ton:

»Ich wünschte, Sie würden mir helfen, Miß Marston. Ich hasse diese Sauferei. Wirklich. Aber es kommt immer wieder über mich, verstehen Sie das? Vielleicht denken Sie, ein Mann wie ich sollte genug Willenskraft besitzen, um die Finger von der Flasche zu lassen. Tut mir leid, ich schaffe es nicht!«

Der Typ des Reumütigen! dachte Doreen bei sich. Sie war ihm schon früher begegnet.

Ihr Vater hatte genauso geredet. Fast mit den gleichen Worten. Er genoß die Stunden der Bußfertigkeit, war bereit, Tausende von guten Vorsätzen zu fassen – einfach weil es ihm auf eine unerklärliche Weise Spaß machte, sie wieder zu brechen.

Es war erschreckend. Die gleiche Schwäche in diesem hochgewachsenen, großherzigen Mann mit seinem Humor und seinem im allgemeinen Stärke und Entschlossenheit ausstrahlenden Auftreten.

Sie blickte zu John Dale auf, und ohne nachzudenken, nahm sie die Sonnenbrille ab, damit sie ihn besser sehen konnte.

Zum erstenmal bemerkte sie den Zug der Schwäche auch um seinen Mund. Seine Lippen waren voll und vorgewölbt.

»By jove, so ist es besser!« stieß John Dale hervor. »Wenn Sie diese dunkle Brille tragen, habe ich den Eindruck, mit jemandem zu sprechen, der Scheuklappen anhat. Ich weiß nie, was Sie denken.«

»Vielleicht ist das gar nicht mal so schlecht«, antwortete Doreen.

»Nun seien Sie nicht so grausam zu mir, Miß Marston«, bat er. »Ich möchte, daß Sie mir helfen – ehrlich! Ich weiß nämlich alles über Sie. Ich weiß, was für ein tapferes Mädchen Sie sind. Eine Heldin, eine Heilige oder etwas in der Richtung. Und wenn Sie einem Burschen wie mir gegenüber nur etwas Interesse zeigen würden, könnten Sie ihm damit sehr helfen.«

Er schwieg einen Augenblick und fuhr dann eindringlich fort:

»Es ist diese verdammte Trinkerei. Ich weiß, Sie werden sagen: ›Gib's dran!‹ Aber das ist nicht so einfach, wie Ihnen die Hand zu küssen. Was ich brauche, ist ein Mensch, der mir zur Seite steht. Ein Mensch, der zu mir sagt: ›Du hast nun genug, John!‹ Ein Mensch, auf den ich höre. Sie könnten mir helfen. Sie brauchten es nur zu versuchen. Wollen Sie?«

Doreen erkannte deutlich, was John Dale wollte. Er brauchte eine Art Kindermädchen. Hier hatte er eins, das obendrein noch zwei weitere Vorteile in sich vereinigte: sie war eine junge Frau, und sie war, wie er inzwischen erfahren hatte, eine Art Berühmtheit.

Wäre sie nur eine verführerische Wasserstoffblondine gewesen oder eine muntere Rothaarige, er hätte sie zu seinen Partys eingeladen und die erstbeste Gelegenheit beim Schopf gepackt, um sie in sein Bett zu holen.

Ein Mädchen wie Anne Marston mußte man ganz anders anfassen. Sie mußte man bei ihrem Mutterinstinkt packen, bei ihrem Bedürfnis, Gutes zu tun und den Menschen zu helfen.

Sie würde ihn enttäuschen müssen, denn sie empfand plötzlich so etwas wie Abneigung gegen ihn. Er war ein Mann, der vieles besaß, Geld, Gesundheit und eine einflußreiche Stellung – wenigstens in seiner Heimat. Und all das schmiß er weg, nur weil er wie ihr dummer, anspruchsloser Vater seine Trunksucht nicht unter Kontrolle halten konnte.

Sie saß da und betrachtete John Dale, und im Geiste sah sie, wie er systematisch sein Leben und seine Zukunft zerstörte.

Er nahm ihr Schweigen als Ermunterung.

»Sehen Sie, ich hatte nie die Gelegenheit, ein Mädchen wie Sie kennenzulernen«, sagte er. »Meine Mutter starb, als ich noch ein Kind war. Mein Vater ist ein prächtiger alter Bursche, aber er ist ein Grobian, wie die meisten seiner Freunde. Ich wurde dazu erzogen, mir alles zu nehmen, was ich wollte, ohne Rücksicht auf die Konsequenzen, die ein solches Verhalten nach sich zog. Sie mögen sagen, ich sei verdorben – vielleicht stimmt das sogar –, und ich gestehe, daß ich meist jeder Versuchung nachgegeben habe. Aber hier und da habe ich mich auch bemüht, meinen inneren Schweinehund zu überwinden. Sie brauchen nur ein Wort zu sagen, dann versuche ich es wieder.«

Er legte die Hand auf ihren Arm.

»Helfen Sie mir, und ich kämpfe gegen den Alkohol mit dem Mut eines Löwen. Ich werde enthaltsam sein wie ein Mönch. Wir beide werden Kumpel, Sie und ich. Ich wußte das von dem Augenblick an, als wir das erste Mal nebeneinander an der Reling standen.

Ein Mädchen wie Sie könnte einen anderen Menschen aus mir machen. Bitte, weisen Sie einen reumütigen Sünder nicht zurück. Sagen Sie, daß Sie mir helfen werden – hier und jetzt!«

Doreen nahm die Beine von der Fußstütze und erhob sich.

»Wollen Sie wissen, was ich wirklich von Ihnen denke, John Dale?« sagte sie fest.

Ein wenig erstaunt blickte er sie an. Der Ton ihrer Stimme verunsicherte ihn. Dann erwiderte er:

»Natürlich, raus damit!«

»Ich glaube, Sie sind ein Narr«, sagte sie entschieden, wandte sich zum Gehen und ließ einen völlig verdutzten jungen Mann zurück.

X

In Doreen war ein Gefühl der Verärgerung, nachdem sie John Dale verlassen hatte.

Sie dachte an seinen Reichtum, an seine Fähigkeiten, an jenen Strom von brutaler Stärke, dem man sich in seiner Nähe ausgesetzt fühlte. Dennoch gab es diese innere Schwäche, die seinem Charakter eine eigenartige Zerrissenheit verlieh.

Im Moment merkte sie nicht, daß sich unter ihrem Ärger in einer tieferen Schicht ihres Wesens eine sehr viel persönlichere Reaktion vollzog. Und dies nicht zum erstenmal.

Sie war neidisch auf John Dale. Und das seit dem Moment, da sie von den Partys hörte, die er an Bord des Schiffes zu veranstalten pflegte. Partys, an denen sie eine Woche zuvor noch hätte teilnehmen können.

Die ganze Verstimmung über ihre äußere Erscheinung, über die Kleider, die sie zu tragen gezwungen war, über die Zurückhaltung und Bescheidenheit, die sie zeigen mußte, brach sich Bahn in einem jähen Haß auf den Mann, der ihr die Beschränkungen des Lebens, in das sie geflohen war, so deutlich bewußt machte.

Sie wurde überwältigt von ihren Gefühlen.

Vorhin an Deck hätte sie ihn ins Gesicht schlagen, ihn anschreien und beleidigen können. Doch nun, da sie allein in ihrer Kabine war, spürte sie, wie diese Emotionen in ihr abklangen und etwas wie Verständnis in ihr aufkeimte.

Es war unklug gewesen, das zu sagen, was sie gesagt hatte. Es konnte genau der Schritt in die falsche Richtung gewesen sein, vor dem sie sich so fürchtete.

Was dachte John Dale jetzt von ihr?

Es war weder das Verhalten noch die Sprache, die er von einer Frau wie Anne Marston erwartete.

Doreen nahm die dunkle Brille ab und hielt sich nur mit Mühe davor zurück, sie zu Boden zu schleudern und zornig auf ihr herumzutrampeln. Diese Brille war das Symbol für die Heuchelei und das falsche Spiel, das sie spielen mußte.

Verrückt von ihr, zu glauben, daß sie mit dieser lächerlichen Maskerade, die ihrer Natur so fremd war, durchkommen könnte.

Der Wunsch kam in ihr auf, sich die Kleider vom Körper zu reißen, sich einen Rausch anzutrinken, sich zu schminken und unter den Passagieren regelrecht Amok zu laufen.

Sie wollte leben, sie wollte das genaue Gegenteil von dem sein, was sie in den letzten sechsunddreißig Stunden zu sein vorgab.

Wie ein gefangenes Raubtier lief sie in der engen Kabine auf und ab.

Sie begann hysterisch zu lachen, wechselte über in heftiges Weinen, und nur ein kümmerlicher Rest von

Vernunft und Selbstkritik bewahrte sie davor, völlig durchzudrehen.

Erschöpft ließ sie sich auf ihre Koje sinken und schloß die Augen.

Sie schlief ein. Unerwartet und friedvoll sank sie in einen tiefen Schlaf. Die Aufregungen der letzten Tage waren zuviel gewesen für ihren von der Krankheit geschwächten Körper.

Wie lange sie schlief, wußte sie nicht. Doch als sie aufwachte, geschah es in dem Bewußtsein, daß sie auf eine ungewöhnliche Art und Weise zur Ruhe gekommen war.

Träge und zufrieden lag sie da, und in ihr war eine Freude, die nicht von dieser Welt zu sein schien.

Ein Klopfen an der Tür ließ sie zusammenfahren.

»Herein!« sagte sie.

Es war die Stewardeß mit einer Mitteilung.

»Ich wurde gebeten, Ihnen dies zu übergeben, Miß Marston«, sagte sie und setzte hinzu: »Haben Sie ein wenig geruht? Das war gut. Sie werden bald feststellen, wie erholsam eine Seereise ist.«

»Oh, das hoffe ich«, erwiderte Doreen.

»Warten Sie nur ab«, versicherte die Stewardeß. »Ich habe Reisende erlebt, die in Port Said mit Krücken an Bord kamen, und als wir in Gibraltar eintrafen, liefen sie an Bord herum wie Kricketspieler. Die See ist besser als der beste Arzt, den Sie in der Harley Street finden. Sie können sich auf mein Wort verlassen.«

»Ja, das tue ich«, versprach Doreen lächelnd.

Sie öffnete den Umschlag und entfaltete den kurzen Brief, der – wie erwartet – von John Dale war.

Liebe Anne Marston,

seien Sie nicht böse mit mir, und gehen Sie mir vor allem nicht aus dem Weg. Seit Stunden laufe ich herum und suche Sie! Sie wissen, daß mir viel an Ihrer Freundschaft liegt! Würden Sie heute abend mit mir in meiner Luxuskabine speisen? Wenn ja, gebe ich Ihnen mein feierliches Versprechen, daß Sie sich meiner nicht zu schämen brauchen!

Ihr
reumütiger John

Doreen war dem Lachen nahe. Der linkische Versuch eines Schuljungen, eine Aussöhnung herbeizuführen! Aber wenigstens hatten ihre Worte ihn nicht tödlich gekränkt.

Im Gegenteil: Ihre Ablehnung mußte seinen Wunsch nach ihrer Gesellschaft noch verstärkt haben.

Sie begann kritisch über ihn nachzudenken, bemühte sich um Objektivität. Weshalb, so fragte sie sich, sollte er sich für mich interessieren? Missionare lagen kaum auf John Dales Linie.

Sie kam zu dem Schluß, daß es daran lag, daß sie »anders« war. Wie oft hatte sie dieses Wort in bezug auf ihre Person bereits gehört!

Damals schon, als sie noch jung war und die ersten Begegnungen mit Männern hatte.

Wie viele hatten ihr gesagt:

»Du bist anders, Doreen, ganz anders, als ich es erwartet hätte.«

»Ob meine alte Unschuld und Mädchenhaftigkeit zurückgekehrt sind?« fragte sich Doreen nun.

Eine Woche früher hätte es keinerlei Probleme zwischen John Dale und ihr gegeben. Sie hätten sich auf Anhieb verstanden. Sie hätte ihn in seinen Absichten noch unterstützt, hätte seine Geschenke angenommen und alles getan, ihn dahin zu bringen, ihr einen Heiratsantrag zu machen.

Gewiß, sie würde sich vergeblich bemüht haben, das stand für sie fest. Er fand Mädchen ihres Typs zu Tausenden zwischen London und Johannesburg. Tausende, die nur zu bereit waren, sich ihm an den Hals zu werfen und ihm ihre Tugend zu opfern, in der Hoffnung, dafür in den Mitgenuß von Joseph Dales Millionen zu kommen.

Und manche von ihnen würden John liebenswert finden und aller Wahrscheinlichkeit nach nichts von seiner bisher noch eher unbedeutenden Schwäche bemerken. Sie würden sie für eine Selbstverständlichkeit halten, denn er würde ihnen weder Geständnisse machen, noch sie um Hilfe bitten.

Diese Mädchen waren für John Dale nur Mittel zum Zweck, unverzichtbarer Bestandteil dessen, was man in seinen Kreisen unter gutem Leben verstand.

Doch als reine Sexobjekte würden sie keine entscheidende Bedeutung für ihn haben. Sie würden nur Dekoration seines Lebens sein, nie fundamentale Notwendigkeit.

Von einer außergewöhnlichen Frau mochte er mehr verlangen: Inspiration, Ermutigung, charakterliche Hilfe. Ihr würde er auch Achtung entgegenbringen. Achtung nach Art gewisser gesellschaftlicher Idealvorstellungen, die man im Denken der Menschen lebendig hielt, ohne sich in der Wirklichkeit tatsächlich darum zu bemühen.

Doreen lag in ihrer Koje, John Dales Brief in der Hand, und wurde sich der Tatsache bewußt, daß sie auf einem hohen Sockel stand, seit sie in Anne Marstons Identität geschlüpft war.

Ein leichter Schwindel erfaßte sie, als sie an ihre neue Stellung dachte. Eine gefährliche Stellung, hoch über den anderen Menschen. Eine Stellung, die größte Vorsicht von ihr verlangte, wenn sie nicht abstürzen wollte.

Sicher tat sie gut daran, diesen Brief als eine Warnung des Schicksals zu betrachten.

Sie hielt sich in Annes Rolle nicht streng genug an ihr Vorbild, gestaltete diese Rolle zu eigenwillig. Die wirkliche Anne hätte Mitleid mit John Dale gehabt.

Sie hätte ihm ihre Hilfe nicht versagt. Hätte für ihn gebetet.

Doreen tat nichts dergleichen. Sie ließ ihren persönlichen Gefühlen die Oberhand, sprudelte das heraus, was ihr in den Sinn kam. Das war gefährlich! Ein Wagnis, das nur eine Verrückte eingehen konnte.

Doch zum Glück gab es einen Lichtblick für sie. Ihre Freimütigkeit hatte John Dale neugierig gemacht und ihn herausgefordert. Er wollte mehr wissen.

Doreen dachte an die Szene auf Deck.

Wie mißbilligend hatte sie ihn angeschaut, wie verächtlich hatte ihre Stimme geklungen, als sie mit ihm sprach. Und als sie ihn dann plötzlich stehen ließ, mußte die Wirkung perfekt gewesen sein. Sie hatte damit seine Achtung gewonnen und sich gleichzeitig begehrenswert für ihn gemacht.

Sie mußte auf der Hut sein. Mit ihm zu speisen, würde das dümmste sein, was sie in dieser Situation machen konnte – so sehr sie sich das auch wünschen mochte. Auf jeden Fall mußte sie ihm auf seinen Brief antworten. Die Frage war nur, ob sie ihm darin auch nur die leiseste Hoffnung machen durfte.

Trotz der inneren Stimme, die sie davor warnte, leichtsinnig mit dem Feuer zu spielen, war sie nicht gewillt, John Dale für den Rest der Reise zu vergessen. So vieles hing davon ab, daß sie unter keinen Umständen den Kopf verlieren durfte. Doch vorausgesetzt, sie ließ eine Freundschaft zwischen sich und John Dale zu, konnte das vielleicht auch heißen, daß er sie heiratete?

Eine solche Lösung wäre natürlich ideal, denn sie würde das Ende all ihrer Sorgen und Probleme bedeuten. Doch Doreen war vernünftig genug, zu wissen, daß es dazu nicht kommen würde.

John Dale war siebenunddreißig oder achtunddreißig, und die Wahrscheinlichkeit stand dafür, daß er sich durch eine flüchtige Schiffsromanze nicht in den Hafen der Ehe locken ließ. Unter dem freigebigen Playboy-Äußeren mußte sich einiges von der Schlauheit und Härte seines Vaters verstecken.

Vermutlich war er, was seine Gefühle betraf, ein Snob. Doreen hatte selten den Sohn eines Selfmademans getroffen, der nicht unter irgendwelchen Minderwertigkeitskomplexen litt, und Johns Äußerungen über seine Arbeit in der Diamantenmine hatten ihr dies bestätigt.

Er wollte sich beweisen. Er hatte zeigen wollen, daß er nicht nur der würdige Sohn seines Vaters war, sondern auch ein ganzer Mann.

Die Tochter eines unbekannten Missionars, auch wenn sie augenblicklich im Mittelpunkt der Öffentlichkeit stand, war kaum eine passende Wahl für John Dale, der eines Tages einmal in die Fußstapfen seines Vaters treten würde.

Nein, eine Ehe mit diesem Mann war aussichtslos. Und zu enge Kontakte mit ihm schadeten nur ihrem Ruf, den sie hier an Bord genoß, verbauten ihr nur den Weg in eine sorglose Zukunft.

Also Distanz, entschied sie nach einigem Zögern, das Risiko ist zu groß!

Sie fragte sich, wie Anne in dieser Situation gehandelt hätte. Hatte Anne überhaupt jemals an einen Mann gedacht? Oder waren Männer für sie nur unsterbliche Seelen gewesen, die sie jenem allmächtigen und eifersüchtigen Gott zuzuführen versuchte, dem sie bereits so viele Jahre ihres Lebens geweiht hatte?

Doch hatte Anne sich wirklich dem Dienst Gottes geweiht? Waren es nicht vielmehr die Umstände, die sie auf diese einsame Missionsstation im tiefsten Sudan verschlagen und zu einem Heldenmut gezwungen hatten, der ihr den Beifall der gesamten englischsprachigen Welt eintrug.

Natürlich war es das Milieu, das den Menschen mehr als alles andere formte, und der Unterschied zwischen ihrer, Doreens, Umgebung und der von Anne Marston mochte im Grunde für alles verantwortlich sein, was sie beide zu dem gemacht hatte, was sie waren.

Diese Gedanken mögen interessant sein, dachte Doreen dann, doch sie bringen mich nicht weiter in der Beantwortung der Frage, was ich John Dale auf seinen Brief erwidern soll.

Sie zog sich um und steckte ihr Haar auf. Dann ging sie ins Schreibzimmer. Lange Zeit saß sie dort, den Federhalter in der Hand.

Schließlich – nach mehreren Versuchen, die im Papierkorb landeten – schrieb sie:

Lieber Mister Dale,

besten Dank für Ihren Brief Ich fürchte, ich kann nachher nicht mit Ihnen speisen. Statt dessen hoffe ich, Sie im Laufe des Abends irgendwo auf Deck zu sehen.

Ihre ergebene
Anne Marston

Nun, dachte sie, wird er mich jetzt schneiden, oder wird er seine Bemühungen verstärken? Mit einem leisen Lächeln faltete sie den Briefbogen und steckte ihn in einen Umschlag.

Sie brauchte nicht lange auf Antwort zu warten. Kaum hatte sie nach dem Tee in ihrem Liegestuhl auf der windgeschützten Seite des Decks Platz genommen, als John Dale auftauchte.

»Ich dachte mir, daß ich Sie hier finden würde«, sagte er. »Warum wollten Sie nicht mit mir zu Abend essen?«

Doreen ließ das Buch, das zu lesen sie vorgab, sinken.

»Sie müssen einsehen, daß das unmöglich ist«, sagte sie sanft. »Ich bin in Trauer, und meine Abwesenheit bei Tisch würde Anlaß zu allerhand Vermutungen geben.«

»Fürchten Sie sich etwa vor dem, was die Leute sagen?«

»Ich lege jedenfalls keinen Wert darauf, daß sie sich die Mäuler über mich zerreißen.«

»Aber ich muß mit Ihnen reden«, insistierte er hartnäckig.

Doreen blickte sich um. Das Deck lag verlassen. Die meisten Passagiere saßen zu dieser Tageszeit am Kartentisch oder lauschten im Salon einem Konzert.

»Warum nicht jetzt?« fragte sie.

»Ich fühle mich im Augenblick nicht besonders stark«, entgegnete er mit einem Grinsen. »Sie machen mir Angst. Wissen Sie das?«

Doreen antwortete ihm nicht.

»Ich meine das ernst«, fügte er hastig hinzu. »Sie hatten vollkommen recht mit dem, was Sie heute morgen sagten, und ich hoffe, Ihre Worte haben mir ein wenig Vernunft in meinen Dickschädel gehämmert. Nachdem Sie gegangen waren, habe ich dagesessen und nachgedacht. Und ich habe zu mir gesagt: ›Wenn das die Art ist, wie ein nettes junges Mädchen dich ansieht, John Dale, dann ist es höchste Zeit, etwas dagegen zu unternehmen!‹«

»Also haben Sie beschlossen, ein anderer Mensch zu werden«, stellte Doreen fest.

Obwohl sie sich Mühe gab, gelang es ihr nicht, ihre Stimme frei von jedem Sarkasmus zu halten. Aber John Dale schien davon nichts bemerkt zu haben.

»So ist es«, sagte er voller Eifer. »Ich werde Ihnen schwören, daß ich nie mehr …«

»Aber weshalb mir?« unterbrach ihn Doreen mitten im Satz.

»Weshalb Ihnen?« wiederholte er ihre Frage. »Weil ich einen, enormen Respekt vor Ihnen habe, Miß Marston. Ich finde es überwältigend, was Sie getan haben, ehrlich! Sie haben Mut bewiesen, und Sie machen dennoch keine große Show daraus. Es gibt verdammt wenig Männer und Frauen wie Sie.«

»Danke«, erwiderte Doreen. »Aber trotzdem geben Sie Ihr Versprechen nicht mir, sondern sich selbst.«

»Nein«, antwortete er entschieden. »Ich möchte es Ihnen geben. Ich schwöre Ihnen, daß ich mich in Zukunft am Riemen reißen werde. Das heißt nicht, daß ich nur noch von Wasser und Brot leben werde – das wäre lächerlich, nicht wahr? Aber ich weiß, wann ich genug habe, und das ist der Punkt, an dem ich von jetzt an aufhören werde. Sie haben mein Wort, ich gebe es Ihnen hier und jetzt, daß ich mich für den Rest der Reise nicht mehr betrinken werde.«

Trotz ihrer Zweifel und obwohl sie diese und ähnliche Schwüre in der Vergangenheit bis zum Überdruß gehört hatte, war Doreen beeindruckt. Im Augenblick war es John Dale auf alle Fälle todernst mit dem, was er sagte.

»Das ist ein Wort«, sagte sie ruhig. »Ein Wort vor Zeugen.«

»Geben Sie mir die Hand darauf!« forderte er.

Sie reichte ihm ihre Hand, und er umschloß sie mit beiden Händen. Dann hob er die Rechte wie zum Schwur und sagte:

»So wahr mir Gott helfe!«

Wieder fragte sich Doreen, ob dieser große, überraschend kindliche Mensch wirklich so aufrichtig war, wie es aussah.

»So«, sagte er und ließ ihre Hand los, »nun sind wir Freunde, nicht wahr?«

»Aber natürlich«, gab sie zurück. »Soweit das möglich ist zwischen zwei Menschen, deren Leben so verschieden voneinander ist wie das Ihre und das meine.«

»Mag sein«, erklärte er ungerührt. »Dennoch habe ich das starke Gefühl, daß wir etwas gemeinsam haben. Ich kann Ihnen nicht sagen, was es ist, aber für mich gibt es nicht den geringsten Zweifel daran. Vielleicht ist es die Tatsache, daß Sie nicht so streng sind, wie Sie aussehen, und ich nicht so schlecht, wie die Leute sagen.«

»Sehe ich denn so streng aus?« fragte Doreen neugierig.

»Well, es ist die dunkle Brille«, sagte er entschuldigend, »und natürlich die schwarze Kleidung und die Tatsache, daß sie kaum Lippenstift benutzen, was Sie so anders erscheinen läßt als ...«

»... als die meisten Ihrer Freundinnen?« vollendete sie seinen Satz.

»Well, so ist es«, gestand er. »Aber wissen Sie, wie ich Sie bei mir selbst nenne?«

»Nein.«

»Meine kleine Madonna«, sagte er. »So sehen Sie nämlich aus. Wie manche Bilder in den italienischen Museen. Himmel, was haben mich diese Musentempel gelangweilt, als man mich da hindurchschleifte. Aber dann sah ich Sie vorgestern abend, als wir in Port Said ablegten, und fragte mich, woran Sie mich erinnerten. Plötzlich fiel es mir ein. An eine dieser italienischen Madonnen, sagte ich zu mir.«

»O nein!« rief Doreen mit erstickter Stimme. »Bitte, vergleichen Sie mich nicht damit!«

Sie sprang auf, ihr Buch fiel achtlos zu Boden. Mit schnellen Schritten trat sie an die Reling.

Geistesabwesend starrte sie aufs Meer. Einen Augenblick später stand John Dale neben ihr.

»Was haben Sie denn?« fragte er. »Habe ich etwas Schlimmes gesagt? Habe ich Sie vielleicht beleidigt?«

Sie konnte ihm nicht antworten, konnte ihm unmöglich erklären, daß sie entsetzt war. Entsetzt und empört über sich selbst, über ihre eigene abgrundtiefe Heuchelei.

XI

»Morgen in Marseille werde ich das Schiff verlassen«, sagte John Dale. »Man erwartet mich dort. Aber ein Wort von Ihnen, und ich bleibe an Bord und reise mit Ihnen nach London.«

Er hatte sie wieder einmal ausfindig gemacht und saß neben ihr auf Deck.

Mehr als einer der Passagiere, die strickend oder lesend in ihren Liegestühlen lagen, hatten sein Näherkommen voller Neugierde beobachtet, und Doreen war sich der Tatsache bewußt, daß sie und John Dale bereits Gegenstand heftigen Getuschels geworden waren.

Was kann ich nur dagegen tun? fragte sie sich – allerdings ohne allzu große Ängstlichkeit.

Sie verließ sich einfach auf Mrs. Waverton Watsons Beteuerung, allen Spekulationen, die sich »um den Millionär und die Missionarin« rankten, die Nahrung entzogen zu haben.

Doreen war nämlich zu der Überzeugung gekommen, daß nur die streitbare Lady ihr aus der Klemme helfen konnte.

»Ich muß gestehen«, hatte sie zu der Älteren gesagt, »daß ich von John nie etwas gehört hatte, bevor Sie ihn während unseres ersten Kaffees nach dem Lunch im Gespräch erwähnten. Natürlich waren Ihre Worte für mich sehr aufschlußreich, und außerdem war mir klar, daß ich vor diesem Mann auf der Hut sein muß. Gleichzeitig jedoch wäre es falsch und absolut gegen meine christliche Grundeinstellung, wenn ich einem Menschen die Hilfe versagte, die er braucht.«

»Hilfe?« erkundigte sich Mrs. Watson interessiert.

»Ich fürchte, Mister Dale ist nicht glücklich«, antwortete Doreen mit vielsagender Stimme und zuckte dann bedauernd die Schultern, so als hätte sie mehr zu diesem Thema sagen können, wäre sie nicht durch ihr Versprechen zum Stillschweigen verpflichtet.

»Eine Frau, wie üblich, nehme ich an«, schnaufte Mrs. Watson. »Well, meine Liebe, ich möchte Ihren Eifer nicht bremsen, aber ich versichere Ihnen, das ist kein besonders originelles Problem, an dem Ihr Mister Dale da leidet. Seine Liebesaffären sind sprichwörtlich in Südafrika. Er machte nicht eine einzige Schiffsreise, auf der es nicht zu einer heftigen Liebesaffäre kam.«

»Es tut mir leid, das zu hören«, sagte Doreen. »Doch wenn ich auch nichts für ihn tun kann, so kann ich ihm wenigstens einen Rat geben und ihn in meine Gebete einschließen.«

Sie konnte ein triumphierendes Lächeln nicht ganz unterdrücken, als sie die Wirkung dieser Worte auf Mrs. Watson feststellte. Die alte Lady war beeindruckt. Und schon bald erzählte man sich im Salon, daß die nette Miß Marston alles tat, die Wildheit des jungen Dale ein wenig zu bändigen.

Es war nicht einfach für Doreen, die Rolle einer bloßen Ratgeberin beizubehalten, denn John wich nicht mehr von ihrer Seite, und an Bord eines Schiffes ist es fast unmöglich, einem so hartnäckigen Verehrer, wie er es war, aus dem Weg zu gehen. Es grenzte fast ein wenig ans Lächerliche, wie sehr er von ihr hingerissen war. Und überdies war er nicht blind.

»Auch Sie sind unter ihrer gefühllosen Oberfläche ein Mensch«, sagte er zu ihr. »Ich denke, es liegt an der Art, wie Sie erzogen wurden, daß Sie so kühl und beherrscht sind. Und doch, wenn ich Ihnen das Leben zeigen könnte, wie ich es kenne, ich wette tausend Pfund gegen einen Penny, daß Sie es genießen würden.«

»Ich würde mich fühlen wie ein Fisch auf dem Trockenen«, versicherte Doreen ihm.

»Das ist noch die Frage«, entgegnete er und musterte sie kritisch. »In Ihrem Blick und Ihrem Lächeln blitzt manchmal etwas auf, was mich vermuten läßt, daß Sie längst nicht so prüde sind, wie Sie es mich glauben machen wollen.«

»Ich will Sie gar nichts glauben machen«, erwiderte Doreen scharf. »Sie haben sich nun einmal in den Kopf gesetzt, daß ich einen anderen Menschen aus Ihnen machen könnte. Das aber ist ein Irrtum. Was ich tun kann, ist lediglich, zuzustimmen, wenn Sie etwas Richtiges sagen, und die Stirn zu runzeln, wenn Sie Unsinn reden.«

»Ich glaube, Sie könnten einen Mann zu großen Leistungen anspornen, wenn Sie – wollten«, sagte John.

Die letzten Worte kamen stockend, und Doreen wußte, daß er zuerst hatte sagen wollen, »wenn Sie ihn lieben würden.«

Wohin soll das alles noch führen? fragte sie sich oft.

War sie imstande, John Dale zu lieben? Und konnte sie erreichen, daß auch er sie liebte? So stark, daß er ihr die Ehe anbot?

In der Vergangenheit war es ihr nie gelungen, das zu bekommen, was sie haben wollte. Doch in dieser neuen Rolle und mit der Gloriole, die sie nun umgab, würde kein Mann es wagen, ihr einen Antrag zu machen, der nicht seriös und ernst gemeint war.

Sollte sie es wagen?

Sie stellte sich diese Frage immer wieder aufs neue.

Sie zögerte, war unentschlossen. Etwas an seinem schwachen Mund, etwas in seinen Augen, umgeben von dunklen Ringen, stieß sie ab, bereitete ihr Übelkeit. All das war ihr so unangenehm vertraut.

So oft schon war sie diesem Typ begegnet. Männer, die sich dem Vergnügen, der Unmäßigkeit hingaben, wenn sie auch nicht so reich waren wie John Dale. Dennoch war es der gleiche Typ gewesen. Mit den gleichen triebhaften Wünschen und Begierden, mit der gleichen Haltlosigkeit und Willensschwäche.

Konnte sie sich tatsächlich, kaum daß sie ihrem früheren Leben den Rücken gekehrt hatte, erneut dem Leben der Ungebundenheit und Zügellosigkeit zuwenden?

Sie kannte die Antwort.

»Nein!« sagte sie mit klarer Stimme. »Sie brauchen Ihre Pläne nicht zu ändern. Sollten es auch nicht. Ich glaube, der Rest der Reise würde Ihnen äußerst langweilig vorkommen, denn ich bin fast sicher, daß alle Ihre Freunde morgen ebenfalls in Marseille aussteigen werden.«

»Alle, außer Ihnen.«

»Falls Sie mich noch einmal wiedersehen wollen, brauchen Sie nur nach England zu kommen. Ich werde Ihnen sagen, wo Sie mich finden können. Aber jetzt bleiben Sie bei dem, was Sie geplant haben. Ich bin fest davon überzeugt, daß es ein großer Fehler wäre, wenn Sie Ihre Pläne im letzten Augenblick über den Haufen werfen würden.«

»Warum ein großer Fehler?« Er blieb hartnäckig.

»Aus mancherlei Gründen. Ich bin nicht die richtige Frau für Sie, und Sie wissen es.«

»Hören Sie, Anne«, sagte er gereizt, »seien Sie nicht so verdammt kompliziert. Ich bin gern mit Ihnen zusammen, ehrlich. Ich kann den Grund nicht einsehen, weshalb Sie mir das ausreden wollen.«

»Ich habe Ihnen gesagt, daß ich mich mit Ihnen treffen werde, wenn wir beide wieder in England sind. Falls Sie es sich bis dahin nicht anders überlegt haben. Fast möchte ich nämlich darauf wetten, daß Sie mich vergessen haben, bevor noch eine Woche vergangen ist.«

»Nun gut, wir werden sehen«, sagte er. »Geben Sie mir Ihre Anschrift!« Er nahm sein Notizbuch und trug ihre Anschrift ein.

»Und die Telefonnummer?«

»Ich habe nicht die leiseste Ahnung«, erwiderte Doreen mit einem Lachen. »Aber ich glaube, meine Verwandten wären entsetzt, wenn ich plötzlich von einem jungen Mann aus Übersee angerufen würde. Sie werden mir schon schreiben müssen – einen kurzen Brief oder eine Postkarte.«

»Ich werde runterkommen und Sie besuchen«, versprach John Dale.

»Aber nicht ohne Vorwarnung«, sagte Doreen rasch.

»Schämen Sie sich meiner, oder haben Sie Angst vor Ihren Verwandten?« erkundigte er sich lächelnd.

»Beides«, bekannte sie. »Wissen Sie, ich bin viele Jahre nicht mehr zu Hause gewesen, und ich bin mir nicht ganz sicher, wie es dort sein wird.«

Er nickte.

»Verstehe. Nach London können Sie wohl nicht kommen, nehme ich an. Keine Entschuldigung oder sonst was in der Richtung zur Hand? Ich könnte einen meiner Freunde schicken, damit er Sie abholt. Wir würden uns prächtig amüsieren. Kabaretts, Nachtclubs, Partys. Würde Ihnen bestimmt guttun.«

Doreen spürte die Versuchung. Es war das Leben, das sie so gut kannte. Mein Gott, dachte sie, und das in London! London galt zur Zeit als das Mekka für Vergnügungsreisende.

Wie oft hatte sie Leute in Kairo sagen hören, daß das neueste und verrückteste Kabarettprogramm in der Stadt nicht an das tippen könne, was im Augenblick rund um den Piccadilly geboten werde.

Das war ihre Chance. Sie brauchte nur zuzugreifen. John würde sie freihalten, sie mit allem versorgen, was sie brauchte. Er war nicht knauserig, das wußte sie. Und er war ein steinreicher Mann. Sie dachte an die Garderobe, die er ihr schenken würde, die Dinge, die sie sehen, die Menschen, denen sie begegnen würde.

Sekundenlang schwankte Doreen.

Dann erinnerte sie sich an die Nachwirkungen, die es hinterher stets gab, und die der Preis waren, den man für jedes genossene Vergnügen zahlen mußte.

Entschlossen schüttelte sie den Kopf.

»Nein«, sagte sie. »Ich glaube, das ist nicht nur höchst unwahrscheinlich, sondern auch ganz und gar nicht durchführbar.«

»Ich werde Sie schon noch dazu überreden«, drohte er.

»Ich werde Sie nicht davon abhalten!«

Doreen blickte auf ihre Uhr. Es war kurz vor eins.

»Ich muß mich zum Lunch umkleiden!« sagte sie.

»Ich werde heute nachmittag hier auf Sie warten!«

Er hielt sein Versprechen, und sie tranken Tee miteinander. Später, als die Zeit zum Dinner kam, die Sonne wieder wie ein riesiger Feuerball im Meer versank und die Konturen der französischen Küste langsam in der niederfallenden Abenddämmerung verblaßten, fragte er sie:

»Treffen wir uns heute abend nach dem Dinner an Deck?«

»Ich habe Mrs. Watson versprochen, mit ihr im Salon den Kaffee einzunehmen.«

»Es ist mein letzter Abend!« bat er. »Kommen Sie wenigstens danach! Nur für kurze Zeit!«

Jeden Abend hatte er sie darum gebeten, aber diesmal war es irgendwie anders.

»Ja, ich werde kommen«, willigte Doreen wider besseren Wissens ein. »Aber es darf nicht zu lange dauern.«

»Ich bin eine Närrin und spiele mit dem Feuer«, sagte sie in ihrer Kabine zu sich.

Doch als Mrs. Watson am Bridgetisch Platz genommen und man im Salon das Kaffeegeschirr abgeräumt hatte, erfaßte sie ein Anflug von Tollkühnheit.

»Wohin wollen Sie, Kind?« fragte Mrs. Watson.

»Ich glaube, ich gehe noch einen Augenblick an Deck«, antwortete Doreen.

»Es wird recht kühl draußen sein«, meinte Mrs. Watson. »Wir sind nicht mehr im Osten. Nehmen Sie meinen Umhang, und legen Sie ihn sich um die Schultern!«

»Oh, wie nett von Ihnen. Sind Sie sicher, daß es Ihnen nichts ausmacht? Ich werde nicht lange bleiben.«

»Nein, nehmen Sie ihn ruhig!« sagte die alte Dame. Dann wandte sie den Kopf dem Spiel zu und rief: »Bin ich an der Reihe? Zweimal Pik?«

Doreen spürte, daß sich niemand mehr um sie kümmerte und nahm die lange weiße Hermelinstola von der Stuhllehne.

Der Pelz vermittelte ihr ein Gefühl von Luxus, und eine ungewollte Erregung erfaßte sie, als sie den Niedergang hinauf stieg und das Deck betrat.

Sie nahm die dunkle Brille ab, kreuzte die Stola locker vor der Brust und schlang die Enden um ihren Körper.

Es entsprach ganz sicher nicht dem Verhalten einer Missionarstochter, daß sie dem im Dunkel liegenden Teil des Decks zustrebte, um sich dort mit John Dale zu treffen.

Er wartete schon auf sie. Lange bevor sie näherkam, bemerkte sie die Silhouette seiner breitschultrigen Figur, sah den roten Glühpunkt seiner Zigarre. Ruhig, ohne zu sprechen, näherte sie sich ihm.

Sekundenlang starrte er auf sie nieder.

»Sie sehen so anders aus als gewöhnlich«, sagte er schließlich. »Was ist der Grund dafür?«

»Meine geborgten Federn, nehme ich an«, erwiderte Doreen, und ihre Rechte streichelte leicht über den weichen Pelz.

»Woher haben Sie die Stola?« fragte er.

»Von meiner guten Freundin, Mrs. Watson«, antwortete Doreen und vermochte den spöttischen Ton in ihrer Stimme nicht zu unterdrücken.

»Ich verstehe nicht, wie Sie sich mit dieser alten Schachtel abgeben können«, grollte John. »Sie war das Schreckgespenst auf jedem Schiff, auf dem ich bisher gereist bin. Ich kann ihr nicht ausweichen. Oft glaube ich, sie hat es auf mich abgesehen damit – nur um mich zu ärgern.«

Doreen lachte.

»Vielleicht ist sie verliebt in Ihre schönen Augen.«

Wieder starrte er sie an, forschend, ein wenig verwirrt, dann hängte er sich bei ihr ein.

»Wirklich, heute abend sind Sie eine völlig andere.«

»Muß ich denn immer die Gleiche sein?«

Sie wußte, es war wahnsinnig leichtfertig, ihr eigentliches Selbst an die Oberfläche gelangen zu lassen, John ihr wahres Gesicht zu zeigen, es durch die Maske, die sie nun schon seit einiger Zeit trug, hindurchschimmern zu lassen.

Im ersten Moment war John überrascht, dann wandelte sich seine Überraschung in Neugier.

Doch Doreens Widerspruchsgeist war erwacht. Er trieb sie an, sich gegen ihren gesunden Menschenverstand genau so zu verhalten, wie es ihrer Rolle widersprach.

»Es ist mir gleichgültig, wie Sie sind«, erwiderte er, »wenn Sie nur nett zu mir sind.«

»Und warum sollte ich nicht nett zu Ihnen sein?« fragte Doreen. »Schließlich sind Sie ein begehrenswerter junger Mann, Mister John Dale. Sehr begehrenswert, und so weit ich das beurteilen kann, auch sehr charmant. Vor allem zu alleinstehenden jungen Frauen, die ohne Begleitung auf See reisen.«

Sie fühlte, daß sich der Druck seiner Hand um ihren Arm verstärkte. Sie spürte die Wärme seines Körpers, die besitzergreifende Art seines Griffs.

Ein leichter Schauer lief ihr den Rücken hinunter.

»Anne, ich kenne Sie heute abend nicht wieder«, sagte er. »Sie sind völlig anders, aber einfach wundervoll.«

»Vielleicht sind Sie nicht besonders anspruchsvoll«, erwiderte Doreen leichthin.

Sie drehte den Kopf zur Seite, wußte, daß sie in dieser Haltung attraktiv wirkte, den schlanken Hals umrahmt von der weichen Helligkeit des Pelzes.

»Was sind Sie, Anne? Heilige oder Teufelin?« fragte er. »Ich will verdammt sein, wenn ich mir darüber im klaren bin.«

Sie wandte ihm das Gesicht zu, ein halbes Lächeln auf den leicht geöffneten Lippen. Sie sah ihm in die Augen, und in diesem Moment verspürte sie die altbekannte Erregung und Atemlosigkeit, die sie immer erfüllt hatte, bevor ein Mann sie zum erstenmal küßte.

Ein Kraftfeld schien sich zwischen ihnen aufzubauen, eine Art von Elektrizität, eine Strömung, die von einem zum anderen lief. Doreen rann es heiß durch die Adern. Sie wußte, daß sie zitterte. Johns schmerzhafter Griff um ihren Arm verstärkte sich bis zur Grenze des Erträglichen.

Sie stöhnte leise und lehnte sich gegen ihn.

Eine Stimme ließ sie zusammenfahren, eine aufgeregte, sich fast überschlagende Stimme:

»Oh, da sind Sie ja, Miß Marston. Ich habe Sie schon überall gesucht.«

Sekundenlang waren beide wie erstarrt. Weder John noch Doreen vermochte sich zu rühren. Es schien ihnen unmöglich zu sein. Es schien, als hätte die Welt, in die sie eingetreten waren, sie abgeschirmt gegen jede Art von Störung.

Mit einer fast ruckartigen Bewegung befreite Doreen sich hastig von Johns Hand und wandte sich um.

Der Geistliche aus Rangun stand vor ihr.

»Ist etwas passiert?« fragte sie, und ihre Stimme kam ihr seltsam fremd vor.

»Ich glaubte, Sie könnten uns vielleicht helfen«, sagte der Reverend. »Unten auf dem Zwischendeck liegt ein Eingeborener im Sterben. Ich nehme es jedenfalls an. Ganz sicher ist er sterbenskrank, und niemand kann verstehen, was er sagt. Ich dachte mir, daß Sie vielleicht ... Wo Sie doch die verschiedensten Stammesdialekte kennen ... Vielleicht sind Sie imstande, mit ihm zu reden. Der arme Kerl leidet höllische Schmerzen, und er scheint uns irgend etwas sagen zu wollen.«

Doreen sah den Geistlichen an, obwohl sie wie zu Stein erstarrt war.

»Würden Sie gleich mitkommen?« drängte er sie.

»Natürlich.«

Sie hörte ihre Stimme, ohne zu begreifen, daß sie es war, die da sprach. Dann schien sich die Erstarrung in ihr plötzlich zu lösen, und Doreen erkannte mit einem Anflug von Amüsiertheit, was mit ihr geschah.

Sie war vor John gerettet worden – um in eine andere Falle zu tappen. Eine Falle, die für sie viel gefährlicher war als die, der sie entronnen war.

Aber es gab kein Ausweichen mehr. Sie mußte dem Reverend folgen.

Sie wandte sich John zu, nahm die Hermelinstola von den Schultern und legte sie in seine Hände.

»Wären Sie so freundlich, Mrs. Watson die Stola zurückzubringen«, sagte sie. »Danken Sie ihr in meinem Namen und sagen Sie, daß ich den Pelz heute abend nicht mehr benötige.«

Er konnte es nicht wissen, aber als er die Stola in Empfang nahm, hielt er die äußere Hülle der Doreen Wallis in Händen. Doreen legte ihr frivoles, leichtfertiges Selbst ab und wurde wieder zu Anne Marston.

Ohne ein weiteres Wort oder einen Blick zurück, folgte sie dem Geistlichen hinunter aufs Zwischendeck. Das Herz schlug ihr bis in den Hals. Sie setzte ihre Brille auf und ballte die Fäuste, um sich zur Ruhe zu zwingen. Was soll ich tun? überlegte sie fieberhaft. Sie werden mir auf die Schliche kommen! Sie werden entdecken, daß ich eine Betrügerin bin.

»Wissen Sie denn überhaupt nichts über diesen Mann?« fragte sie. Sie versuchte, ihrer Stimme einen teilnahmsvollen, besorgten Ton zu geben, konnte jedoch nicht verhindern, daß sie schrill und nervös klang.

»Nein«, erwiderte er. »Vermutlich kam er in Port Said an Bord und wollte das Schiff morgen in Marseille wieder verlassen. Der Doktor meint, er hätte ein an Entbehrungen und Krankheiten reiches Leben hinter sich. Er soll auch einige Worte Französisch sprechen, aber in den letzten Stunden redet er nur in diesem absolut unbekannten Stammesdialekt. Er sieht sehr heruntergekommen aus, aber das wird Sie ja sicher nicht stören, nicht wahr?«

»Nein, natürlich nicht«, sagte Doreen.

»Man hat ihn in Quarantäne genommen«, fügte der Reverend hinzu.

Als sie das Zwischendeck betraten, schlug ihnen lautes Stimmengewirr und Gelächter entgegen. Das Schreien eines Babys mischte sich mit dem Gesang einer bildhübschen Eurasierin, die mit überkreuzten Beinen am Fuß des Niedergangs saß und ihr Lied auf einer Gitarre begleitete.

»Da wären wir!« sagte der Reverend.

Er klopfte an eine Kabinentür, die vom Schiffsarzt geöffnet wurde.

»Nett von Ihnen, daß Sie kommen, Miß Marston«, sagte der Arzt. »Ich fürchte nur, Sie werden kaum etwas machen können. Der arme Kerl scheint schon nicht mehr bei Bewußtsein zu sein.«

Doreen näherte sich der Koje. Auf dem Bett lag der ausgemergelte Körper eines Eingeborenen. Die Ausdünstung des dunkelhäutigen Mannes war so stark in der engen Kabine, daß es Doreen den Atem verschlug.

Der Kranke murmelte unverständliche Worte. Es war unmöglich, einen Sinn darin zu erkennen. Jeden Moment glaubte Doreen, ihr Todesurteil zu erhalten, und sie wußte, daß sie nichts zu ihrer Verteidigung vorzubringen hatte.

Die beiden Männer beobachteten sie gespannt. Noch lag kein Mißtrauen in ihrem Blick. Doreen wußte, daß sie warteten, und wandte sich zu ihnen um, glücklich darüber, daß die dunklen Gläser ihrer Brille das Entsetzen in ihren Augen verbargen.

»Ich bin leider nicht in der Lage, seine Worte einer mir bekannten Stammessprache zuzuordnen«, sagte sie mit zitternder Stimme.

»Das ist auch mein Eindruck«, stimmte der Arzt ihr zu. »Und er besitzt auch keine Stammeszeichen, außer einem Schnitt im linken Ohr, der jedoch nichts bedeuten muß.«

Der Mann in der Koje öffnete die Augen. Die Laute, die er von sich gab, wurden lauter, blieben jedoch unverständlich.

»Sprechen Sie mit ihm!« drängte der Geistliche.

Jetzt war es soweit!

Doreen stand da wie versteinert und starrte auf den Eingeborenen. Es gab nichts, was sie tun konnte. Sie konnte sich nur weigern und es den beiden überlassen, was sie von ihr dachten.

Dann plötzlich, während die Sekunden vergingen und Doreen genau wußte, daß der Reverend und der Arzt anfingen ungeduldig zu werden, stieß der Eingeborene einen erstickten Schrei aus.

Es klang fast wie der Schrei eines Tieres, und Doreen wich entsetzt zurück.

»Es ist wohl zwecklos. Ich fürchte, ich werde ihm noch eine Spritze mit Morphium geben müssen. Er befindet sich in einem Zustand, in dem er für nichts mehr aufnahmefähig ist, Miß Marston, gleichgültig, was Sie zu ihm sagen würden.«

Sekundenlang konnte sie die Befreiung aus höchster Not nicht fassen.

Dann fühlte sie, wie ihr die Knie weich wurden, und sie hatte Mühe, sich auf den Beinen zu halten.

Eine Woge der Erleichterung durchströmte sie, und mit einer Stimme, die vor Aufregung bebte, sagte sie:

»Es tut mir leid!«

Der Reverend streckte die Hand aus und berührte die ihre.

»Regen Sie sich nicht auf, Miß Marston«, versuchte er sie zu beruhigen. »Es war taktlos von mir, Sie herzurufen, nach allem, was Sie in den vergangenen Wochen durchgemacht haben. Aber es wäre ja möglich gewesen, daß Sie dem armen Teufel hätten helfen können. Ich mußte es jedenfalls versuchen, hätte mir sonst ewig Vorwürfe gemacht.« Er sah den Arzt an. »Gibt es noch etwas, was wir tun können, Doktor?« fragte er.

»Nein«, antwortete der Arzt. Er hatte dem Mann bereits die Spritze gegeben und beobachtete ihn nun aufmerksam.

»Dann werde ich Miß Marston also wieder fortbringen.«

»Das wird das beste sein. Und nochmals danke für Ihr Kommen, Miß Marston. Sollte sich sein Zustand bis morgen gebessert haben, werde ich es Sie wissen lassen. Doch es scheint mir höchst unwahrscheinlich, daß er die Nacht übersteht.«

»Ich wäre Ihnen dankbar, wenn Sie mir in jedem Fall eine Nachricht geben würden«, sagte Doreen.

Als sie vom Zwischendeck wieder auf das Passagierdeck stieg, kam sie sich um Jahre gealtert vor.

Als sie oben stehen blieb und sich von dem Reverend verabschiedete, fragte dieser:

»Gehen Sie zu Bett?«

Doreen nickte.

»Ja, ich bin sehr müde!« gestand sie.

»Das ist ganz natürlich«, entgegnete er. »Es tut mir leid, Sie heute abend beunruhigt zu haben. Doch ich hoffe, Sie verstehen mich, nicht wahr?«

»Aber ja.«

Sie ging zu ihrer Kabine. Beim Öffnen der Tür bemerkte sie den Brief auf dem Fußboden. Sie hob ihn auf und sah, daß er von John Dale war. Sie öffnete den Umschlag. Er enthielt nur wenige Zeilen.

Ich warte auf Sie an Deck. Ich muß Sie noch einmal sehen.

John

Sekundenlang starrte sie auf das entfaltete Blatt. Dann zerriß sie es in kleine Stücke, die ihren zitternden Händen entglitten. Während die Papierschnipsel zu Boden flatterten, warf Doreen in einer jähen Anwandlung von Tatkraft die Tür hinter sich ins Schloß und verriegelte sie.

Dann lehnte sie sich mit dem Rücken gegen das Türblatt und stieß einen erleichterten Seufzer aus.

Sie war in Sicherheit.

Wie durch ein Wunder war sie innerhalb der letzten Stunde zweimal einer gefährlichen Bedrohung entgangen.

XII

Doreen rechnete nicht damit, daß sie in Southampton abgeholt würde. Sie hatte zwar ihrer Großmutter in einem Telegramm die ungefähre Ankunftszeit des Schiffes mitgeteilt, fand es andererseits jedoch geraten, den Kontakt mit ihren Verwandten möglichst in Grenzen zu halten.

Sie hatte unter den wenigen Habseligkeiten ihrer Kusine ein Telegramm gefunden, das Mrs. Wickham offensichtlich gleich nach Bekanntwerden von Annes Heldentat in den Zeitungen abgeschickt hatte und das Anne noch erreicht haben mußte, als diese in Khartum im Hospital lag.

Doreen vermutete, daß der behandelnde Arzt die Großmutter telegraphisch verständigt und ihr zu verstehen gegeben hatte, daß er Annes Rückkehr nach England für das beste halte.

Die Antwort darauf war die Einladung nach Brookavon gewesen. Ein Briefwechsel hatte aller Wahrscheinlichkeit nach nicht stattgefunden.

Diese Tatsache verwunderte Doreen nicht, da sie die Schreibfaulheit der Familie ihrer Mutter kannte. Mary Wallis schrieb einmal im Jahr nach Hause, und Mrs. Wickhams Korrespondenz beschränkte sich auf einige knappe Zeilen zu Weihnachten und zum Geburtstag ihrer Tochter.

Während der letzten Tage hatte Doreen Höllenqualen erlitten bei dem Gedanken, ob sie ihre Verwandten überhaupt wiedererkennen würde.

Doch sie erkannte Edith Wickham auf Anhieb inmitten der wartenden Menge, die sich am Uferkai drängte.

Tante Edith hatte sich in den vergangenen neunzehn Jahren kaum verändert. Sie sah in der Tat kaum einen Tag älter aus als damals, als Doreen noch ein Schulmädchen war und allein und verängstigt in genau dem selben Hafen an Land gegangen war.

Groß und schlank, angetan mit dem gleichen schlechtsitzenden Tweedkostüm, das die meisten englischen Frauen vom Land trugen, war Edith Wickham auf ihre Weise eine bemerkenswerte Erscheinung.

Sie war einmal ungewöhnlich schön gewesen, mit klassisch geschnittenen Zügen, weizenblondem Haar und hellblauen Augen. Jetzt war diese Schönheit naturgemäß etwas verblaßt. Vorhanden war nur noch ein wehmütiger Abglanz jener blendenden Erscheinung der damals Achtzehnjährigen. Sie war nicht mit der Zeit gegangen, war stehen geblieben und wirkte nun irgendwie altmodisch.

Das Haar trug sie immer noch so, wie sie es als Debütantin getragen hatte, die hohe Stirn von einem Pony verdeckt. Und damit die Frisur nicht in Unordnung geriet, wurde die ganze übrige Haarpracht in ein sogenanntes »unsichtbares« Netz gezwängt.

Nur eine einzige Konzession schien sie an die herrschende Mode gemacht zu haben: es war der Verzicht auf den hohen, gestärkten Kragen, den sie vor dem Krieg mit so viel Eleganz getragen hatte.

Doch da sie einen entblößten Hals nicht dulden konnte, trug sie statt dessen ein schmales schwarzes Samtband, das im Nacken zu einer sauberen kleinen Schleife geschlungen war.

Nie sah man sie ohne dieses schwarze Samtband. Sie trug es am Tag zu ihrem zerknitterten Tweedkostüm und am Abend zu ihrem Seidenkleid, in dem sie den Vorsitz beim Dinner führte.

Als unverheiratetes Familienmitglied oblag ihr die Pflicht, sich um die Mutter zu kümmern, und weder Weltkriege noch Wirtschaftskrisen, noch Frauenemanzipation hatten in Ediths Leben irgendeine Veränderung bewirkt.

Sie hatte immer auf dem Landgut gewohnt, und sie hatte ihre Mutter nur selten einmal allein gelassen.

Auch im Dorf machte sie sich nützlich, und wie man es von ihr erwartete, leitete sie die Pfadfinderinnen, war der führende Kopf des Village Institute und widmete sich mit großem Eifer und wenig Phantasie dem Unterricht in der Sonntagsschule.

In der Tat, Edith Wickham war das Rückgrat sämtlicher Gemeindeaktivitäten in Brookavon, und da sie sich im Dienst des Nächsten und in der Sorge um das Dorf und seine Bewohner verzehrte, war es unvermeidlich, daß sie überall nur »die arme Miß Wickham« genannt wurde. Ein Ausdruck der Zuneigung, den sie nie verstanden haben würde, hätte sie jemals davon erfahren.

Edith war weder intelligent noch begabt, noch überhaupt interessiert. Sie war ein nettes, ordentliches, gesundes englisches Mädchen gewesen, das eine gute Ehefrau für einen netten, ordentlichen, aber nicht zu intelligenten Mann ihrer Gesellschaftsschicht abgegeben hätte.

Die Tragödie in Ediths Leben war, daß es nie einen Mann gegeben hatte, der sie um ihre Hand bat.

Nur einmal, und zwar kurz nachdem sie debütierte, hatte der Sohn eines benachbarten Landedelmannes ein kurzlebiges Interesse an ihr verraten. Er war einige Sonntage hintereinander auf dem Gut erschienen, um Edith seine Aufwartung zu machen. In dieser Zeit saß er ernst und würdevoll im Salon, während Mrs. Wickham die Unterhaltung mit ihm bestritt und Edith – nervös und mit hochrotem Kopf – den Tee eingoß.

Dann hatte er feststellen müssen, daß Edith kein Geld besaß und wohl auch nie welches besitzen würde mit ihren drei Brüdern und den Zwillingsschwestern als Miterben von George Wickhams Vermögen.

Wie viele andere bessergestellte Nachbarn hatte er sich vom Lebensstil der Wickhams täuschen lassen, der weit über ihre Verhältnisse ging und für den die Familie bitter büßen mußte, nachdem ihr verschwenderisches Oberhaupt bei einem Jagdunfall ums Leben gekommen war.

Aber Mrs. Wickham bewahrte ihrem Ehemann dennoch ein liebevolles Angedenken.

»Ich habe es ebenso genossen wie er«, sagte sie einmal und hatte nicht die geringste Ahnung, daß sie damit den innerlichen Protest ihrer Kinder hervorrief, die sich um ihr Erbe betrogen fühlten.

Es war natürlich unvermeidbar, daß die Töchter unter dem finanziellen Zusammenbruch am stärksten zu leiden hatten.

Die beiden ältesten Söhne studierten an der Universität, und man kratzte jeden Penny zusammen, damit sie ihr Studium beenden und ihre Examen machen konnten.

Die Zwillinge Mary und Martha waren gezwungen, ein Schmalspurdebüt zu absolvieren. Es gab keine neuen Kleider, keine Partys und keine Auftritte in der Öffentlichkeit. An allen Enden wurde gespart, und Einschränkungen waren an der Tagesordnung.

Edith, die Älteste, war die Hauptleidtragende. Sie wurde zu einem Aschenputteldasein verdammt. Man kürzte ihr Taschengeld auf eine lächerlich kleine Summe und übertrug ihr gleichzeitig die Aufgaben der Wirtschafterin.

Gewissenhaft tat sie ihre Pflicht, und sie vergoß manche Träne, wenn sie am Anfang eines Monats die Rechnungen bezahlen mußte und man ihr die Schuld gab, daß das Familienkonto gleich schon wieder tief in die roten Zahlen geriet.

Dennoch blieb sie ein anspruchsloser, zufriedener Mensch und machte niemandem einen Vorwurf. Mit Fünfzig war sie das gleiche gutmütige und einfältige Mädchen, das nach Beendigung der Schulzeit von der unverwüstlichen Hoffnung erfüllt gewesen war, daß ein Leben der Abenteuer und Verheißungen vor ihr lag.

Ihre Einfachheit hatte verhindert, daß die tristen, ereignislosen Jahre, die nun folgten, sie unglücklich machten. Jedes winzige Ereignis außerhalb des Normalen war von Wichtigkeit, alles Unerwartete, egal wie klein und unbedeutend, eine Sensation für sie gewesen.

Nun, da sie auf dem Kai in Southampton stand, um ihre Nichte abzuholen, glühten ihre Wangen vor Aufregung. Die zarten Fäuste geballt und die Zähne in die Unterlippen gegraben, beobachtete sie die Passagiere, die über die schmale Gangway an Land kamen.

Fast gleichzeitig mit Doreens Wiedererkennen ihrer Tante wies der Steward, mit dem Miß Wickham sprach, auf Doreen.

»Da ist ja Miß Marston«, hörte Doreen, die gerade die Gangway verließ, den Mann sagen. Und Tante Edith stieß einen Freudenschrei aus und warf sich Doreen entgegen.

Sie küßte die Nichte auf beide Wangen, und Doreen fühlte sich erleichtert, daß der kritische Augenblick überstanden war.

»Wie lieb von dir, herzukommen und mich abzuholen«, sagte sie.

»Aber das ist doch selbstverständlich! Hast du mich denn nicht erwartet? Du weißt doch, daß ich dich immer abhole.«

»Ja, ja«, sagte Doreen hastig und wußte, daß sie einen Fehler gemacht hatte. »Aber gleichzeitig war ich nicht ganz sicher. Du weißt, wie es ist. Man kommt sich so verloren vor nach den vielen Jahren der Abwesenheit von England.«

»Du wirst nie vergessen sein. Aber seit dem letzten Mal hast du so vieles durchgemacht.« Edith Wickham räusperte sich leise. »Meine Liebe, wenn du wüßtest, wie viele Sorgen wir uns alle um dich gemacht haben und wie stolz wir gleichzeitig auf dich sind.«

»Entschuldigung«, sagte eine Männerstimme. »Sie sind Miß Marston, nicht wahr? Darf ich ein Foto von Ihnen machen?«

Doreen drehte sich um und sah einen Pressefotografen mit gezückter Kamera.

»Oh, ich weiß nicht«, murmelte sie und schaute ihre Tante an.

»Aber natürlich mußt du ihm erlauben, ein Bild von dir zu machen«, sagte Edith Wickham aufgeregt und beglückt zugleich. »Ich will hoffen, es wird besser als manche von denen, die bereits veröffentlicht wurden!«

Doreen ließ zu, daß der Reporter sie ein Stück von der Menge wegführte und sie vor einen Stapel Koffer stellte, die in den Packwagen des wartenden Zuges gebracht werden sollten.

Als das Foto gemacht war, stellte er ihr eine der üblichen zudringlichen Fragen.

»Haben Sie vor, wieder nach Afrika zurückzukehren, Miß Marston?«

»Es ist mir im Augenblick nicht möglich, das zu entscheiden«, entgegnete Doreen. »Noch habe ich das Gefühl, den Anblick der Verwüstung all dessen, was meine Eltern aufgebaut haben, nicht ertragen zu können. Aber das heißt nicht, daß sich meine Meinung niemals ändern wird.«

»Und Ihre unmittelbaren Pläne?«

»Ich werde bei meiner Großmutter in Brookavon wohnen«, erwiderte Doreen.

»Wo wir mit Ihnen in Verbindung treten können, sollte sich die Notwendigkeit dazu ergeben?« fragte der Reporter. »Besten Dank, Miß Marston. Ich werde Ihnen die Abzüge zusenden.«

»Ich danke Ihnen.«

Doreen wandte sich um und folgte ihrer Tante zu dem kleinen Wagen, in dem Edith Wickham gekommen war, um sie abzuholen.

Nachdem das Gepäck verstaut war, brachen sie auf nach Hause.

Die Fahrt dauerte ungefähr zwei Stunden, und zu Doreens Erleichterung führte Edith Wickham die ganze Zeit über das Wort.

»Wen werde ich im Haus antreffen?« fragte Doreen einmal.

»Nur uns«, erwiderte ihre Tante. »Mutter und mich, und natürlich Richard.« Und nach einer Pause: »Ja, er lebt jetzt für immer zu Hause. Er hat die Hoffnung auf einen Erfolg der Behandlungen in London aufgegeben. Ich fürchte, sein Leiden wird sich kaum noch bessern, und wir sind einfach nicht vermögend genug, um von einem Arzt zum anderen zu laufen. Es ist immer das gleiche: erst versprechen sie einem das Blaue vom Himmel, und nach einer gewissen Zeit werden sie immer kleinlauter. Keiner von ihnen sagt einmal offen und ehrlich, daß er mit seinem Latein am Ende ist.«

Richard? Doreen überlegte krampfhaft, welche Frage sie als nächste stellen konnte. War Richard damals vor neunzehn Jahren auch schon dagewesen? Wenn ja, konnte sie sich nicht an ihn erinnern.

Es hatte da einen Onkel gegeben, aber sie hatte ihn kaum einmal gesehen. Vielleicht war das Richard gewesen. Vielleicht aber auch ein anderer Verwandter.

Die redselige Edith Wickham half ihr im nächsten Augenblick auf die Sprünge.

»Es ist ein furchtbarer Gedanke«, sagte sie, »daß Richard und ich die einzigen sind, die von der Familie übrigblieben.«

»Ist er nicht dein ältester Bruder?« fragte Doreen auf gut Glück. »Ich weiß, ich müßte mich an ihn erinnern, aber es gelingt mir nicht.«

»Nein, nein, natürlich nicht«, sagte Edith. »Er ist der jüngste von uns. Ich bin die Älteste in der Familie. Dann kamen Martha und Mary, die für meinen Vater eine große Enttäuschung gewesen sein müssen, denn er hätte so gern einen Sohn gehabt. Aber bald darauf ging sein Wunsch in Erfüllung, denn nach den Zwillingen wurden Alfred und ein Jahr später Matthew geboren. Sie fielen beide im Krieg. Dann, fünf Jahre nach Matthew – Mutter hatte längst nicht mehr mit einem Baby gerechnet –, folgte Richard als Nachkömmling. Ich nehme an, das ist auch der Grund, weshalb sie so sehr an ihm hängt. Mama hat wohl nie ein Hehl daraus gemacht, daß er ihr Liebling ist.«

»Und was hat er für eine Krankheit?«

»Er war schon als Kind sehr schwächlich«, erwiderte Edith. »Und außerdem war ein Bein von Anfang an etwas kürzer als das andere. Zudem hat er von Geburt an eine leichte Rückgratverkrümmung. Er war immer in ärztlicher Behandlung, und mit der Zeit besserten sich die Dinge. Als der Krieg ausbrach, wollte er unbedingt Soldat werden. Er kam jedoch nicht an die Front nach Frankreich – bereits zwei Monate Salisbury Plain genügten, damit er nach Hause zurückkehrte, die Gelenke voller Arthritis.«

Edith holte Atem und sprach weiter.

»Zwei Jahre später bekam er dann noch Gelenkrheumatismus und wurde so schwach und hilflos, daß er oft halbe Tage im Bett verbrachte. Wir haben den alten Schulraum als Zimmer für ihn zurechtgemacht. Du weißt, er führt direkt in den Garten hinaus, so daß Richard in seinem Rollstuhl ohne Hilfe nach draußen und wieder ins Haus zurückkann.«

Wo ist denn dieser Schulraum noch mal? überlegte Doreen. Hoffentlich fand sie sich überhaupt noch im Haus zurecht, wenn sie da waren. Niemand von ihren Verwandten würde verstehen, wenn sie sich nach einer Abwesenheit von acht Jahren nicht mehr im Haus zurechtfand.

Dabei erinnerte sie sich nur noch sehr vage an alles. Eigentlich wußte sie nur noch, daß die Zimmer sehr groß und vollgestopft mit Möbeln waren. Ja, und einen Wintergarten gab es und darin einen bunten Papagei, der oft ein schreckliches Geschrei veranstaltete. Ob er noch lebte?

Ihr erster Eindruck, während sie die breite, kiesbestreute Auffahrt hinauffuhren, war ein wenig enttäuschend. Das Haus schien beträchtlich geschrumpft zu sein, seitdem sie es zum ersten Mal gesehen hatte.

Damals war es ihr riesig vorgekommen, nun stellte sie fest, daß es sich um ein festgefügtes Gebäude aus verwittertem grauen Stein mit eher bescheidenen Ausmaßen handelte. Aber es strömte genug Würde und Beachtlichkeit aus, um sich von den Häusern des kleinen Dorfes, das sie soeben passiert hatten, abzusetzen.

Das Manor von Brookavon, umgeben von Obstgärten, Wiesen und alten Fachwerkbauten, war gleichsam die Verkörperung eines unvergänglichen, dem Wandel der Zeiten nicht unterworfenen Englands.

Es war das England, an das Doreen sich erinnerte: eine unberührte Vorkriegswelt, in der das Feudalsystem noch lebendig war, wo die wilden Forderungen von sozialistischer Gleichheit und Uniformität noch unbekannt waren.

Noch unveränderter als der Anblick des Dorfes und des Herrenhauses war die Atmosphäre, die Doreen umfing, sobald sie die Eingangstür durchschritten und die wuchtige, eichengetäfelte Halle betreten hatte.

Es war der Geruch von Bienenwachs, von Tabakrauch und Kaminfeuer. Es war der Geruch vergangener Generationen, ein fremder Duft von Menschen, die hier gelebt hatten und hier gestorben waren.

Doreen vermochte den Eindruck nicht in die richtigen Worte zu fassen. Und es blieb ihr auch nicht die Zeit, es zu versuchen, denn Tante Edith forderte sie auf, den Mantel abzulegen und sich ein wenig frisch zu machen, bevor sie zur Großmutter gingen.

Doreen warf einen Blick in den Spiegel, während sie ihre Hände abtrocknete. Dann wandte sie sich zu Tante Edith um und sagte, daß sie bereit sei.

Der Augenblick der Feuerprobe war gekommen.

Wenn ihre Erinnerung an die Großmutter sie nicht täuschte, war diese eine ehrfurchtgebietende und strenge Persönlichkeit.

Was Doreen als Kind ganz besonders beeindruckt hatte, war Mrs. Wickhams Scharfsichtigkeit. Ihrem durchdringenden Blick schien nicht die kleinste Kleinigkeit zu entgehen.

Seitdem waren neunzehn Jahre vergangen, aber vielleicht hatte die alte Dame sich genausowenig verändert wie ihre älteste Tochter. Wenn das so war, bedeuteten die nächsten Minuten äußerste Gefahr.

Wieder einmal waren die dunklen Brillengläser ein Schutz für Doreen.

In den letzten Tagen an Bord war sie meist ohne Brille gewesen, aber beim Packen und Ankleiden an diesem Morgen hatte Doreen beschlossen, sie wieder zu tragen – wenigstens für die nächste Zeit.

Nun war sie froh über die getroffene Entscheidung.

»Deine Großmutter ist im Salon«, sagte Tante Edith und legte Decken und Handschuhe in die große Eichentruhe zurück, die in der Halle stand. »Geh schon vor, ich bringe nur rasch den Wagen in die Garage.«

»Oh, bitte, geh doch mit!« entfuhr es Doreen in panischer Angst.

»Aber warum?« fragte Edith Wickham überrascht. Dann bemerkte sie Doreens Blässe, kam auf sie zu und sagte beruhigend: »Natürlich gehe ich mit dir, wenn du es wünschst. Doch mach dir keine Sorgen. Mutter freut sich auf dein Kommen. Ich kann mir denken, daß dir etwas seltsam zumute ist, weil du allein zu uns kommst. Beim letztenmal waren deine Eltern noch dabei. Arme Anne, nimm es dir nicht so zu Herzen. Glaub mir, wir werden alles tun, dir zu helfen, mit dem Schwierigen fertigzuwerden.«

Sie nahm Doreens Hand und öffnete die Tür, die aus der Halle hinausführte.

Einen Moment lang schloß Doreen die Augen vor dem Sonnenlicht, das durch die hohen Fenster in den Raum strömte.

Sie hatte einen verschwommenen Eindruck von glänzendem Chintz, großen Vitrinen voller Chinaporzellan, Tischen mit Figuren, Vasen und Blumengebinden darauf. Blitzartig kehrte die Erinnerung zurück. Es war der Raum, den sie genau kannte: schrecklich überladen und gleichzeitig so anheimelnd und vertraut, daß man das Gefühl hatte, ein ganzes Leben darin verbracht zu haben.

Die Großmutter saß hinter einem Schreibtisch beim Fenster.

Wie klein sie ist, war Doreens erster Gedanke. Die Großmutter schien in den vergangenen Jahren in die Erde gewachsen zu sein.

Doch als Mrs. Wickham sich erhob und ihr zur Begrüßung die Hände entgegenstreckte, sah Doreen in ein edles, beinahe schönes Gesicht mit leuchtend hellen, durchdringenden Augen, die sie forschend anblickten. Eine Fülle weißen Haares, das auffallend ordentlich frisiert war, umgab dieses Gesicht.

»Wie geht es dir, Anne?« fragte die Großmutter. »Es ist schön, dich wiederzusehen.«

Sie nahm Doreens kalte Hände in die ihren und hielt ihr die Wange hin.

Doreen küßte sie und verspürte dabei eine unerwartete, nicht zu unterdrückende Scheu. Mit leiser Stimme, die sie kaum als die ihre erkannte, erwiderte sie, daß es ihr gut gehe.

»Ich hab sie in Southampton in Empfang genommen«, sagte Edith, als hätte sie eine Heldentat vollbracht.

»Das nahm ich an«, bemerkte Mrs. Wickham unbeeindruckt. »Hast du den Wagen eingestellt?«

»Nein, das werde ich jetzt machen«, antwortete ihre Tochter verlegen.

»Dann warte nicht länger damit«, sagte Mrs. Wickham. »Der Tee muß jeden Augenblick kommen. Ich habe Barton angewiesen, ihn sofort nach Annes Ankunft zu bringen.«

»Ich gehe dann rasch.« Edith eilte aus dem Zimmer.

»Komm, setz dich!« forderte Mrs. Wickham ihre Enkeltochter auf und ging zu einem Sofa.

Doreen folgte ihr, außerstande, gegen das Gefühl der Furcht anzukommen, das sie beschlich. Es war ungewöhnlich, wie angsteinflößend ihre Großmutter war.

Der erste Eindruck von Winzigkeit war verschwunden. Nun kam sie Doreen gewaltig vor. Eine Atmosphäre von Würde und Majestät ging von ihr aus.

»Erzähl mir von dir!« befahl die alte Dame. »Hattest du eine angenehme Reise?«

»Ja«, antwortete Doreen.

»War jemand an Bord, den du kanntest? Und hattest du die Möglichkeit, den einen oder anderen Anschluß zu finden?«

»Ja, ich konnte – einige Bekanntschaften schließen«, stammelte Doreen. Mehr brachte sie nicht heraus.

»Hattest du eigentlich genug Geld?« fragte Mrs. Wickham mit scharfer Stimme.

»Ja, danke. Das Ehepaar Fisher in Kairo gab mir etwas Geld zum Kauf von Kleidern. Sie besorgten mir auch die Fahrkarte. Soviel ich verstanden habe, handelt es sich um Geld, das sie meinem – Vater schuldeten.«

»Da fällt mir ein Stein vom Herzen«, sagte Mrs. Wickham. »Ich wußte nicht recht, was ich tun sollte. Das Telegramm, das der Arzt aus Khartum sandte, erwähnte die Geldfrage nicht. Doch ich sagte mir, du würdest soviel Verstand besitzen und es mich wissen lassen, falls du in Schwierigkeiten wärst.«

»Natürlich«, erwiderte Doreen. »Das hätte ich bestimmt gemacht.«

Die Tür wurde geöffnet, und Doreen war dankbar für die Unterbrechung.

Ein alter, schon ziemlich gebrechlicher Butler brachte den Tee.

»Ich glaube, ich habe gehört, daß Miß Anne da ist, Madam«, sagte er zu Mrs. Wickham.

»Das ist richtig, Barton, sie ist da. Hat Miß Edith denn nicht geläutet? Wirklich, sie wird mit jedem Tag vergeßlicher.«

»Nein, es hat mir niemand Bescheid gegeben«, brummelte der alte Mann. »Aber ich hörte das Knattern des Motors und sah vom Fenster der Vorratskammer aus den Wagen.«

Dann wandte er sich zu Doreen um und sagte: »Ich freue mich, Sie zu sehen, Miß Anne. Sie sind lange nicht hier gewesen.«

»Danke«, entgegnete Doreen. »Ich bin sehr froh, wieder zu Hause zu sein.«

XIII

Alice Wickham galt bei allen, die sie kannten und mit ihr in Berührung kamen, als ein »Charakter«.

Tatsächlich hatte sie Charakter und Persönlichkeit schon als Kind besessen. Doch in der Kindheit hatte man dieser Eigenschaft eine andere Bezeichnung gegeben. Man nannte sie altklug und frühreif, und in der Jugend und der Zeit danach arrogant und herrschsüchtig.

Erst nachdem ihr Haar silbern geworden war und ihr Leben sich mit großen Schritten dem Ende näherte, sprach man von Würde und Autorität, die sie um sich verbreitete.

Geboren in den Tagen, da man eine große Familie noch als selbstverständliche und unabdingbare Konsequenz ehelicher Verbindungen ansah, hatte Alice die Erfahrung gewonnen, daß man sich durchsetzen mußte, wollte man in einer großen Schar älterer Brüder und Schwestern Beachtung finden.

Sie hätte besser einen Jungen abgegeben als ein Mädchen, denn sie besaß eine männliche Lebensauffassung und eine hartnäckige Entschlossenheit in der Durchsetzung ihrer eigenen Pläne und Wünsche.

Dies war in den Tagen, da man Ängstlichkeit, Hilflosigkeit und Schutzbedürfnis für die Kennzeichen wahrer Weiblichkeit hielt, natürlich etwas, das von der Umgebung nicht gerade mit Wohlwollen zur Kenntnis genommen wurde.

Alices Eltern widmeten ihren Kindern kaum individuelle Aufmerksamkeit und Sorgfalt.

Sie waren gut gestellt, verbrachten einen großen Teil ihrer Zeit mit Reisen, gaben Gesellschaften und besuchten Theater und Konzerte. Um die Kinder kümmerte sich ein Stab von Schwestern und Erzieherinnen, und die Jungen wurden kurzerhand aufs College geschickt, als sie für das Schulzimmer zu groß und aufsässig wurden.

Unter denen, die zu Hause blieben, gewann Alice sehr bald eine Vorrangstellung. Sie wurde die Anführerin oder – wie die schikanierten Erzieherinnen es nannten – die »Rädelsführerin bei jedem dummen Streich«.

In Wirklichkeit reichte Alices Führerschaft jedoch viel tiefer. Nicht nur beim Spiel gab sie den Ton an.

Mit zwölf beherrschte sie das Unterrichtszimmer. Kurze Zeit später machte sie die Feststellung, daß sie mit Intelligenz und Diplomatie auch einen großen Einfluß auf ihre Eltern auszuüben vermochte.

Kein Wunder, daß Alice als Debütantin eine Fehlanzeige war. Sie war außerordentlich hübsch und sehr klein. Die Männer nannten sie eine »Venus im Taschenformat« und hatten das Bedürfnis, dieses elfenhafte kleine Wesen vor der rauhen Wirklichkeit zu beschützen.

Sie wurden rasch eines Besseren belehrt.

Alice sprach mit ihnen nicht nur wie mit Gleichgestellten, sondern oft genug wie mit geistig tiefer Stehenden.

Dies sah das starke Geschlecht natürlich höchst ungern. Dem viktorianischen Männlichkeitsideal entsprach der Glaube an die absolute Vormachtstellung und Überlegenheit des Mannes gegenüber der Frau.

Doch trotz einer gewissen Unbeliebtheit bei bestimmten Leuten gelang es Alice wie allen starken Charakteren, bald einen eigenen Anhang um sich zu scharen.

Intelligente Männer, die sich in Gesellschaft einfältiger Frauen langweilten, fanden Alice hinreißend, und die wenigen Berühmtheiten, die die Familie unter ihren Bekannten hatten, waren ausnahmslos Alices Freunde.

Unter diesen verwandten Geistern waren einige außergewöhnlich gute Partien, Männer, die Alice mit Leichtigkeit hätte heiraten können, wäre dies ihre Absicht gewesen. Doch da sie ihrer Zeit um wenigstens zwei Generationen voraus war, beanspruchte sie für sich das Recht, sich den Ehemann selbst auszusuchen. Und das konnte nur jemand sein, den sie liebte.

Nach ein paar schwachen, völlig vergeblichen Versuchen gab Alices Mutter es auf, ihrer Tochter die Bedeutung der Konvention klarzumachen.

Sie überließ das Mädchen seinem Schicksal, während der Vater, beschäftigt mit seinen Hobbys und Liebhabereien, ihr bei Gelegenheit zwar schon einmal die Meinung sagte, doch es im Grunde nicht so ernst meinte. Er war viel zu phlegmatisch, um sich unnötigen Ärger zu bereiten, und solange Alice keinen öffentlichen Skandal hervorrief, war es ihm gleichgültig, wie sich seine Tochter ihr Leben einrichtete.

Schließlich verliebte sich Alice zum Erstaunen aller in George Wickham.

Er war nicht besonders vornehm und konnte auch keinem der Männer, die Alice den Hof machten und von ihr abgewiesen wurden, geistig das Wasser reichen.

Alices Wahl war für die meisten, die davon erfuhren, nur schwer zu begreifen. Noch unfaßbarer aber war die Tatsache, daß es sie regelrecht erwischt hatte. Sie war zum ersten Mal in ihrem Leben bereit, zuzugeben, daß sie ihren Meister gefunden hatte.

Tatsächlich war George Wickham ein etwas aufsässiger, leicht anmaßender junger Mann, der jedoch ungewöhnlich gut aussah und sehr charmant sein konnte. Hinzu kam, daß er unvorstellbar verwöhnt war, da er keine Geschwister hatte.

Er war nicht im mindesten von Alice beeindruckt, doch er bewunderte sie wegen ihres Aussehens und ihres schnellen Verstandes.

Vielleicht streckte Alice bei ihm nur deshalb die Waffen und lief mit fliegenden Fahnen zu ihm über, weil ihm jeglicher Anflug von Ehrfurcht und Respekt fehlte, den sie sonst bei allen ihren Bekannten feststellen konnte.

Alices Liebe zu George hielt ein ganzes Leben. Sie liebte ihn mit einer Hingabe und Ausschließlichkeit, die niemals ins Wanken gerieten.

Sie fand ihn auf seine Weise vollkommen, und während die anderen unter ihrer Persönlichkeit litten, die mit den Jahren immer ausgeprägter wurde, war sie George gegenüber eine sanfte, hingebungsvolle Gattin, die zu allem, was er tat und vorschlug, ja und amen sagte.

Ihre Kinder erzog sie mit Festigkeit und Strenge und unterwarf sie vollkommen ihren Wünschen. Sie machte kein Geheimnis daraus, daß sie die Mädchen langweilig fand und ihnen die Jungen vorzog.

Als ihre beiden ältesten Söhne im Krieg fielen, starb ein großer Teil ihrer Freude am Leben mit ihnen. Und obwohl sie nach außen hin immer die Gleiche blieb, erholte sie sich innerlich nie wieder ganz von diesem Schicksalsschlag.

Sie hatte so große Pläne für ihre Söhne gehabt, vor allem nach Georges tödlichem Jagdunfall im Winter des Jahres 1913.

Sein Tod in der Blüte des Lebens war ein Schock für alle gewesen, für seine Frau jedoch war es eine unvorstellbare Tragödie.

Ihre Familie, ihre Kinder und ihre Freunde rechneten damit, daß Alice unter dem unerwarteten Verlust des geliebten Mannes zusammenbrechen, daß unter ihrem stolzen, autoritären Äußeren nun einmal die andere, sanfte Seite ihres Wesens sichtbar werden würde.

Doch zu aller Enttäuschung verlor sie keine Sekunde lang die Kontrolle über sich. Ihr eiserner Wille bewahrte sie vor dem seelischen Zusammenbruch.

Eine Woche schloß sie sich auf ihrem Zimmer ein und weigerte sich, irgend jemanden zu sich zu lassen. Dann kam sie nach unten, bleich, doch gefaßt, um die Zügel des Haushalts wieder in die Hände zu nehmen. Fest und entschieden leitete sie die Geschicke der Familie, wie sie es in all den Jahren ihres Ehelebens getan hatte.

George war gegangen, doch der Thron, von dem aus sie ihre Macht ausgeübt hatte, war geblieben.

Der Verlust ihrer Söhne einige Jahre später war ein noch schlimmerer Schlag für sie als der Tod des geliebten Gatten. Nicht weil sie ihre Söhne mehr geliebt hätte – niemand konnte jemals den Platz in ihrem Herzen einnehmen, der allein George gehörte

–, sondern weil sie auf ihre Söhne stärker angewiesen war, sie mehr brauchte.

Sie brauchte deren Jugend, ihre Stärke und Zuneigung. Nur so glaubte sie die Jahre durchzustehen, die vor ihr lagen. Jahre des nahenden Alters, das ihre Kräfte aufzehren und ihr Königreich verkleinern und schrumpfen lassen würde.

Sie hing an ihren beiden älteren Söhnen und war ungeheuer stolz auf sie. Richard dagegen liebte sie mit einem schwachen Abglanz jener Liebe, die sie ihrem Ehemann geschenkt hatte.

Die Mädchen tolerierte sie lediglich, fand sie meist fade, unreif und ohne jegliches persönliche Format. Tief in ihrem Inneren verachtete sie die drei wegen der fast sklavischen Bewunderung, die sie ihr entgegenbrachten.

Sie selbst hatte in ihrer Jugend niemanden bewundert. Sie war ihren Weg gegangen, ohne Rücksicht auf Autorität, Konvention und Vorurteile.

Alice Wickhams Einmaligkeit hatte durch ihre Heirat mit Sicherheit keinen Schaden genommen. Auch in der Ehe versammelte sie weiter interessante Leute um sich – nicht immer einfach, da sie auf dem Land wohnten.

Auch hier entging sie nicht der Kritik der Menschen, denn sie akzeptierte keine langweiligen Leute um sich und vermochte nicht, sich den gesellschaftlichen Vorstellungen zu unterwerfen, die man nun einmal von der Herrin von Brookavon Manor besaß.

Gäste aus London kamen und gingen, und lange bevor die Wochenendpartys in Mode kamen, hatten die Wickhams von freitags bis dienstags das Haus voller Gäste.

Nicht damit zufrieden, sich in vielen Dingen völlig unüblich zu verhalten, fuhr Alice Wickham fort, klar und entschieden ihre Meinung zu sagen, ohne Ansehen der Person und ohne Rücksicht auf die Folgen.

Sie machte sich immer wieder neue Feinde. Doch während diese heftig gegen sie wüteten, vergaß Alice umgehend, daß es diese Leute überhaupt gab.

Sie besaß eben zu viele Bewunderer und gewann ständig neue hinzu. Oft genug war ihr das lästig, und um sie loszuwerden, stieß sie besonders hartnäckige Verehrer brüsk vor den Kopf, erzielte damit jedoch seltsamerweise oft genug die gegenteilige Wirkung.

»Diese Leute sind hart im Nehmen«, sagte sie einmal zu ihrem Mann und zeigte ihm die Briefe zweier Damen, die vor Unterwürfigkeit nur so strotzten, obwohl Alice die Schreiberinnen äußerst rüde behandelt hatte.

George hatte nur gelacht und gesagt:

»Ich habe immer geglaubt, Dummheit wäre dir ein Greuel!«

»Du bist wirklich nicht sehr hilfreich«, hatte Alice erwidert.

»Du hast mich noch nie um Hilfe gebeten.«

Er hatte recht, wie sie zugeben mußte. Ihre Zunge war ihre schärfste und wirkungsvollste Waffe. Brauchbarer zur Verteidigung als der starke Arm eines Mannes.

Nicht nötig, daß sich George zu ihrem Beschützer aufschwang. Eine Erkenntnis, die ihn vielleicht etwas wehmütig stimmte, weil sie ihn eigentlich noch nie darum gebeten hatte.

Ihr leidenschaftliches Bestreben, stets das zu tun, was ihr in den Sinn kam, ohne Rücksicht auf die Gefühle und das Denken anderer, blieb nicht immer ohne unangenehme Folgen. Und mehr als einmal fand sie sich in einer Situation wieder, die sowohl peinlich als auch kompromittierend war.

Alice war einmal höchst entsetzt gewesen, als sie allein die Wohnung eines bekannten Schriftstellers aufsuchte und sich den Weg hinaus buchstäblich erkämpfen mußte.

Aber Vorfälle dieser Art verschwieg sie George. Alice war der Meinung, daß es keinen Sinn hatte, ihn damit zu beunruhigen, zumal zweifellos feststand, daß sie durchaus imstande war, für sich selbst zu sorgen.

Vielleicht war es ein Glück, daß sie so selbständig und unabhängig war, denn außer dem Verlust ihres Mannes und der beiden Söhne hatte der Tod mit den Jahren auch unter ihren Freunden seinen Tribut gefordert.

Viele von ihnen waren älter als Alice, und an ihrem siebzigsten Geburtstag sagte sie voller Bitterkeit zu ihrer Familie, daß die Todesanzeigen in der Times ihre einzige Gesellschaftslektüre geworden seien.

Und doch: das Altwerden vermochte Alice Wickham nicht zu zwingen, ihre Vorrangstellung aufzugeben.

Die alten Nachbarn in der Grafschaft fürchteten sich in gewisser Weise immer noch vor ihr. Ihr Ruf als geistreiche und scharfzüngige Frau hatte keineswegs gelitten. Und wenn es etwas gibt, was der Durchschnittsbrite – gleichgültig ob Mann oder Frau – nicht mag, dann ist es die Tatsache, daß sich jemand mit einer scharfen Zunge und einem noch schärferen Verstand über ihn lustig macht.

Auch mit fünfundsiebzig war Alice Wickham noch eine Persönlichkeit, die man schwerlich übersehen konnte. Und es gab nur wenige Menschen, die das gewagt hätten.

Einige der jüngeren Leute versuchten von Zeit zu Zeit, sich als Gönner der alten Dame aufzuspielen. Sie hielten das Herrenhaus für einen sehr geeigneten und angenehmen Treffpunkt. Sie glaubten, wenn sie der Besitzerin ein paar Komplimente machten und ein gewisses Interesse an ihren Erzählungen zeigten, genüge das, um sich alles Mögliche bei ihr herausnehmen zu können.

Sie wurden rasch eines Besseren belehrt.

Sie sahen sich entweder unverzüglich an die Luft gesetzt und des Hauses verwiesen, in welchem Fall sie zweifellos die Verlierer waren, oder aber sie blieben und wurden Mrs. Wickhams glühendste Verehrer.

Edith war die Sklavin ihrer Mutter, eine Stellung, die sie freudig akzeptierte.

Und Richard war froh, zu Hause sein zu können angesichts der Tatsache, daß ihm ein anderes Leben nicht möglich war. Es erfüllte ihn sogar eine Art Dankbarkeit dafür, daß die mannigfaltigen Interessen seiner Mutter die Eintönigkeit und Langeweile seines Daseins ein wenig erträglicher machten.

Richard gegenüber zeigte sich Mrs. Wickham immer von ihrer liebenswürdigsten und sanftesten Seite. Es war in der Tat erstaunlich, wie zärtlich sie zu ihm sein konnte, während sie den anderen das – wie die Diener es nannten – »scharfe Ende ihrer Zunge« zu spüren gab.

Gefühlsduseleien in jeder Form waren ihrer Natur ein Schrecken. Doch in Richard vermochte sie sich hineinzuversetzen. Sie schien zu wissen, wie sehr er sich nach einer Männlichkeit sehnte, die er nie besitzen konnte. Und sie versuchte, alles in ihrer Macht Stehende zu tun, um ihn aus seinem Brüten und Grübeln herauszuholen.

Wie alle ihre Kinder brauchte Richard Schutz und Hilfe. Er war innerlich nicht unabhängig genug, um das Leben geistig, intellektuell zu genießen. Er brauchte menschliche Nähe und den körperlichen Kontakt mit anderen.

Im Gegensatz zu anderen Frauen hatte Alice nicht den Wunsch, ihre Kinder verheiratet zu sehen. Nur um Ediths willen tat es ihr leid, daß diese keinen Mann gefunden hatte.

Gleichzeitig dachte Alice Wickham natürlich oft daran, wie vorteilhaft es war, daß die älteste Tochter bei ihr lebte und daß sie die unangenehmen Dinge des Alltags auf sie abwälzen konnte.

Die Zwillinge hatten sich ihre Ehepartner ohne Hilfe der Mutter gesucht. Alice hatte Marys Ehe mißbilligt – einfach weil sie bereits bei der ersten Begegnung mit Henry Wallis erkannt hatte, daß er ein Dummkopf war mit einem schwachen, minderwertigen Charakter. Sie hätte ihren Töchtern einen besseren Geschmack und mehr Vernunft bei der Wahl ihrer Ehegatten gewünscht. Und während George Wickham die Heirat aus finanziellen Gründen ablehnte, war sie dagegen, weil sie wußte, daß Mary schon bald enttäuscht und unglücklich sein würde.

Marthas Wahl war von Anfang an akzeptiert worden, da ihr Vater nie besonders an ihr gehangen hatte und zufrieden war, sie aus dem Haus zu haben.

Ein Vollblutmann wie er, der jeden Augenblick seines Lebens genoß, mußte es ärgerlich finden, ein Kind um sich zu haben, das ganz offensichtlich jede seiner Handlungen mißbilligte.

George Wickham spendete regelmäßig für die örtliche Kirchengemeinde, und er besuchte jeden Sonntagmorgen den Gottesdienst, begleitet von allen Kindern, die zu Hause waren. Er hielt sich für einen Gentleman, einen guten Jäger und einen anständigen Kerl. Marthas Verhalten machte ihn nervös und reizte ihn zugleich bis aufs Blut.

Ständig lag sie ihm in den Ohren, daß er ein Weintrinker, ein Fleischesser und ein Mensch sei, der sinnlos Tiere tötete.

Martha verkündete, daß Fuchsjagden Tierquälerei seien, und Fasanenjagd gleichzusetzen sei mit kaltblütigem Mord.

Marthas Rebellion gegen die etablierte Ordnung verursachte fast einen Aufstand im Haus.

»Es sind nur Flausen. Sie wird sie bald ablegen«, sagte Alice besänftigend zu ihrem Ehemann, als er ihr ziemlich humorlos davon berichtete, wie sie ihn zu bekehren versuchte, nachdem sie in sein Arbeitszimmer eingedrungen war.

Aber Martha legte die »Flausen« nicht ab.

Im Gegenteil: je älter sie wurde, um so fanatischer wurde sie. Den größten Teil ihrer Freizeit verbrachte sie in der Kirche und machte sich – wie ihr Vater es ausdrückte – mit ihrer Schwärmerei für den Vikar regelrecht zur Närrin.

David Marstons Heiratsantrag und sein Entschluß, zusammen mit Martha als Helferin in die Mission zu gehen, wurden deshalb von George Wickham mit Begeisterung aufgenommen.

Er gab seiner Tochter nur zu gern seinen Segen und ein viel zu großzügiges Hochzeitsgeschenk, das er ihr unter normalen Umständen nicht gegeben hätte.

Aber er war glücklich, sie aus dem Haus zu haben, und er machte kein Hehl daraus.

Alice fragte sich oft, ob es ihr etwas ausgemacht hätte, wenn ihre Söhne in den Stand der Ehe getreten wären.

Sie bezweifelte es. Obwohl: ihre Schwiegertöchter hätten sich als Störfaktoren herausstellen können, als Frauen, die ihr nicht lagen und zu denen sie dennoch freundlich hätte sein müssen.

Doch das Nachdenken darüber war müßig. Alfred und Matthew waren tot, und der arme Richard, der sich nach der Nähe einer hübschen jungen Frau sehnte, würde niemals heiraten können.

Alice beobachtete ihn oft, wenn er den jungen Leuten zuschaute, die auf dem Tennisplatz spielten oder sich im Schwimmbecken tummelten, das sie kürzlich hatte bauen lassen. Sie verstand seine Wünsche, die nie in Erfüllung gehen würden, und sie verstand das Gefühl des Neids, das sich beim Anblick der jungen, gesunden Körper in ihm regte.

Die beiden Enkelkinder, die Martha und Mary zur Welt brachten, hatten Mrs. Wickham nie sonderlich interessiert.

Sie hatte ihre eigenen Schwangerschaften genommen, wie sie kamen, hatte sich gewissermaßen an alles gehalten, was im Zusammenhang damit zu beachten, doch nie von großer Bedeutung für sie gewesen war. Es war, als hätte es diese Zeiten nie gegeben. Sie hatte den Wunsch nach Enkeln nie verspürt, und die schwärmerische Bewunderung älterer Frauen für ihre Kindeskinder war ihr stets unverständlich geblieben.

Martha schrieb regelmäßig und gewissenhaft, wie es nicht anders von ihr zu erwarten war. Ihre wöchentliche Post erreichte Mrs. Wickham immer am Montagmorgen zum Tee. Pünktlich und ohne Verzögerung. Martha brachte darin alles detailliert zu Papier, was sie und ihr Mann in der vergangenen Zeit gemacht hatten.

Um die Wahrheit zu sagen, Alice Wickham hatten die endlosen, enganeinander gefügten Zeilen oft schrecklich gelangweilt. Martha war schon immer sehr weitschweifig gewesen, und sie besaß die vertrackte Gabe, alles, womit sie in Berührung kam, fade und uninteressant erscheinen zu lassen.

Mrs. Wickham hatte Anne im ganzen zweimal gesehen. Das erste Mal weilte sie im Sommer zusammen mit Doreen Wallis, der anderen Enkeltochter, für drei Monate auf Brookavon Manor.

Zurückblickend erinnerte sich Alice nur schwach an ihre älteste Enkelin. Anne schien eine ruhige, beherrschte junge Frau zu sein und erinnerte in mancher Weise an Martha, als sie jung gewesen war. Sie wirkte jedoch noch lahmer und unselbständiger als ihre Mutter.

Alice Wickham war nicht besonders begeistert bei dem Gedanken, das Mädchen nun, da es ohne Eltern dastand, bei sich aufnehmen zu müssen. Aber es war ihre Pflicht, und alle anderen Rücksichten spielten da zunächst keine Rolle.

»Du solltest imstande sein, eine Beschäftigung für sie zu finden, bei den vielen Ehrenämtern, die du hast, Edith«, sagte sie zu ihrer Ältesten.

»Natürlich, Mutter«, antwortete Edith enthusiastisch. »Wenn jemand mit Eingeborenen umgehen kann, sollte er auch mit anderen Aufgaben fertigwerden.«

»Hoffen wir nur, sie hat nicht den Drang, alles anders und besser zu machen«, sagte Alice Wickham mit einem Seufzer.

»Das Zusammenleben mit religiösen Neuerern ist nicht sehr angenehm.«

»Ich sehe keinen Grund, weshalb sie versuchen sollte, uns zu bekehren«, erwiderte Edith ernst und hob die Braue bei diesem Gedanken.

»Bist du ganz sicher, daß du eine Bekehrung nicht nötig hast?« fragte Mrs. Wickham.

Edith wurde rot.

»Wirklich, Mutter, was für eine Idee!« sagte sie. »Du spielst bestimmt darauf an ...«

»Ich spiele auf gar nichts an«, fiel Mrs. Wickham ihr ins Wort. »Ich habe lediglich die Bemerkung gemacht, daß es nicht einfach ist, mit frommen Leuten zusammenzuleben. Und das heißt, ich hoffe, meine Enkelin ist keine zu fanatische Missionarin.«

»Hoffentlich nicht«, sagte Edith ruhig, sah jedoch Annes Ankunft mit Spannung entgegen.

»Deine Besorgnis war überflüssig, Mutter«, erklärte sie am Abend des Tages, an dem sie Doreen von Southampton abgeholt hatte, und nachdem die neue Hausbewohnerin sich zurückgezogen hatte. »Sie scheint ein nettes Mädchen zu sein, ganz normal. Ich bin sicher, sie wird nicht versuchen, unsere Seelen zu retten oder etwas dergleichen. Nach deinen Worten kürzlich war ich ein wenig beunruhigt.«

Mrs. Wickham saß an ihrem Ankleidetisch und blickte zu ihrer Tochter auf.

»Dein großer Vorteil ist, daß du die Dinge immer nach ihrem Äußeren beurteilst, Edith, Liebes«, gab sie zu bedenken. »Es macht das Leben recht leicht für dich. Du solltest deinem Schöpfer dankbar dafür sein.«

»Ich glaube, ich habe nicht die leiseste Vorstellung, wovon du sprichst, Mutter«, gestand Edith, während sie sich zum Gutenachtkuß niederbeugte.

XIV

»Es ist sehr friedvoll hier«, sagte Doreen über den großen Tisch des Blumenzimmers hinweg zu Edith, während sie Rosen und Spanische Wicken in die großen Chinavasen steckten, die für den Wohnraum gedacht waren.

»Ist das wirklich dein Eindruck?« fragte Edith überrascht. »Mir kommt es so vor, als wäre bei uns immer etwas los. Besorgungen und Arbeiten sind zu erledigen, das Telefon klingelt, und dieser und jener taucht auf, wenn man ihn am wenigsten gebrauchen kann. Ich sage immer zu Mutter, daß ich kaum einmal Zeit für Dinge habe, die ich wirklich tun möchte.«

»Und was sind das für Dinge?« wollte Doreen wissen, die es amüsierte, daß Edith das Haus für eine Art Bienenkorb zu halten schien.

»Well, ich würde so gern malen«, erwiderte Edith. »Ich arbeite gern mit Wasserfarben, mache gern Bleistiftzeichnungen oder kleine Stilleben in Öl. Mutter hält natürlich nicht viel davon. Schon in unserer Kindheit hat sie uns nicht dazu ermuntert, ›Wohnzimmertalente‹ zu werden, wie sie es zu nennen pflegt. Aber weißt du, Anne, es macht mir einfach Freude, irgendwo mit dem Malkasten und der Staffelei zu sitzen und zu malen – aber leider habe ich niemals Zeit dazu.« Sie seufzte hörbar.

»Ich glaube, alles was du im Dorf tust, ist hervorragend«, sagte Doreen.

»Du machst mir Komplimente«, antwortete ihre Tante. »Aber schließlich hast du doch viel mehr getan. Wie viele gute Werke für die armen Heiden. Obwohl ich – unter uns gesagt – der Meinung bin, daß die Schwarzen nicht mehr Anspruch auf unsere Nächstenliebe haben als die Menschen unserer Rasse und Hautfarbe auch.«

Doreen – anstatt so etwas wie ein schlechtes Gewissen wegen ihrer Heuchelei zu haben – lachte laut auf.

»Du bist erfreulich offen!« rief sie.

Edith errötete vor Erleichterung.

»Ich fürchtete schon, du wärst schockiert. Solche Ansichten kannst du doch nicht gutheißen, oder?«

»Ich habe in der Vergangenheit oft das Gefühl gehabt, den unangenehmen Eindruck eines Tugendboldes zu machen«, erwiderte Doreen.

Er war nicht gefährlich, mit Edith Wickham in dieser Art und Weise zu reden. Obgleich ihre Tante bereits fünfzig war, hatte Doreen immer den Eindruck, sich mit einer jungen Frau zu unterhalten, ja mit einer, die jünger war als sie.

Sie kam zu dem Schluß, daß Edith nicht nur wegen ihres beschützten Daseins so jung und mädchenhaft wirkte, sondern weil sie ein grundehrlicher Charakter war.

»O nein, etwas Derartiges habe ich nie gedacht«, sagte Edith nun. »Tugendbold ist ein so entsetzliches Wort, nicht wahr? Doch ich muß zugeben, daß deine Mutter mir oft ein schlechtes Gewissen beibrachte, und du selbst bist mir bei deinem letzten Besuch auch irgendwie anders vorgekommen – strenger, würde ich sagen, nicht so verständnisvoll und ...« Edith suchte nach dem richtigen Wort.

»Nicht so menschlich – vielleicht?« schlug Doreen vor.

»Genau das!« sagte Edith. »Ich habe immer gedacht, daß Martha und ihr Mann ein bißchen inhuman wären. Du bist doch hoffentlich nicht gekränkt, wenn ich das sage?«

»Nein, weshalb sollte ich?« antwortete Doreen. »Du müßtest mich inzwischen doch gut genug kennen, um zu wissen, daß ich nie über ein Wort von dir gekränkt sein könnte.«

»Ich bin so froh, dich hier zu haben«, rief Edith Wickham freudig.

»Wirklich?« fragte Doreen. »Wenn das die Wahrheit ist, hat mir noch nie ein Mensch etwas so Liebes gesagt.«

»Du weißt, daß es wahr ist«, versicherte Edith ernst. »Und was noch wichtiger ist, ich glaube, auch Mutter freut sich über dein Hiersein.«

»Da würde ich nicht so sicher sein«, erwiderte Doreen.

»Oh, ich kenne sie genau«, fuhr Edith fort. »Sie mag dich tatsächlich. Seit langer Zeit ist sie zu niemandem mehr so nett gewesen wie zu dir. Mit Ausnahme von Richard – aber das ist etwas anderes.«

»Das hört sich ja fast so an, als wäre sie ein richtiger Drache«, sagte Doreen.

»Aber nein, du weißt, daß ich das nicht gemeint habe«, verteidigte sich Edith und wirkte wegen des Vorwurfs ganz bedrückt. »Aber ich gebe zu, Mutter kann manchmal recht schwierig sein. Zu Leuten, die ihr nicht liegen, kann sie sogar ziemlich ekelhaft werden.«

»Das glaube ich nicht!« rief Doreen scherzend.

»Oh, aber es ist so«, entgegnete Edith, die Doreens Bemerkung völlig ernst aufgefaßt hatte. Sie senkte die

Stimme und blickte sich hastig um. »Wenn sie nicht meine Mutter wäre, würde ich sagen, sie kann einem manchmal ganz schön die Hölle heiß machen. Aber eins muß man ihr hoch anrechnen. Was sie von den Leuten denkt, sagt sie nicht nur hinter deren Rücken, sondern auch wenn sie dabei sind. Sie bringt sie damit natürlich in Verlegenheit. Ich war oft Zeuge einer solchen Situation und wäre vor Scham am liebsten im Boden versunken.«

»Ich nehme an, diese Leute haben ein solches Verhalten verdient«, sagte Doreen ernst.

»Du hast gut reden, denn solange du zu Mutters Lieblingen gehörst, kannst du nicht wissen, wie sehr sie einem zusetzen kann!«

»Mit anderen Worten: abwarten und Tee trinken?« Doreen lachte.

»O meine Liebe, ich hoffe, sie ändert ihre Meinung über dich niemals«, erwiderte Edith. »Weißt du, wenn ihr nämlich wirklich einmal etwas auf die Nerven geht oder ihren Unwillen erweckt hat, dann haben wir es auszubaden. Deshalb versuchen wir stets, alles Unangenehme von ihr fernzuhalten. Nicht um Mutters willen, sondern um der Leute willen, die sie auf dem Kieker hat. Sie kann furchtbar sein in ihrer Ablehnung.«

Edith machte eine Pause, dann fuhr sie eifrig fort: »Einmal war sie nicht gut auf den hiesigen Pfarrer zu sprechen. Ich glaube, es war zum Teil sogar seine Schuld. Er war ein sehr einfältiger Mensch und dazu ziemlich selbstgefällig und überheblich. Es war unmöglich, mit ihm zurechtzukommen, und wir waren glücklich, als der Bischof seine Versetzung anordnete.«

»Und wie habt ihr das fertigebracht?«

»Wir selbst haben eigentlich gar nicht viel dazu beigetragen«, erklärte Edith. »Aber einige von Mutters Freunden kannten den Bischof. Ich nehme an, sie haben ihm gegenüber die Zustände in der Gemeinde offen erwähnt, und der wird dann gedacht haben, es wäre das beste, dem Mann eine andere Pfarrstelle anzubieten. Unsere Gemeinde wäre sonst tatsächlich zugrunde gegangen.«

»Das war aber eine aufregende Zeit«, sagte Doreen mit einem Schmunzeln. »Und du mittendrin, Tante Edith. Kein Wunder, daß du nicht zum Malen kommst!«

»Da haben wir's!« rief Edith Wickham und legte den Strauß duftender Gartenwicken mit einer heftigen Bewegung aus der Hand. »Du mußt ja einen völlig falschen Eindruck von uns bekommen, aber du weißt, Anne, daß dies wirklich nicht meine Absicht ist.«

»Aber nein, Tante Edith, den bekomme ich keineswegs«, beruhigte Doreen sie. »Ich höre dir nur zu gerne zu, wenn du von diesen Dingen sprichst. Außerdem habe ich Großmutter ja bereits einmal bei einem ihrer Zornesausbrüche erlebt.«

»Du meinst, als die Presseleute am Tag nach deiner Ankunft hier auftauchten?« Edith nickte. »Ja, das war entsetzlich, nicht wahr? Ich vergaß, dir zu sagen, daß Mutter auf die Zeitungen nicht gut zu sprechen ist. Mit Ausnahme der Times. Alle anderen hält sie für Revolverblätter, denen es nur um Skandale und Sensationen geht. O Gott, diese jungen Männer müssen sich ja vorgekommen sein wie durch die Mangel gedreht, als sie mit ihnen fertig war.«

»Trotzdem bekamen sie ihre Bilder«, sagte Doreen, »und dank deiner Freundlichkeit einen sehr guten Tee, auch wenn wir ihnen den in der Gesindestube servieren mußten.«

»Einer von ihnen meinte, so etwas habe er noch nie erlebt.« Edith lächelte. »Er sagte, bisher habe er geglaubt, Leute wie Mutter gehörten einer ausgestorbenen Vorkriegsrasse an.«

»Da du vom Krieg sprichst, hast du heute schon die Zeitungen gelesen?« fragte Doreen.

Edith schüttelte den Kopf.

»Ich hatte nicht mal die Zeit, auch nur einen Blick darauf zu werfen«, gestand sie.

»Es sieht sehr schlecht aus«, erklärte Doreen. »Es scheint fast unausweichlich, daß wir den Deutschen den Krieg erklären müssen.«

»Unsinn!«

Edith Wickham machte einen Schritt vom Tisch zurück, um ihr Werk zu bewundern. »Ich glaube nicht an das ganze Mobilmachungsgerede. Ein Krieg genügt. Niemand kann so dumm sein, jemals einen neuen zu beginnen.«

»Ich wäre da nicht so sicher!«

»Well, ich bin überzeugt, Gott wird es nicht zulassen«, sagte Edith und nahm eine Vase voller Rosen, bereit, damit den Raum zu verlassen.

»Ich bringe sie in den Salon«, setzte sie hinzu. »Als letztes machen wir dann noch die Chinavasen in der Halle.«

Doreen trat ans Fenster und blickte hinaus in den Obstgarten.

Die Sonne färbte die Welt grün und golden. Es schien unmöglich, inmitten dieser Idylle an Krieg und Tod und Verwüstung zu denken.

»Wie friedvoll«, flüsterte Doreen unwillkürlich.

Sie lebte nun fast vierzehn Tage auf Brookavon Manor. Die Vergangenheit schien in ihrer Erinnerung bereits zu verblassen.

Häusliche Aufgaben ergriffen Besitz von ihrem Leben. Doreen glitt unmerklich in diese Atmosphäre der Ruhe und des Friedens, die das ganze Haus erfüllte.

Mit Edith unterhielt sie sich über die örtlichen Honoratioren, die Dorfprobleme oder die Streitigkeiten innerhalb der Pfarrgemeinde. Auch mit ihrer

Großmutter verband sie bereits ein gemeinsames Interesse.

Sie waren beide sehr kritisch gegenüber anderen, und oft saßen sie stundenlang zusammen und unterhielten sich über die Menschen, die im Haus verkehrten: über ihre guten und schlechten Eigenschaften, ihr Verhalten und die Entwicklung, die sie zukünftig nehmen würden.

Doreen hatte ihre Großmutter inzwischen ins Herz geschlossen, obwohl sie manchmal immer noch so etwas wie Furcht vor ihr empfand.

Mehr als einmal fragte sie sich, ob Mrs. Wickham einen Verdacht ihr gegenüber hegte, doch nachdem die ersten Tage verstrichen waren, bekam Doreen immer mehr das Gefühl, in Sicherheit zu sein.

Es war nicht schwierig gewesen, den beiden Frauen klarzumachen, daß sie über ihren Vater und ihre Mutter nicht gerne sprach, daß sie vor allem nicht an die Katastrophe erinnert werden wollte, die sie zur Vollwaise gemacht hatte.

Doreen hatte sehr bald festgestellt, daß die Bewohner von Brookavon Manor in einer eigenen Welt lebten und dem Schicksal anderer nur ein oberflächliches Interesse entgegenbrachten. Höflichkeitshalber stellte man ihr die eine oder andere Frage über das Leben, das sie früher geführt hatte, aber eine wirkliche Anteilnahme vermochte Doreen darin nicht zu erkennen.

Als der Schwierigste der drei Verwandten entpuppte sich Richard. Immer wieder gab es Anlässe, die Doreen vermuten ließen, daß er über ihre Anwesenheit im Haus verärgert war, obwohl er sich bemühte, sie seine Ablehnung nicht spüren zu lassen.

Jedenfalls legte er ihr gegenüber ein sehr zwiespältiges Benehmen an den Tag. Einmal verhielt er sich frostig und unnahbar bis zur Rüpelhaftigkeit, dann wieder war er überfreundlich und wie ein kleines

Kind bemüht, den schlechten Eindruck, den er gemacht hatte, zu entschärfen.

Sie hätte gern mit Edith darüber gesprochen, brachte aber nicht den Mut dazu auf. Irgendwie gab es in ihr eine Hemmung, in die Geheimnisse der Menschen einzudringen, die sie so herzlich aufgenommen hatten und so gut zu ihr waren.

Hinzu kam, daß ihre Großmutter eine Frau war, zu der man nur schwerlich ein vertrautes Verhältnis finden konnte, obwohl Doreen, wenn sie die Wahl gehabt hätte, gerade die Meinung dieser klugen, geistreichen alten Dame über Richard und sein befremdliches Verhalten gern kennengelernt haben würde.

Einmal begegnete sie ihm, nur mit Badeanzug und Bademantel bekleidet, auf dem Weg zum Schwimmbecken im Rosengarten.

»Ich gehe schwimmen, Onkel Richard«, sagte sie. »Kommst du mit und schaust mir dabei zu?«

»Kannst du mich nicht in Ruhe lassen?« fuhr er sie an. »Siehst du nicht, daß ich beschäftigt bin?«

Doreen hatte es die Stimme verschlagen. Er saß in seinem Rollstuhl, und das Buch in seinem Schoß war nicht einmal aufgeschlagen.

Dann sah sie, daß sein Gesicht kreideweiß war und seine Hände zitterten. »Fühlst du dich nicht gut?« fragte sie und näherte sich ihm.

»Geh!« schrie er sie an. »Um Gottes willen, geh endlich!«

Sie gehorchte und ging weiter. Sie war verwirrt. Zu verwirrt, um sich über sein seltsames Verhalten zu ärgern.

Nach dem Schwimmen machte sie einen weiten Bogen um den Rosengarten und ging auf einem anderen Weg zum Haus zurück.

Doch als sie die Halle betrat, wartete Richard auf sie, einen Strauß Rosen in der Hand, den er ihr mit einer heftigen Bewegung entgegenstreckte.

»Die hab' ich für dich geschnitten«, sagte er brummig und ohne sie anzuschauen.

»Ich dachte, sie würden gut in dein Zimmer passen. Es ist genau das Pink deiner Chintzvorhänge, nicht wahr?«

»Ja, das stimmt«, erwiderte Doreen. »Herzlichen Dank. Wie nett von dir.«

»Bei dieser Gelegenheit möchte ich dir noch sagen, daß ich ein Buch auf meinem Zimmer habe, das dich vielleicht interessieren wird«, fuhr er hastig und mit übertriebener Freundlichkeit fort. »Es ist ein Roman, der in Afrika spielt. Ich könnte mir vorstellen, du kennst eine Reihe der Orte, an denen die Handlung spielt. Soll ich es dir holen?«

»Oh, nicht jetzt«, antwortete Doreen. »Aber ich würde es mir gerne ausleihen. Mit dem Buch, das ich im Augenblick lese, bin ich nämlich bald zu Ende.«

»Gut, ich werde es holen und dir hier auf den Tisch legen. Dann kannst du es an dich nehmen, wenn du nach unten kommst.«

Ruhig, als wäre er froh, sich entfernen zu können, rollte er über die Eichendielen zu seinem Zimmer.

»Ich verstehe das nicht«, murmelte Doreen und blickte auf die Rosen in ihrer Hand.

»Willst du dich nicht umziehen, Kind?« kam eine Stimme vom Treppenabsatz.

Doreen fragte sich, wie lange ihre Großmutter da oben wohl schon gestanden hatte.

»Ja, natürlich.« Sie nickte eifrig. »Bin eben erst vom Schwimmen zurück.«

Zwei Stufen auf einmal nehmend, stieg sie die Treppe hinauf. Oben auf dem Podest blieb sie stehen, Auge in Auge mit Mrs. Wickham.

»Richards Rosen«, sagte die alte Lady mit sanfter Stimme und deutete auf den Strauß in Doreens Hand. »Er ist sehr stolz auf sie. Er kümmert sich ganz allein um sie, weißt du?«

»Sie sind wundervoll«, erwiderte Doreen. »Er meinte, sie paßten zu den Farben in meinem Schlafzimmer.«

Mrs. Wickham schaute sie mit einem sonderbaren Ausdruck in den durchdringenden Augen an, und Doreen wartete gespannt auf das, was sie ihr sagen wollte.

Doch dann schien ihre Großmutter es sich anders überlegt zu haben. Sie berührte den Strauß nur flüchtig mit den Fingern der linken Hand, legte die Rechte auf das Treppengeländer und ging nach unten.

»Armer Richard«, flüsterte sie kaum hörbar.

Jetzt, am Fenster des Blumenzimmers, bemerkte Doreen ihren Onkel, der mit seinem Rollstuhl die Auffahrt hinaufkam, gefolgt von dem fetten, alten Spaniel, der seinen Platz auf dem Kaminvorleger nur selten einmal zu einem kurzen Spaziergang verließ.

Die Auffahrt stieg ein wenig an, und Doreen erkannte, daß Richard seine ganze Kraft aufwenden mußte, um sich fortzubewegen.

»Armer Richard«, sagte sie mit den Worten der Großmutter.

Er war so bleich und schmal, daß man sich ihn schwerlich als den jungen Mann vorstellen konnte, der er eigentlich noch war. Er war nicht einmal so alt wie Pepi, der ihr nie alt vorgekommen war. Im Gegenteil. Wenn Richard nicht krank gewesen wäre, hätte er durchaus noch eine junge Frau heiraten können.

»Wonach hältst du Ausschau?« fragte Edith, die Doreen nicht hatte zurückkommen hören.

Erschreckt fuhr sie zusammen.

Dann sagte sie wahrheitsgemäß: »Ich habe den Obstgarten und den Sonnenschein betrachtet. Und dann sah ich Onkel Richard die Auffahrt hinaufkommen.«

»Oh, er ist zurück? Dann müssen wir uns beeilen. Richard ist die Pünktlichkeit in Person. Es muß also in wenigen Minuten Teezeit sein.«

»Sind wir denn noch nicht fertig?« erkundigte sich Doreen und ordnete einige Stiele Rittersporn in einer Vase aus Chinablau, die eigentlich viel zu kostbar war, um benutzt zu werden, und in eine Vitrine gehört hätte.

»Ja, ich glaube«, antwortete Edith vage. »Die Schlafzimmer habe ich heute morgen versorgt, während du zum Schwimmen warst.«

»Tut mir leid«, sagte Doreen schuldbewußt. »Weshalb hast du mir nichts gesagt? Du weißt, wie gern ich dir geholfen hätte.«

»Mein Liebes, du mußt das schöne Wetter ausnutzen, solange es geht«, sagte Edith. »Wir haben ja wirklich Glück mit dem Sommer in diesem Jahr. Im vergangenen Jahr hat es unaufhörlich geregnet, und das Schwimmbad war total verödet.«

»Ihr seid so fortschrittlich hier«, sagte Doreen neckend. »Ich hätte niemals so etwas Luxuriöses wie ein Schwimmbad auf Brookavon Manor erwartet.«

»Sag das nur nicht zu Mutter«, erwiderte Edith mit einem warnenden Ton in der Stimme. »Sie würde wütend werden über eine solche Bemerkung, denn nichts regt sie so sehr auf, als wenn man sie für altmodisch oder rückständig hält.«

»Sie ist ein Schatz«, rief Doreen, und das war ihre Überzeugung. »Jedenfalls werde ich sie heute abend um ihren Rat bitten. Glaubst du, sie weiß eine Lösung für mein Problem? Sie scheint nie um einen Vorschlag verlegen zu sein, was andere betrifft.«

»Von welchem Problem sprichst du?«

»Von meiner Zukunft«, gab Doreen zur Antwort. »Ihr wart sehr lieb, mich bei euch aufzunehmen, Tante Edith. Aber früher oder später werde ich wohl nicht daran vorbeikommen, mir Gedanken darüber zu machen, wie es weitergehen soll. Ich brauche einen Job. Ich muß mir meinen Lebensunterhalt selbst verdienen können.«

»So, mußt du das?« fragte Edith ein wenig gekränkt und voller Mißbilligung. »Ich bin sicher, Mutter …« Sie brach ab.

»Siehst du, da haben wir's schon!« rief Doreen. »Du weißt selbst nicht genau, wie deine Mutter darüber denkt. Und genau das ist der Grund, weshalb ich mit ihr sprechen werde. Denn falls sie es plötzlich leid hat, mich hier zu haben, stecke ich ganz schön in der Klemme. Es ist besser für mich, wenn der erste Anstoß von mir erfolgt.«

»O Liebes, ich hoffe, Mutter hat eine Idee«, sagte Edith. »Ja, ich bin sicher, daß sie das hat. Sie hat noch nie einen von uns im Stich gelassen.«

Edith Wickham hatte recht.

Nach dem Tee, als der alte Barton das große Silbertablett abgetragen, die Leinentischdecke mit dem Häkelrand gefaltet und den Klapptisch aus Mahagoni weggestellt hatte, fand Doreen sich mit ihrer Großmutter allein im Raum. Richard war in den Garten gefahren, und Edith hatte den Salon mit einer Entschuldigung Richtung Halle verlassen.

Im ersten Augenblick kam sich Doreen wie ein Schulmädchen vor seiner Rektorin vor, doch dann nahm sie all ihren Mut zusammen und sagte:

»Ich möchte dich etwas fragen, Großmutter. Du weißt, ich bin gerne hier, und ich bin dir für deine Gastfreundschaft schrecklich dankbar, doch ich muß damit anfangen, an meine Zukunft zu denken. Ich frage mich, ob ich keinen Job finden könnte, oder ob du irgend etwas für mich weißt. Eine besondere Eignung für eine bestimmte Tätigkeit habe ich ja leider nicht.«

»Du müßtest doch gut mit Kindern umgehen können«, erwiderte Mrs. Wickham. »Schließlich hast du allerhand Erfahrung mit ihnen, auch wenn sie schwarz waren.«

»Ja, ja, natürlich«, beeilte sich Doreen zu antworten. Sie fühlte sich unbehaglich unter dem seltsam forschenden Blick der Großmutter.

»Dann bist du also nicht völlig unqualifiziert, nicht wahr?« stellte Mrs. Wickham fest.

»Nein. Dennoch glaube ich, daß der Umgang mit englischen Kindern etwas ganz anderes ist«, widersprach Doreen vorsichtig. »Die Arbeit auf einer Missionsstation ist etwas sehr Differenziertes, und du darfst nicht vergessen, daß ich nur eine untergeordnete Position dort einnahm.«

Während sie sprach, vermochte sie der Großmutter nicht in die Augen zu schauen. Sie starrte auf das Taschentuch, das sie in ihren Händen hielt.

»Ich erinnere mich, Martha war stets sehr angetan von deinen Fähigkeiten«, bemerkte Mrs. Wickham.

Doreen hatte das Gefühl, gegen etwas anzukämpfen, das sie nicht genau vor sich sah, und sie versuchte ihrer Antwort einen unbekümmerten Klang zu geben.

»Ich sollte mir darauf wohl nicht allzu viel einbilden«, sagte sie. »Eltern neigen dazu, aus ihren Gänseküken lauter große Schwäne zu machen.«

»Ich persönlich halte dich für eine sehr tüchtige junge Frau«, erklärte Mrs. Wickham trocken. »Jedenfalls machst du auf mich den Eindruck eines Menschen, der zumindest nicht ganz auf den Kopf gefallen ist.«

»Danke«, antwortete Doreen halb neugierig, halb unsicher. Sie fragte sich, worauf ihre Großmutter hinauswollte. »Würdest du so nett sein und mir einen Rat geben«, fuhr sie dann fort. »Ich weiß einfach nicht recht, wo ich mit meiner Suche anfangen soll.«

»Well, zufällig habe ich schon damit gerechnet, daß du eines Tages mit einem derartigen Anliegen an mich herantreten würdest«, entgegnete Mrs. Wickham mit einem feinen Lächeln. »Und aus diesem Grund habe ich mir in den vergangenen Tagen über diese Angelegenheit einige Gedanken gemacht. Ich glaube, ich habe die Lösung dieses Problems hier in der Tasche.«

»Oh«, entfuhr es Doreen beunruhigt. »Was ist es denn?«

»Es ist der Brief einer alten Freundin, die mir mitteilt, daß die deutsche Erzieherin von Michael Gillespies Tochter auf Barnleigh Castle das Schloß von einem Tag auf den anderen unter recht geheimnisvollen Umständen verlassen hat. Vermutlich wurde sie nach Deutschland zurückgerufen.«

»Ja?« entfuhr es Doreen fragend.

»Das heißt, das Kind ist im Augenblick ohne Erzieherin, und ich bin sicher, Michael Gillespie wäre überglücklich, wenn er dich für diese Aufgabe gewinnen könnte.«

»Aber er kennt mich doch nicht. Woher will er wissen, ob ich mich für eine solche Stellung eigne?«

»Wissen kann er das natürlich nicht«, gab Mrs. Wickham zur Antwort.

»Aber soviel ich weiß, kümmert ihn das auch bitter wenig. Er ist ein vielbeschäftigter Mann, oder er tut jedenfalls so. Außerdem interessiert er sich nicht für Diplome, Zeugnisse und Referenzen. Wenn er weiß, daß meine Enkeltochter bereit ist, die Stellung anzunehmen, macht er einen Freudensprung, weil ihm die Sorge für seine Tochter wieder einmal abgenommen wird.«

»Das hört sich an, als wäre er kein besonders guter Vater«, bemerkte Doreen.

»Er ist ein sehr eigenartiger Mensch. Er ist Wissenschaftler und arbeitet im Augenblick an einem Experiment, das ihn acht bis zehn Stunden am Tag beansprucht, wie ich erfuhr. Nur wenige Leute bekommen ihn zu Gesicht, und nur wenige legen überhaupt Wert darauf, was das betrifft.«

»Wieso?« fragte Doreen.

»Wie viele Fragen du stellst, Kind«, erwiderte die Großmutter. »Aber trotzdem solltest du es wissen. Er ist ein Einsiedler, ein Eigenbrötler und Frauenhasser. Seine Frau, die nie eine besonders charaktervolle Person war, lief ihm bald nach der Geburt des Kindes davon. Kurz darauf erbte Michael Gillespie das Schloß.«

Mrs. Wickham machte eine Pause, und Doreen hatte das Gefühl, als wollte die alte Dame sie ein wenig auf die Folter spannen.

»Sein Onkel, Colin Gillespie«, fuhr die Großmutter schließlich fort, »war ein guter Freund von mir. Wir waren im gleichen Alter, und ich kannte ihn mein Leben lang. Er war ein häufiger Besucher bei uns, vor allem, als dein Großvater noch lebte. Außerdem war er sehr bekannt im Land, und ich verhehle nicht, daß wir alle sehr enttäuscht waren, als sein Neffe, bald nach seiner Übersiedlung ins Schloß, sämtliche gesellschaftlichen Kontakte und jedes nachbarschaftliche Interesse aufgab.«

Wieder schwieg ihre Großmutter, einen nachdenklichen Zug um den Mund.

»Von Bekannten hörte ich«, fuhr sie nach einer Weile fort, »daß er vor seiner Eheschließung ein völlig anderer Mensch gewesen sei. Er galt als hervorragender Arzt und Chirurg und muß gleichzeitig schon damals ein großes Interesse an der Forschung gehabt haben. Bei einem seiner Experimente im Labor muß es dann zu einer Explosion gekommen sein, bei der er zwei Finger der rechten Hand verlor und sich den Fuß verletzte. Seine Karriere als Chirurg war damit natürlich zu Ende. Er mag eine große Zukunft vor sich gehabt haben, wie man sagte; ich kann das nicht beurteilen. Ich habe auch lange Zeit nichts mehr über ihn gehört. Ich weiß nur eins, daß er sich am Erbe seines Onkels auf eine schlimme Weise versündigte. Das Bauwerk verfällt von Tag zu Tag mehr, die Ländereien befinden sich in einem erbärmlichen Zustand.«

Sie hatte aus dem Fenster geblickt und schaute nun Doreen an.

»Doch das braucht dich alles nicht zu kümmern«, sagte sie eindringlich. »Hauptsache, auf dich wartet ein Job gleich in der Nachbarschaft. Barnleigh Gastle liegt nur zweieinhalb Meilen von hier entfernt. Edith kann dich mit ihrem kleinen Wagen leicht dorthin bringen. Und wenn sie einmal zu beschäftigt ist, wirst du die kurze Strecke auch mit dem Fahrrad zurücklegen können. Ich glaube, das beste ist, ich schreibe Michael Gillespie noch heute abend. Ich teile ihm mit, daß du morgen im Laufe des Tages einmal bei ihm vorbeikommen wirst.«

»Morgen?« fragte Doreen verwirrt. »Aber weißt du überhaupt ... bist du sicher, Großmutter, daß ...«

»Die Sache ist ganz ideal für dich«, sagte Mrs. Wickham kühl. »Glaub es mir, liebe Anne! Oder hast du irgendwelche anderen Vorstellungen?«

»N-nein«, stammelte Doreen.

Sie bemerkte, wie enttäuscht ihre Großmutter von der Gleichgültigkeit und Skepsis war, mit der sie ihren Vorschlag aufgenommen hatte.

»Wohnen wirst du bei uns«, sagte Mrs. Wickham. »Ich werde weiterhin als deine Anstandsdame fungieren. Ich weiß zwar nicht, ob du nicht lieber ganz auf eigenen Füßen stehen möchtest, aber meiner Ansicht nach wäre dies sicherlich ein großer Fehler. Außerdem solltest du wissen, daß du bei uns immer ein Zuhause haben wirst, solange ich lebe.«

»Ich danke dir, Großmutter«, sagte Doreen hastig. »Wirklich, ich bin dir sehr, sehr dankbar. Es hat mich nur überrascht, daß du bereits eine Stellung für mich ausgesucht – besser gesagt – vorgesehen hast. Du kannst nicht von uns erwarten, daß wir alle so schnell schalten wie du!«

Sie gab ihrer Stimme einen leicht scherzhaften Ton und freute sich über das fast unmerkliche Aufleuchten in den Augen der alten Lady.

Dennoch gab Mrs. Wickham ihre frostige Zurückhaltung nicht auf.

»Die Sache ist also abgemacht«, sagte sie nur.

»Soweit es mich betrifft, schon«, entgegnete Doreen. »Natürlich kennen wir Mister Gillespies Vorstellungen noch nicht. Vielleicht ist er anderer Meinung.«

»Das halte ich für unwahrscheinlich«, erwiderte Mrs. Wickham, erhob sich aus ihrem Sessel und ging zum Schreibtisch.

Doreen verzog ein wenig das Gesicht und dachte, falls er anderer Meinung wäre, würde er sie aller Wahrscheinlichkeit nach umgehend ändern müssen.

XV

»Bist du nervös?« fragte Edith, während sie und Doreen in dem kleinen Austin die schmale, von Hecken gesäumte Landstraße entlangbrausten, die nach Barnleigh Castle führte.

»Schrecklich«, bekannte Doreen. »Das Ganze geschieht so Hals über Kopf für mich. Ich hatte nicht einmal die Zeit, in Ruhe zu überlegen, was ich Mister Gillespie sagen soll.«

»Wenn du wüßtest, wie typisch das für Mutter ist«, meinte Edith halb amüsiert, halb bedrückt. »Wenn sie einmal einen Entschluß gefaßt hat, gibt sie dem anderen keine Möglichkeit, sich die Sache noch einmal zu überlegen. Sie schnippt mit dem Finger, und alle haben zu springen!«

»Wovor ich im Augenblick Angst habe, ist die Frage, ob ich den Job überhaupt bekomme«, gestand Doreen.

»Es wäre mir äußerst peinlich, Großmutter meine Niederlage eingestehen zu müssen.«

»Das kenne ich«, sagte Edith mit einem Seufzer. »Sie hat die außerordentliche Begabung, einem das Gefühl zu geben, ein Narr zu sein. Ich erinnere mich an einen Vorfall aus meiner Kindheit. Jemand hatte irgendwelche Bilder an die Wände des Badezimmers gemalt. Niemand wagte es, sich schuldig zu bekennen. Mutter stand vor uns wie ein Racheengel. In einer Anwandlung von Angst und Hysterie habe ich dann gesagt, ich sei es gewesen. Dabei war ich an diesem Morgen noch gar nicht im Badezimmer gewesen. Alfred, der wahre Schuldige, konnte das nicht auf sich sitzen lassen. Vor allem wollte er verhindern, daß ich an seiner Stelle bestraft wurde. Er begann zu weinen und gestand die Tat. Ich erinnere mich: Mutter war wütend auf ihn, aber auch mit mir war sie böse, weil ich so dumm gewesen war, mich für die anderen zu opfern.«

Edith machte eine Pause. Die Erinnerung schien sie innerlich aufzuwühlen. Mit bewegter Stimme fuhr sie fort: »Sie sprach mit einer solchen Verachtung zu mir, daß ich es nie vergessen habe. Ich glaube, es geschah aus reiner Nervosität, daß ich die Schuld für die Schmierereien auf mich nahm. Aber Mutter, die überhaupt nicht weiß, was Nervosität ist, versteht andere nicht, die darunter leiden.«

»Was für ein Mensch ist Mister Gillespie?« fragte Doreen.

»Ich hab ihn schon Jahre nicht mehr gesehen«, erwiderte Edith.

»Als sie hierherkamen, haben wir sie mehrmals eingeladen. Ich erinnere mich vage an seine Frau. Sie war sehr hübsch und elegant. Die meisten Leute –

Mutter eingeschlossen – mochten sie auf Anhieb nicht. Soweit ich mich an ihn erinnere, war er ganz nett.«

»Und das Kind?« wollte Doreen wissen. »Was sagte Mutter von ihm?«

»Ich glaube, sie hat es gar nicht erwähnt.«

»Nein, das stimmt nicht. Gestern abend sagte sie, es sei zehn.«

»Ich denke, du solltest es wissen«, begann Edith zögernd. »Das Kind ist nicht besonders angenehm. Ich vermute, es liegt daran, daß es praktisch von der Dienerschaft großgezogen wurde. Und die wußte nicht mit ihm umzugehen. Jedenfalls will keine Familie in der Nachbarschaft etwas mit dem Mädchen zu tun haben. Am Anfang lud man es noch zu Partys ein, aber es benahm sich so schlecht, daß alle schnell davon Abstand nahmen. Nachdem, was man so hört, wechseln die Erzieherinnen auf Barnleigh Castle alle zwei bis drei Monate.«

»Das sind ja rosige Aussichten!« sagte Doreen entsetzt.

»Vielleicht hätte ich es dir nicht sagen sollen.« Ediths Stimme klang ängstlich. »Dennoch bin ich überzeugt, daß du es wissen mußt. Vielleicht kommst du sogar mit ihr zurecht.«

»Na, hoffentlich«, murmelte Doreen.

Beunruhigt wurde sie sich der Tatsache bewußt, wie wenig sie von Kindern wußte.

In Kairo hatten einige befreundete Ehepaare Kinder gehabt, aber die waren wohlerzogen gewesen und hatten nie Schwierigkeiten gemacht. Sie kamen nach dem Lunch für zehn Minuten in den Salon hinunter und wurden von ihren Kindermädchen wieder nach oben gebracht, bevor sie unruhig werden oder etwas anstellen konnten.

Wenn sie es sich genau überlegte, konnte sie sich nicht einmal daran erinnern, jemals für längere Zeit mit einem Kind alleingewesen zu sein oder mit ihm gesprochen zu haben.

»Was soll's!« dachte sie trotzig. »Ich werd's schon schaffen! Jedenfalls kann ich jetzt nicht mehr zurück. Wenn's schiefgeht, muß ich eben die Folgen tragen.«

»Das ist das Schloß«, sagte Edith plötzlich und wies auf den wuchtigen grauen Turm, der hoch über die Baumkronen hinausragte.

»Aber das sieht ja gewaltig aus!« rief Doreen überwältigt.

»Ja, aber ein großer Teil des Schlosses ist verfallen«, antwortete Edith. »Allerdings hat der alte Mister Gillespie – ein guter Freund von Mutter – den normannischen Turm restaurieren und auch den Süd- und Westflügel wieder aufbauen lassen. Er liebte diesen Platz und war sehr stolz darauf, daß seine Familie schon im Reichsgrundbuch von England aus den Jahren tausendfünfundachtzig und -sechsundachtzig erwähnt wird.«

Sie bog in das Torhaus ein und fuhr eine breite Eichenallee hinauf, neben der sich zu beiden Seiten eine weite Parklandschaft erstreckte.

»Ist er sehr reich?« fragte Doreen.

»Wer? Michael Gillespie? Ich glaube schon. Er erbte von seinem Onkel ein riesiges Vermögen. Aber was seine örtlichen Zuwendungen betrifft, könnte er völlig mittellos sein. Gelegentlich schickt er mal eine Summe ans Krankenhaus oder an die Britische Legion, aber das ist auch schon alles. Well, wir sind da. Ich warte vor dem Haus auf dich.«

»Oh, bitte, komm doch mit rein«, bat Doreen hastig. »Ich würde mich etwas sicherer fühlen.«

»Mutter meinte, du solltest allein gehen«, erwiderte Edith.

»Und Befehl ist Befehl«, sagte Doreen. Trotz der plötzlichen Unruhe, die sie befallen hatte, versuchte sie ihren Worten einen amüsierten Klang zu geben.

»Zum Teufel damit«, flüsterte sie, während sie die Türglocke bediente. »Weshalb rege ich mich auf? Es wird nichts so heiß gegessen, wie's gekocht wird.«

Sie dachte an ihr Äußeres. An das einfache schwarze Kleid, den billigen Strohhut. Sie kam sich unansehnlich vor und ein wenig zerknittert. Wenn sie Mister Gillespie als Doreen Wallis aufgesucht hätte, wäre das nie der Fall gewesen.

Dennoch folgte sie dem Butler stolz erhobenen Hauptes durch die eichenholzgetäfelte Halle in einen Raum mit hohen französischen Fenstern, die in den Garten hinausgingen.

»Ich werde Mister Gillespie melden, daß Sie hier sind«, sagte der alte Mann. »Miß Marston, nicht wahr, Miß?«

»Ja«, antwortete Doreen. »Ich glaube, Mister Gillespie erwartet meinen Besuch.«

Sie schaute sich im Raum um. Er war wundervoll eingerichtet, mit Vitrinen aus Walnuß, kostbaren Teppichen und wertvollen Ölgemälden.

Und trotzdem machte der Raum einen unbewohnten Eindruck. Es roch nach Moder, als würde nur selten gelüftet und kaum einmal ein Feuer im Kamin angezündet.

Nirgends gab es Blumen, und es fehlten die kleinen Nippsachen, mit denen jede Frau ihre Zimmer schmückt und sie so zu ihren eigenen macht.

Doreen streifte die Handschuhe ab und nahm in einem reichbestickten Armsessel Platz. Wie seltsam es ist, dachte sie, auf jemanden zu warten, der vielleicht mein zukünftiger Arbeitgeber ist.

Sie hatte schon manche Rolle in ihrem Leben gespielt, aber noch niemand hatte sich für ihre Eignung als Lehrerin und Erzieherin interessiert.

»Ich kann nur hoffen, er nimmt meine Fähigkeiten nicht zu genau unter die Lupe«, murmelte sie vor sich hin, während ihr bewußt wurde, daß ihre Unwissenheit entsetzlich war. »Ich denke, ich kann mir ein paar Bücher beschaffen.«

Sollte sie die Anstellung bekommen, blieb ihr wohl nichts anderes übrig, als wenigstens einen Teil ihrer Abende damit zu verbringen, den Unterrichtsstoff für den nächsten Tag vorzubereiten.

Ich bin verrückt, dachte sie. War dies tatsächlich ein besseres, ein erfüllteres und interessanteres Leben als das, was sie aufgegeben hatte?

In Kairo würde sie jetzt allerdings völlig mittellos dastehen. Als sie ihr altes Selbst aufgab, besaß sie noch genau fünfundzwanzig Pfund. Fünfzehn Pfund auf der Bank und zehn von Tony.

Die kleine Summe, die sie von ihrem Vater hätte erben sollen, war noch für fünf weitere Jahre mit einer Hypothek belastet. Sie hatte nicht nein sagen können, als Henry sie bat, ihren Anspruch an die Bank abzutreten, bei der er tief in der Kreide stand.

Doreen fuhr zusammen, als sie hörte, daß die Tür geöffnet wurde. Sie hatte zwanzig Minuten gewartet, und nun betrat ein Mann mit hastigen Schritten den Raum.

Er trug einen langen, weißen Arztkittel. Doreen bemerkte den Lederhandschuh an seiner rechten Hand.

Ihr erster Gedanke, während er auf sie zukam, war, daß er viel älter war, als sie ihn sich vorgestellt hatte.

Doch dann stellte sie fest, daß sie sich irrte. Er sah nur müde und erschöpft aus, und dies vermittelte einen völlig falschen Eindruck.

Michael Gillespie war groß und ging ein wenig gebeugt. Sein dunkles Haar begann an den Schläfen zu ergrauen. Tiefe Linien liefen von der Nase bis zum Kinn, und ein Netzwerk feiner Fältchen lag um seine Augen.

»Es tut mir leid, daß ich Sie warten ließ, Miß Marston«, sagte er leise, »doch ich stecke mitten in der Arbeit, und es paßte mir schlecht, ausgerechnet jetzt da herausgerissen zu werden.«

»Sie müssen entschuldigen«, erwiderte Doreen, »aber meine Großmutter traf die Verabredung in der Meinung, daß der Zeitpunkt Ihnen genehm wäre.«

»Ja, ja, ich verstehe«, stieß er unwirsch hervor. »Aber wie ich bereits sagte, ich stecke mitten in einem Experiment, und diese ständigen Unterbrechungen sind höchst ärgerlich.«

»Es tut mir leid«, sagte Doreen.

»Nun, lassen Sie mich sehen, um was es sich ...« Er brach ab und machte plötzlich den Eindruck, als hätte er völlig vergessen, was er tun wollte.

»Irgendwo muß ich den Brief Ihrer Großmutter haben«, fuhr er nach einigen Minuten fort. »Ich frage mich nur, wo ich ihn gelassen habe.«

Er suchte in seinen Taschen.

»Sie schrieb Ihnen, daß ich die Stelle der Erzieherin übernehmen könne, falls diese im Moment frei ist, wie sie von einer Freundin hörte.«

»O ja, die Stelle der Erzieherin. Richtig, das war es!« Michael Gillespie griff sich an die Stirn. »Ich konnte mich im Augenblick nicht mehr an den Grund Ihres Besuches erinnern. Ja, ja, die Frau, die sich um Sheila kümmerte, ist fort. Schon die vierte oder fünfte in sechs Monaten. Ich kann sie mir schon gar nicht mehr vorstellen. Das geht also in Ordnung. Ich hoffe, es wird alles zu Ihrer Zufriedenheit sein und Sie bleiben etwas länger als die anderen.«

»Aber, aber ...« Doreen geriet ins Stammeln. »Es gibt doch sicher noch einige Dinge zu besprechen: die Zeiten, zu denen ich kommen soll, und der Unterricht des Kindes.«

»Das überlasse ich alles Ihnen, Miß Marston. Ach ja, Ihr Gehalt bekommen Sie über meinen Agenten,

Mister Johnstone. Er kümmert sich um alle Dinge dieser Art. Bitte, rufen Sie ihn im Gutsbüro an. Sagen Sie ihm, daß ich Sie eingestellt habe.«

»Und wann soll ich anfangen?« fragte Doreen.

»Wann Sie wollen. Morgen?«

»Und Ihre Tochter?« fragte Doreen. »Soll ich sie jetzt kennenlernen?«

»Oh, Sheila. Ja, Sie finden sie irgendwo oben.« Er zog seine Uhr hervor. »Tut mir leid. Ich kann nicht länger bleiben. Wie ich bereits sagte, ich bin mitten in einem Experiment, und Zeit ist kostbar.«

Er ging zur Tür und rief: »Walter!«

Der Butler befand sich offenbar ganz in der Nähe, denn Doreen hörte ihn antworten: »Ja, Sir?«

»Führen Sie Miß Marston zum Schulzimmer!« befahl Mister Gillespie. Dann verschwand er, ohne sich von Doreen zu verabschieden, ja, ohne sich noch einmal nach ihr umzudrehen.

Irgendwo wurde eine Tür geschlossen, und wenige Augenblicke später schlurfte der Butler in den Raum.

»Würden Sie mir bitte folgen, Miß«, sagte er. »Ich glaube, Miß Sheila ist oben.«

Sie stiegen die breite, kunstvoll geschnitzte Treppe hinauf, und Doreen bemerkte, daß der Butler sie verstohlen musterte. Vermutlich fragte er sich, ob sie genauso unfähig sei wie ihre Vorgängerinnen.

»Welch ein wunderschönes Treppenhaus«, rief Doreen unwillkürlich aus, als sie die Sängerempore erreichten, die um die ganze Halle herumführte.

»Das ganze Schloß ist wunderschön, Miß«, erwiderte der Butler. »Nur schade, daß kaum noch ein Mensch etwas davon zu sehen bekommt.«

Doreen hielt es für das beste, auf seine Kritik nicht einzugehen, aber der Mann war durch ihr Schweigen offensichtlich nicht zu bremsen.

»Früher fanden hier große Gesellschaften statt«, fuhr er fort. »In der Halle wurde getanzt, und hier oben spielte ein Streichorchester – die Musiker alle in Uniform. Es gab Jagdfrühstücke, Rennpartys, und immer waren einige Besucher da. Oh, hier herrschte Leben, kann ich Ihnen sagen, als der alte Gentleman noch da war. Haben Sie vor, bei uns zu wohnen, Miß?«

Doreen schüttelte den Kopf.

»Nein«, sagte sie. »Ich wohne bei meiner Großmutter, Mrs. Wickham.«

Auf dem Gesicht des Butlers breitete sich ein strahlendes Lächeln aus.

»So, da wohnen Sie also«, sagte er. »Ich habe mich schon gefragt, wer Sie sind. Aber als ich Miß Wickham sah, hätte ich es mir eigentlich denken können. Brookavon Manor kenne ich schon seit meiner Jugend. Mein Vater war Jagdhüter bei Ihrem Großvater. Neunundachtzig war er, als er starb. Und er setzte sich erst zur Ruhe, nachdem er seinen zweiundachtzigsten Geburtstag gefeiert hatte.«

Sie gingen durch eine mit grünem Filz bezogene Tür, die in einen langen Korridor führte und zu einem weiteren Treppenhaus. Am Fuß der Treppe stand eine Frau mittleren Alters mit einer gestärkten weißen Schürze und dem steifen, hohen Kragen aller altmodischen Kindermädchen.

»Well, was ist, Mister Walter?« fragte sie unfreundlich.

»Dies ist Miß Marston, Nurse«, sagte er. »Die neue Erzieherin von Miß Sheila.«

»Schon wieder eine neue«, stieß die Frau hervor und blickte Doreen abschätzig und voller Feindseligkeit an.

Mühsam unterdrückte Doreen ihre Gefühle und streckte der Frau die Hand entgegen.

Die Kinderfrau zögerte, dann berührte sie Doreens Fingerspitzen mit einem ablehnenden Ausdruck im Gesicht und sagte, weder zum Butler noch zu Doreen gewandt:

»Wenn Sie meine Meinung hören wollen, ist das Kind ohne Erzieherin besser dran. Erzieherinnen regen es nur auf.«

»Ich fürchte, das ist nicht die Meinung von Mister Gillespie«, sagte Doreen ruhig und bestimmt. »Kann ich Sheila jetzt bitte sehen?«

Ein erstaunter Ausdruck lag in den Augen der Nurse, als sie sagte:

»Sie ist oben.«

Sie wandte sich um und schritt davon. Ihre gestärkte Schürze raschelte, und ihre Haltung verriet äußerste Mißbilligung.

»Hier entlang, Miß!« bat der Butler und wies die Treppe hinauf.

Als sie außer Hörweite waren, sagte er mit leiser, freundlicher Stimme. »Nehmen Sie keine Notiz von ihr. Sie ist eine Despotin, das weiß jeder im Haus. Sie betreute das Kind schon als Baby und haßt es, wenn andere sich einmischen. Wenn der Herr auch nur die Hälfte von dem wüßte, was sie alles anstellt, er hätte sie längst vor die Tür gesetzt. Aber er kümmert sich leider nicht darum. Er kümmert sich überhaupt wenig um die Dinge, die im Haus und auf dem Besitz geschehen.«

Doreen sagte sich, daß es nicht gut sei, ihn in dieser Art von Vertraulichkeit zu bestärken. Gleichzeitig war es ein Trost für sie, zu wissen, daß sie in diesem ungewöhnlichen Haus wenigstens einen Freund haben würde. Sie hatte das Gefühl, daß Walters Verbundenheit mit Brookavon Manor sich auf sie übertragen hatte.

Auf dem Treppenpodest angekommen, öffnete er eine Tür, die in ein großes, sonnendurchflutetes Kinderzimmer führte. Gegenüber der Tür saß ein Kind in einem der Fenster und las in einem Buch.

Das Mädchen blickte auf, als sie eintraten, und Doreen hatte den kurzen Eindruck von einem Paar ausdrucksvoller, dunkler Augen und unordentlichem, strähnigem Haar.

»Was ist?« fragte es unfreundlich.

Walter übernahm die Antwort.

»Die neue Erzieherin wollte Sie sehen. Miß Sheila – Miß Marston.«

»O verdammt!«

Das Kind warf das Buch auf den Boden und sprang von der Fensterbank.

»Nicht schon wieder! Ich dachte, das Fräulein wäre fort, und ich würde Ferien machen können.«

Als das Mädchen stand, stellte Doreen fest, daß Sheila unerwartet groß war. Das Gesicht war klein und herzförmig und trotz der augenblicklichen Verärgerung seltsam anziehend und reizvoll. Sie trug Knabenhosen und hatte die Hände tief in den Taschen vergraben.

Doreen wandte sich an Walter.

»Sie brauchen nicht auf mich zu warten«, sagte sie. »Ich werde später nach unten kommen. Danke.«

»Sehr wohl, Miß.«

Er verließ das Zimmer und schloß die Tür hinter sich. Doreen war allein mit ihrer neuen Aufgabe.

Während sie noch nach Worten suchte, begann das Kind zu reden.

»Nanny sagte, es würde einige Zeit dauern, bis Daddy daran denken werde, mir eine neue Erzieherin zu besorgen.«

»Dann habt ihr beide, du und deine Nanny, euch getäuscht«, sagte Doreen. »Ich wohne zufällig nur drei Meilen von hier entfernt, und deshalb brauchte dein Vater nicht lange zu suchen.«

»Werden Sie zu uns ins Haus ziehen?« fragte das Kind.

»Nein. Ich werde täglich hierherkommen«, erwiderte Doreen. »Wann beginnt der Unterricht gewöhnlich?«

»Nie, wenn es nach mir geht!« Ihre Stimme klang immer noch schroff und voller Aggression, wie beim Beginn der Unterhaltung.

»Ist dies das Schulzimmer?«

»Wenn Sie es nicht wissen, von mir werden Sie's nicht erfahren.«

»All right, ist auch nicht so wichtig. Ich werde meine eigenen Anordnungen treffen. Wir sehen uns also morgen früh punkt halb zehn. Auf Wiedersehen, Sheila.«

Doreen machte auf dem Absatz kehrt und fühlte mit Genugtuung, daß das Kind sowohl überrascht als auch verwirrt war. Sie zwang sich, nicht mehr zurückzuschauen, während sie den Raum durchquerte und die Tür öffnete. Am Fuß der Treppe wartete Walter auf sie.

»Ist alles in Ordnung, Miß?«

»Ja«, erwiderte Doreen. »Waren Sie beunruhigt?«

»Miß Sheila ist ein schreckliches Kind«, sagte er. »Sie wissen nie, was sie gerade im Schilde führt. Eine Erzieherin bekam eines Morgens plötzlich einen Eimer Wasser über den Kopf und erlitt einen Nervenzusammenbruch. Am Nachmittag verließ sie dann das Haus mit der Bemerkung, sie sei eine solche Behandlung nicht gewöhnt.«

»Das wundert mich nicht«, antwortete Doreen. »Sagen Sie, Walter, werde ich das Luncheon im Kinderzimmer mit der Kinderfrau einnehmen müssen?«

»Nein, nein, Miß!« Walter war offensichtlich von der Vorstellung entsetzt, daß es zu einem derartigen Bruch der Etikette kommen könnte.

»Sie und Miß Sheila nehmen das Luncheon im Speisezimmer ein, und der Herr speist mit Ihnen, wenn er nicht beschäftigt ist. Dies ist allerdings äußerst selten der Fall, so daß Sie ihn kaum einmal zu Gesicht bekommen werden. Die Kinderfrau ißt immer alleine.«

»Ich werde morgen um halb zehn mit dem Unterricht beginnen«, sagte Doreen. »Vielleicht bestellen Sie der Kinderfrau, daß sie für Sheilas pünktliches Erscheinen sorgt.«

»Werde ich machen, Miß«, versprach Walter und fügte zögernd hinzu: »Was nicht heißt, daß sie Ihrem Wunsch nachkommen und sich an Ihre Weisungen halten wird.«

Sie hatten die Halle erreicht und näherten sich dem Portal.

»Sagen Sie Mister Gillespie, daß ich ihm schreiben werde!« erklärte Doreen.

»Ich würde ihn damit nicht belästigen«, meinte Walter skeptisch. »Briefe machen ihn nervös. Er wird Sie erwarten, und wenn Sie mir die Bemerkung gestatten, Sie handeln am besten ganz so, wie Sie es für richtig halten.«

Doreen unterdrückte ein Lächeln. Als sie bei der Tür angelangt waren, hielt sie ihm die Hand hin.

»Danke«, sagte sie.

»Es war mir ein Vergnügen, Miß«, antwortete Walter. Dann öffnete er die Tür und ließ sie in den Sonnenschein hinaus, wo Edith auf sie wartete.

XVI

Mrs. Wickham lauschte mit Interesse Doreens Schilderung von ihrem Besuch auf dem Schloß. Sie erinnerte sich an Walter.

»Er kommt aus einer guten Familie«, sagte sie. »Sein Vater war ein hervorragender Mann und äußerst zuverlässig. Wir hatten große Mühe, daß er sich endlich zur Ruhe setzte. Du wirst dafür sorgen müssen, daß die Kinderfrau geht, so wie ich die Sache sehe.«

»Viel wahrscheinlicher ist, daß sie es schafft, mich aus dem Haus zu vertreiben, bevor ich dort richtig Fuß gefaßt habe«, erwiderte Doreen.

Ihre Großmutter blickte sie mit jenem eigenartigen Ausdruck an, den ihre Familie so gut kannte. Die unerwartete Schwäche, die Doreen zeigte, hatte die Verachtung der alten Dame hervorgerufen.

»Ich würde an deiner Stelle nicht so defätistisch sein!« meinte sie ernst. »Und was das Kind betrifft, sollte es dir nicht schwerfallen, es zur Vernunft zu bringen.«

Schön, daß du so optimistisch bist, dachte Doreen. Sie selbst blickte nicht sehr zuversichtlich in die Zukunft.

Auf dem Rückweg vom Schloß hatten ihr im Wagen regelrecht die Knie gezittert. Es war keine leichte Aufgabe, die vor ihr lag. Und niemand hatte sie in der Vergangenheit auf eine solche Aufgabe vorbereitet.

»Ich frage mich ernsthaft, wie stark meine Autorität sein wird«, sagte sie nun nachdenklich zu ihrer Großmutter.

»Genauso stark, wie du sie haben willst«, erwiderte Mrs. Wickham.

»Meine liebe Anne, in einem Haus wie diesem dürfte es sehr leicht für dich sein, langsam, aber entschieden das Kommando zu übernehmen und die Dinge nach deinen Vorstellungen zu formen.«

Doreen lachte.

»Du bist goldig, Großmutter. Ich weiß genau, was du mit deinen Worten meinst, und du an meiner Stelle würdest das auch ohne weiteres fertigbringen. Aber obwohl ich deine Enkeltochter bin, besitze ich nicht dein Durchsetzungsvermögen. Ich kenne meine Grenzen und akzeptiere sie.«

»Dann enttäuschst du mich gewaltig«, entgegnete Mrs. Wickham voller Schärfe.

»Das ist ein Kompliment!« rief Doreen. »Das hört sich ja an, als trautest du mir Fähigkeiten zu, von deren Existenz ich bisher keine Ahnung hatte!«

Es gab nichts, was Mrs. Wickham mehr beeindruckte, als wenn ihr jemand in dieser Weise widersprach.

Der Streit mit Worten war die reinste Verjüngungskur für sie, die sie oft genug vermißte, wenn sie mit Edith und Richard allein war. Ihre durchdringenden Augen funkelten vor Vergnügen, und um ihre Lippen spielte jenes feine Lächeln, das in der Vergangenheit schon manchen zur Verzweiflung gebracht hatte.

Doch diesmal reagierte sie nicht auf den hingeworfenen Fehdehandschuh ihrer Enkelin. Doreens Worte schienen sie an etwas erinnert zu haben, und sie sagte:

»Ich habe übrigens eine schlechte Nachricht für euch.«

Richard, der seinen Tee beendet hatte und den Raum eben verlassen wollte, stoppte den Rollstuhl und schaute sich um.

»Nachrichten?« fragte er. »Von wem?«

»Ich erhielt heute einen Brief von Lancelot Wallis«, erklärte Mrs. Wickham nüchtern. »Du erinnerst dich an Henrys Bruder?«

Doreen fühlte, wie ihr das Blut in die Wangen schoß. Sie senkte den Kopf und tat so, als wäre sie damit beschäftigt, Ned, den alten Spaniel, der zu ihren Füßen lag, zu streicheln.

»Und was schreibt er?« fragte Edith neugierig.

»Es betrifft Doreen, Marys Tochter. Ich fürchte, sie ist tot.«

Doreen verspürte plötzlich den unwiderstehlichen Drang, laut herauszuplatzen. Sie wußte, es war eine hysterische Regung. Sie wußte, es war der Schock, der nach einer Entladung ihrer Gefühle verlangte. Aber sie ballte die Fäuste und hielt mit aller Gewalt an sich. Sie durfte sich jetzt auf keinen Fall verraten, so sehr sie der Gedanke auch zum Lachen reizte, daß sie hier saß und der Nachricht von ihrem eigenen Tod lauschte.

»Tot?« fragte Richard ruhig. »Das arme Kind!«

»Kind wohl kaum«, antwortete Mrs. Wickham kühl. »Doreen muß neunundzwanzig gewesen sein. Offensichtlich starb sie in einem Kairoer Krankenhaus an Herzversagen nach einem schweren Fieberanfall. Lancelot schreibt, er habe soeben erst die Einzelheiten erfahren, da die Behörden Schwierigkeiten bei der Feststellung der Angehörigen hatten und einige Zeit brauchten, um ihn, den Bruder ihres Vaters, aufzuspüren, da er erst kürzlich vom Land nach Seeds gezogen sei.«

»Er ist Anwalt, nicht wahr?« fragte Edith.

»Ja, er führt das Anwaltsbüro seines Vaters weiter«, erklärte Mrs. Wickham. »Ich muß sagen, der Tod meiner Enkeltochter scheint ihn nicht sonderlich zu berühren, und Genaueres darüber läßt sich seiner Meinung nach nicht mehr in Erfahrung bringen. Sie starb bereits vor einem Monat, und da sie wenigstens genug Geld für die Beisetzung hinterließ, konnte sie auf dem Kairoer Friedhof neben Henry und Mary beerdigt werden. Was Lancelot wundert – und dies mit Recht –, ist, daß sie als Doreen Wallis starb. Dabei hat sie doch einige Jahre zuvor einen Griechen geheiratet, dessen Name mir allerdings entfallen ist.«

»Vielleicht waren sie geschieden«, gab Richard zu bedenken.

»Das wäre immer noch keine Erklärung dafür, daß sie wieder ihren Mädchennamen annahm«, sagte Mrs. Wickham.

»Nun, wie dem auch sei, Lancelot – du erinnerst dich an ihn, Edith – erwähnt einige Einzelheiten, und im übrigen gibt er seinem Brief den Charakter einer Urkunde.«

»Ich versuche, mich an Doreen zu erinnern«, sagte Edith. »Weißt du noch, wie sie damals herkam? Welch seltsames kleines Mädchen sie war: aggressiv, ungezogen und ein einziges Nervenbündel. Sie hatte Angst vor uns und ging uns aus dem Weg, so gut sie konnte. Erinnerst du dich an sie, Anne?«

Edith wandte sich zu Doreen um, die hastig erwiderte:

»Natürlich, wir verbrachten hier gemeinsam die Sommerferien.«

»Du mochtest sie nicht besonders, Anne, oder?« fragte Mrs. Wickham.

Doreen schaute die Großmutter an, senkte jedoch sofort wieder den Blick. »Ich kann mich kaum noch daran erinnern«, erwiderte sie. »Es ist zu lange her.«

»Über neunzehn Jahre«, sagte Mrs. Wickham. »Ich habe mich oft gefragt, wie das Kind wohl in Kairo gelebt haben mochte. Ich kann mir nicht helfen, aber Mary und Henry waren ihr gewiß nicht die besten Eltern.«

»Oh, Mary war doch bestimmt gut zu ihr!« rief Edith. »Sie hatte eine so liebe Art, Mutter – bevor sie heiratete.«

»Das heißt also, daß du jetzt meine einzige Enkeltochter bist«, sagte Mrs. Wickham zu Doreen, ohne auf Ediths letzte Bemerkung einzugehen.

Die Worte hörten sich an wie eine Herausforderung.

»Ich hoffe, ich werde keine Enttäuschung für dich sein«, murmelte Doreen.

Dann sprang sie auf und sagte:

»Ich hole mir etwas zum Nähen!«

Sie ging zur Tür. Dort angekommen, hörte sie, wie Richard in verbittertem Ton leise zu seiner Mutter sagte:

»Nur ein Enkelkind! Es sieht aus wie der Anfang vom Ende der Familie.«

Doreen schloß die Tür des Salons hinter sich und lief die Treppe hinauf. Nun, da sie allein und außer Hörweite war, hatte sie seltsamerweise nicht mehr das Bedürfnis, zu lachen. Ihr war zum Weinen zumute.

Es war lächerlich, aber sie hatte plötzlich den Wunsch, wild und hemmungslos loszuheulen.

Wie bedeutungslos das Leben der Doreen Wallis doch gewesen war!

Die beiläufigen Äußerungen ihrer Verwandten hatten sie, so absurd es war, tief verletzt. Sie wußte natürlich, daß ein Kind, das sie nur einmal gesehen hatten, keinen großen Platz in ihren Herzen beanspruchen konnte. Dennoch, wenn sie an all das dachte, was sie von Kindheit an in Kairo erleiden mußte, kam es ihr ungerecht vor, daß niemand ihren Heimgang betrauerte.

Aber ein Gutes hatte die Nachricht ihres Todes. Sie wurde sich noch einmal eindringlich der Tatsache bewußt, daß sie für die Welt gestorben war. Doreen Wallis existierte nicht mehr.

»Eigentlich sollte ich mich jetzt leicht und frei fühlen«, sagte sie zu sich.

Statt dessen fühlte sie sich unerträglich traurig und den Tränen nahe.

Sie gab sich einen Stoß.

»Es ist sinnlos, hier herumzusitzen und Trübsal zu blasen«, flüsterte sie. »Ich werde nach unten gehen und mir ein Buch holen.«

Richard hatte ihr erklärt, jedes Buch in seiner Bibliothek stehe ihr zur Verfügung. Sie könne sich aussuchen, was sie wolle.

Doreen klopfte an die Tür seines Wohnzimmers. Er antwortete mit einem unfreundlichen Herein, als wäre er über die Störung verärgert. Aber als Doreen eintrat und er sah, daß sie es war, lächelte er liebenswürdig.

»Komm herein, Anne«, sagte er. »Wolltest du zu mir?«

»Ja, ich wollte mir ein Buch von dir ausleihen. Kannst du mir etwas Gutes empfehlen?«

»Aber natürlich. Etwas sehr Gutes sogar. Ich muß es hier irgendwo haben. Es heißt ›Der schwarze Panther‹. Schau doch mal drüben auf dem Tisch!«

Unter einem wirren Durcheinander von Büchern, Papieren und Pfeifen fand sie den Band.

Richard hatte seinen Rollstuhl gegen einen riesigen Ledersessel ausgetauscht. Er wirkte klein und verhutzelt und mitleiderregend verletzlich darin.

»Bitte, geh noch nicht?« bat er sie. »Bleib, und rede etwas mit mir.« In seiner Stimme war ein flehentlicher Ton, der Doreen erstaunt aufschauen ließ.

»Gerne«, erwiderte sie, »wenn du sicher bist, daß ich dich nicht störe.«

»Aber warum solltest du mich stören?«

»Ich fühle mich ein wenig bedrückt«, gestand Doreen und setzte sich ihm gegenüber auf einen Stuhl.

»Warum denn?« fragte ihr Onkel.

»Ich weiß nicht recht«, erwiderte Doreen, nicht der Wahrheit entsprechend. »Es sei denn, die Nachricht vom Tod meiner Kusine hat mich mitgenommen. Es war ein so einsamer Tod, und niemand scheint sie zu vermissen.«

»Ist nicht jeder Tod einsam?« fragte Richard beinahe heftig.

»Das meine ich nicht«, widersprach Doreen. »Nimm zum Beispiel deine Mutter. Sie war ihr ganzes Leben lang von Freunden umgeben, die sie bewunderten und verehrten. Wenn sie einmal stirbt, wird sie von vielen vermißt und betrauert werden. Und was noch mehr ist, sie wird vielen unvergessen bleiben.«

»Und was für ein Trost ist das für dich, wenn du tot bist?« fragte Richard.

»Glaubst du, freundliche Worte und verlogene Nachrufe wärmen dich, wenn du unter der Erde liegst?«

Er sprach mit solcher Bitterkeit, daß Doreen erkannte, daß sie ihn an einer empfindlichen Stelle getroffen hatte.

»Glaubst du nicht an ein Leben danach?« fragte sie.

»Nein«, antwortete Richard. »Schockiert dich das?«

»Nicht im geringsten«, erklärte Doreen rasch. »Ich bin nicht sicher, ob ich selbst daran glaube.«

»Und du bist eine Missionarstochter?« fragte Richard überrascht. »Ich kann nicht glauben, daß du so denkst.«

»Du vergißt, daß ich mir mein Leben nicht aussuchen konnte«, sagte sie ruhig. »Daß ich in eine bestimmte Umgebung geboren wurde, dafür kann ich nicht – aber was ich glaube, das liegt allein bei mir.«

Richard legte mitfühlend die Hand auf ihren Arm.

»Es tut mir leid.«

Doreen lächelte ihn an.

»Warum sollte es?« fragte sie.

»Ich bin es, der es leid tun muß, falls ich dich vor den Kopf gestoßen habe. Doch ich hatte das Gefühl, offen mit dir reden zu können und nicht die ganze Zeit an das denken zu müssen, was man von mir erwartet.«

»Wir alle müssen uns in unserem Verhalten nach dem richten, was andere von uns erwarten«, sagte Richard.

»Wieso?«

»Weil der gesamte gesellschaftliche Überbau unseres Lebens zusammenbrechen würde, wenn wir es nicht täten. Kannst du dir vorstellen, was geschehen würde, wenn jeder, gleichgültig, welche gesellschaftliche Stellung er innehat, nur nach seinen Wünschen und Bedürfnissen lebte und rückhaltlos ehrlich wäre? Nur weil alle eine Maske tragen und vorgeben, etwas zu sein, was sie in Wirklichkeit nicht sind, vermag die Welt im Zustand der sogenannten Zivilisation weiterzuleben.«

Doreen starrte ihn an.

»Ich frage mich, ob du recht hast.«

»Natürlich habe ich recht«, erwiderte Richard. »Wenn alle sich auch nur für Stunden gehen ließen, würdest du erleben, wie Geistliche zu Mördern, Nonnen zu Dirnen, Bankdirektoren zu Dieben und Politiker zu Halsabschneidern und Gangstern würden. Nein, wir alle müssen einen gigantischen Bluff aufrechterhalten, damit die Menschlichkeit auf unserer Erde nicht zum Untergang verdammt ist.«

»Und du? Bluffst du auch?«

»Natürlich bluffe ich«, sagte Richard heftig. »Glaubst du, es macht mir Spaß, das Leben eines verhätschelten Kranken zu spielen, eines Mannes, der so elend dran ist, daß alle, mit denen er zusammenkommt, glauben, ihn mit Rücksichtnahme und Mitleid überhäufen zu müssen.«

Er schwieg einen Moment und stieß dann noch wilder hervor:

»Ich hasse Rücksichtnahme und Mitleid. Ich möchte grausam sein, mitleidlos, vital, zeugungsfähig und, wenn du so willst, sadistisch. Ich möchte Menschen haben, die ich befehligen und unterdrücken kann, genauso, wie mich jetzt andere befehligen und unterdrücken. Ich möchte, daß andere vor mir kriechen und Angst vor mir haben. Aber darf ich das zugeben oder gar praktizieren? Du weißt, daß es nicht möglich ist.«

Als er verstummte, breitete sich lastendes Schweigen im Zimmer aus – wie nach einem Schrei.

Doreen verstand Richard. Sie sah, wie er litt unter der eigenen Schwäche, wie gehetzt er nach einer Fluchtmöglichkeit Ausschau hielt, nach einer Freiheit, die es nie für ihn geben würde.

Unwillkürlich suchte sie nach Worten, die ihn trösten konnten. Aber es durften nicht die gewohnten leeren Worte sein, denn sie wußte, daß sie ihm das Mitleid, das sie für ihn empfand, nicht zeigen durfte.

Als sie sprach, geschah es mit kühler, sachlicher Stimme.

»Wirfst du das Geistige und das Körperliche nicht in einen Topf?«

»Was meinst du damit?«

»Alles, was du gerade gesagt hast, kannst du durch die Kraft deines Geistes erreichen. Mitleidlosigkeit, Herrschaft über Menschen, Anerkennung sind nicht abhängig von der Kraft deiner Muskeln. Alle Tyrannen der Vergangenheit waren klein von Gestalt. Viele von ihnen litten unter irgendeiner körperlichen Behinderung.«

Sie machte eine Pause und blickte ihm in die Augen.

»Du bist gut, Onkel Richard«, sagte sie mit leicht spöttischem Unterton. »Viele Menschen in deiner Lage möchten Autorennen fahren oder Rugby für England spielen. Wenn du willst, kannst du die Maske fallen lassen und dir jeden deiner Wünsche erfüllen.«

»So habe ich das noch nie gesehen«, sagte Richard. »Ich frage mich, ob du recht hast.«

»Aber natürlich habe ich das!« rief Doreen.

Und damit er nicht so schnell die Schwachstellen in ihrer Argumentation entdeckte, fuhr sie fort: »Ich befinde mich in keiner halb so günstigen Ausgangsposition wie du, weil ich nicht weiß, was ich eigentlich will.«

»Einen Mann vielleicht?« erwiderte Richard mit einem Grinsen.

»Ja, vermutlich«, sagte Doreen leichthin.

»Ein eigenes Haus, einen Mann, Kinder und eine angesehene gesellschaftliche Stellung. Das ist der Wunsch von neunundneunzig von hundert Frauen, und für die hundertste ging der Wunsch bereits in Erfüllung.«

»Hast du nie geliebt?«

»Ich habe es zumindest geglaubt«, erwiderte Doreen. »Ich hatte einmal ein tiefes Gefühl für jemanden, und körperlich angezogen fühlte ich mich mehrmals.«

»Du wirst dein Glück noch finden«, sagte Richard zuversichtlich. »Aber für mich gibt es keine Zukunft mehr.«

»Warum sollte es für dich keine Zukunft mehr geben? Warum solltest du nicht noch etwas leisten und erreichen können? Im Augenblick allerdings verplemperst du deine geistigen Kräfte und vergeudest sie in Selbstmitleid. Weshalb verwendest du sie nicht für eine positive Aufgabe?«

Richard hatte sich in seinem Sessel vorgebeugt und sah sie gebannt an.

»Anne, Anne! Wenn ich dir nur glauben könnte!«

»Du kannst mir glauben«, antwortete Doreen. »Du weißt überhaupt nicht, welche Möglichkeiten du hast. Und niemand kann dir beweisen, daß es so ist. Du bist der einzige, der das kann. Nur du kannst dich dazu bringen, zu leben und lebendig zu sein – geistig, meine ich. Diese Welt ist ein unerforschtes Territorium für einen jeden von uns.«

Richard bedeckte das Gesicht mit beiden Händen.

Der Gong, der daran erinnerte, sich zum Abendessen umzukleiden, hallte durchs Haus. Doreen erhob sich. »Danke für das Buch«, sagte sie sanft.

»Komm her!«

Sie gehorchte, trat zu ihm und blickte auf ihn nieder.

»Ich glaube, dich hat mir der Himmel gesandt«, sagte Richard langsam, mit heiserer Stimme. »Zum erstenmal seit vielen Jahren leuchtet in der Dunkelheit meiner Hölle ein Licht.«

Einem Impuls nachgebend, beugte sich Doreen zu ihm hinab und küßte ihn auf die Stirn.

»Deine Hölle ist eine Einbildung. Gib sie auf! Du kannst es!«

Draußen im Gang stellte sie fest, daß sie während der Unterhaltung einen Teil der eigenen Kraft verbraucht und auf ihn übertragen hatte. Sie fühlte sich erschöpft. Dies jedoch auf eine neue, ganz ungewohnte Weise, die sie bisher nie kennengelernt hatte.

»Vielleicht habe ich ihm wirklich ein wenig helfen können«, murmelte sie, während sie die Treppe hinaufstieg.

Richard war jahrelang von seiner Familie völlig falsch behandelt worden. Sie hatten ihn mit ihrer Fürsorge erdrückt, hatten ihm zu sehr die Möglichkeit gegeben, über sich und sein leeres, sinnloses Leben nachzudenken. Er war ins Brüten und Grübeln gekommen, und alles war damit noch schlimmer geworden.

»Es ist absurd«, sagte Doreen laut, als sie auf ihrem Zimmer war. Man hätte ihm eine sinnvolle Beschäftigung geben müssen, eine Aufgabe in der Verwaltung des Gutes vielleicht, etwas, das seine Aufmerksamkeit von den eigenen Problemen ablenkte.

Statt dessen vertat er seine Zeit im Garten, kümmerte sich um die Rosen und einige andere unwichtige Dinge, die Mrs. Wickham großzügig an ihn abtrat. Und das seit nunmehr zwanzig Jahren.

Sie ist zu stark und beherrschend, dachte Doreen. Sie wollte immer, daß ihre Kinder sich an ihr festklammern und hielt sie an ihrem Schürzenzipfel, gleichgültig, ob es zum Nutzen der beiden war oder nicht. Und mit ihr, Doreen, hatte sie das gleiche vor. Auch ich werde bald abhängig von ihr sein wie Edith. Wie alle anderen werde ich ihre Verachtung fürchten und alles tun, um mich Liebkind bei ihr zu machen, süchtig nach ihrem Lob und ihren Huldbeweisen.

Aber trotz aller Kritik und Skepsis mußte Doreen zugeben, daß ihre Großmutter eine großartige und außergewöhnliche Frau war, als diese in einem purpurroten Samtkleid mit einem Kragen aus echter Honitonseide hoheitsvoll am Kopfende des Tisches Platz nahm.

Bevor sie dem Butler den Befehl zum Auftragen gab, blickte sie auf die ihr eigene, unnachahmliche Art in die Runde und gab auf diese Weise zu verstehen, daß sie eine Ankündigung zu machen hatte.

Möchte wissen, was es ist, dachte Doreen, amüsiert und gespannt zugleich, und blickte auf die kleine Person, der mit einem Minimum an Aufwand die theatralischsten Effekte gelangen.

»Hat jemand von euch die Abendnachrichten gehört?« fragte Mrs. Wickham.

Doreen schaute Edith an, die nach dem Tee ins Dorf gefahren war.

»Nein«, sagte sie. »Gibt es etwas Neues?«

Mrs. Wickham schwieg, und Doreen bemerkte, wie die Großmutter es genoß, der Mittelpunkt des Interesses zu sein. Schließlich sprach sie.

»Deutschland ist heute morgen in Polen einmarschiert. England wird Hitler den Krieg erklären.«

XVII

Am nächsten Morgen traf Doreen einige Minuten vor halb zehn auf dem Schloß ein.

Sie trug zwei Schulbücher unter dem Arm, die sie in der gutbestückten Bibliothek von Brookavon Manor gefunden hatte. Sie waren schon älter. Ihre Mutter hatte sie bereits benutzt, aber für den Anfang würden sie genügen und ihr helfen, festzustellen, was Sheila wußte und was sie nicht wußte.

Am vergangenen Abend hatte sie sich einige Stunden in diese Bücher vertieft und war entsetzt gewesen über die eigene Unwissenheit.

Jedenfalls werde ich in der ersten Zeit keine Langeweile haben, dachte sie nun zufrieden. Vor allem würde sie einige Mühe darauf verwenden müssen, dem Kind Manieren beizubringen. Das schien ihr noch vordringlicher zu sein als die Vermittlung bloßen Schulwissens.

Walter öffnete die Tür und begrüßte sie mit einem Lächeln.

»Bereit zur Arbeit, Miß?« fragte er.

»Ich nehme an, der Unterricht findet in dem Raum statt, in dem ich Miß Sheila gestern aufsuchte?« erkundigte sich Doreen.

»Nein, Miß«, begann er zögernd. »Dieser Raum war das eigentliche Kinderzimmer. Es gab unablässig Streit darüber, ob Miß Sheila hier oder in dem kleinen Raum nebenan, der als Schulraum gedacht war, unterrichtet wurde. Aber er wurde von den jeweiligen Erzieherinnen gern als privater Aufenthaltsraum benutzt. Sie sehen, Miß, die Kinderfrau versteht es ausgezeichnet, die Dinge möglichst kompliziert und schwierig zu machen.«

Doreen zweifelte nicht daran, und sie stieg mit einem Gefühl der Mutlosigkeit die Treppe hinauf. Als sie dann die Tür zum Kinderzimmer öffnete, stellte sie fest, daß nur die Kinderfrau anwesend war.

»Guten Morgen, Nurse«, sage sie freundlich. »Wo steckt Sheila? Ist sie bereit zum Unterricht?«

»Ich habe nicht die leiseste Ahnung«, antwortete die Kinderfrau unversöhnlich. »Wenn Sie was von ihr wollen, werden Sie sie schon suchen müssen.«

Doreen fühlte, wie der Zorn in ihr aufflammte, und sie sah keinen Grund, ihre Gefühle zu unterdrücken.

»Ich kann mir nicht vorstellen, daß Sie dem Kind mit einem solchen Verhalten ein besonders gutes Beispiel geben«, sagte sie. »Vielleicht sind Sie so freundlich und zeigen mir den Schulraum. Wenn ich Walter richtig verstanden habe, muß er sich auch auf dieser Etage befinden.«

Die Kinderfrau schien verblüfft, und Doreen vermutete, daß es sich bei den anderen Erzieherinnen um ängstliche Seelen gehandelt hatte, die ihre Anstellung nicht verlieren wollten und es für diplomatischer gehalten hatten, mit der resoluten Kinderfrau keinen Streit anzufangen.

»Es ist der Raum links von hier«, entgegnete die Kinderfrau schroff und machte keine Anstalten aufzustehen.

»Danke! Wenn Sheila kommt, sagen Sie ihr freundlicherweise, wo ich zu finden bin!«

Das Schulzimmer war ein kleiner, hübscher Raum auf der Rückseite des Hauses. Die Fenster gingen zum Garten hinaus. Doreen sah sich sorgfältig um und entdeckte zu ihrer Freude eine reichhaltige Sammlung von Schulbüchern.

Jede der Erzieherinnen mußte beträchtliche Summen in die Anschaffung dieser Art von Lehrmaterial gesteckt haben, weil sie Wert auf ihre eigene Unterrichtsmethode legte, so daß mehrere Regale nur mit diesen Büchern gefüllt waren.

In einem Schrank fand Doreen weitere Bücher, außerdem ein heilloses Durcheinander von Federhaltern, Schreibpapier und Heften, so daß sich ihr vor Entsetzen regelrecht die Haare sträubten.

Nach einer halben Stunde vergeblichen Wartens überlegte Doreen, was sie tun sollte.

Sie hatte halb schon damit gerechnet, daß Sheila nicht anwesend sein würde, und ihrer Meinung nach gab es nur zwei Möglichkeiten, darauf zu reagieren. Entweder sie übersah die Trotzhaltung des Kindes und ließ sie zunächst einmal gewähren, oder sie machte sich auf die Suche nach ihm.

Weil sie sowieso nicht wußte, wie sie die Zeit ausfüllen sollte, dachte Doreen, dies wäre eine gute Gelegenheit, das Schloß zu erkunden.

Entschlossen und gleichzeitig ein wenig nervös, verließ sie den Schulraum und warf einen kurzen Blick in die übrigen Zimmer des Stockwerks.

Eins davon war Sheilas Schlafraum, eingerichtet mit einem Kinderbett und Möbeln der gleichen Größe.

Der Raum, der durch eine Verbindungstür mit Sheilas Schlafzimmer verbunden war, gehörte wohl der Kinderfrau, während ein anderer Raum, fast am Ende des Ganges, leerstand und bisher zweifellos von den Erzieherinnen bewohnt worden war.

Doreen stieg die Treppe hinunter und beschloß, Walter zu rufen und sich von ihm das übrige Schloß zeigen zu lassen.

Auf der Treppe begegnete sie einem Diener und bat ihn, den Butler zu suchen. Wenige Minuten später war dieser zur Stelle.

»Miß Sheila ist verschwunden, Walter«, sagte sie zu ihm, »aber falls Ihre Zeit es erlaubt, würde ich gerne das Schloß besichtigen. Es ist etwas verwirrend, wenn man sich in einem so riesigen Haus nicht zurechtfindet.«

»Dieses Kind ist ein richtiger kleiner Teufel«, versetzte Walter. »Ich ahnte schon, daß es so kommen würde, als James mir berichtete, sie sei kurz nach dem Frühstück ausgeritten.«

»In dem Fall ist es wohl überflüssig, daß ich die Suche nach ihr fortsetze.«

»Sehr richtig, Miß«, erwiderte Walter. »Wenn Sie meinen Rat hören wollen, ich würde am Anfang nicht zu streng mit ihr sein. Die meisten Erzieherinnen haben versucht, sie zu schnell und gewaltsam zur Räson zu bringen, wenn Sie wissen, was ich meine. Und die Kinderfrau unterstützt und ermutigt Miß Sheila noch in ihrem Widerstand.«

»Das habe ich mir gedacht«, antwortete Doreen ruhig. »Aber nun auf zum Rundgang durchs Haus.«

Sie genoß diesen Morgen aufs höchste, denn Barnleigh Castle war überwältigend. Colin Gillespie hatte ein Vermögen dafür verwendet, bevor er starb. Jedes Möbelstück war museumsreif, und viele der Bilder galten als denkmalgeschützte Kunstgegenstände.

Die Mehrzahl der Räume war verschlossen, und Doreen verstand sehr gut, wie enttäuschend es für die Diener war, dieses riesige Haus sauberzuhalten, ohne jemals den Lohn für ihre Mühe zu ernten.

Welche Freude und Genugtuung wäre es für sie gewesen, zu erleben, wie sich die großen Salons von Zeit zu Zeit mit fröhlichen, festlich gekleideten Menschen füllten, das Klicken der Billardkugeln in dem eichenholzgetäfelten Billardzimmer zu hören, zu wissen, daß die altehrwürdigen Galaräume von eleganten, hochgestellten Persönlichkeiten des Adels, der Politik und der Wirtschaft benutzt wurden.

Doreen sah das ganze Haus. Bis auf einen Flügel, zu dem ihr der Zutritt versperrt war.

»Dort liegen die Laborräume des Herrn«, erklärte Walter.

»Keiner von uns ist dort je gewesen. Er hat einen Gehilfen, der im Dorf wohnt und jeden Morgen mit dem Fahrrad heraufkommt. Er hält alles sauber, glaube ich. Aber niemandem aus dem Haus ist es gestattet, durch diese Tür zu treten.«

»Wie viele Diener hier sind!« bemerkte Doreen, als sie zum dritten- oder viertenmal während ihres Rundgangs einen jungen Mann in einem der verschiedenen Zimmer bei der Arbeit antrafen.

»Es sind keine Diener, Miß«, sagte Walter mit einem spöttischen Unterton.

»Es sind Hausmädchen. Jedenfalls machen sie deren Arbeit. Hausmänner ist vielleicht die richtige Bezeichnung.«

»Hausmänner?« Doreen war erstaunt.

»Ja, der Herr wünscht keine Frauen im Haus. Ich dachte, sie wüßten das. Außer der Kinderfrau und der Erzieherin besteht das Personal nur aus Männern.«

»Gütiger Himmel, was für eine ausgefallene Idee!«

Sie waren wieder in der Halle angelangt. Die große Standuhr in der Ecke schlug zwölf.

»Schon zwölf!« rief Doreen erstaunt. »Die Zeit ist im Flug vergangen. Ich habe es nicht bemerkt, weil es so interessant für mich war. Danke, Walter. Ich muß sagen, das Schloß ist wundervoll.«

»Ich werde mich nun um das Luncheon kümmern, Miß«, sagte er. »Es wird um Punkt eins genommen.«

»Glauben Sie, Sheila ist bis dahin zurück?«

»Das läßt sich schwer sagen. Vielleicht kommt sie, vielleicht kommt sie nicht. Es ist wie mit dem Herrn selbst. Auch bei ihm weiß man nie, was er machen wird. Doch es hat keinen Sinn, auf einen der beiden zu warten, Miß. Jedenfalls möchte ich Sie bitten, sich in den Speisesaal zu bemühen, sobald der Gong ertönt.«

»Mache ich«, erwiderte Doreen und stieg die Treppe hinauf.

Da es nichts für sie zu tun gab, vertiefte sie sich in ein Buch und las, bis der dumpfe Klang des Gongs an ihr Ohr drang.

Ein wenig aufgeregt ging sie nach unten und betrat den Speiseraum. Zu ihrer Erleichterung war er bis auf Walter und zwei Diener leer.

Sie nahm in dem Sessel Platz, den Walter ihr anwies. Dann bediente sie sich von einer großen Silberplatte mit der Vorspeise.

Doreen war bereits beim zweiten Gang, als die Tür aufging und Sheila hereinkam.

Das Kind sah unordentlich, ja sogar schmutzig aus. Ihr Leinendreß hatte einen langen Riß, und ihr Haarband mußte sie verloren haben.

Sie betrat den Raum mit einer trotzigen und selbstzufriedenen Haltung, die etwas Drolliges an sich hatte. Von Doreen nahm sie keinerlei Notiz, während sie sich mit lautem Getöse in einem Sessel auf der gegenüberliegenden Tischseite niederließ.

»Ich hoffe, Sie haben mir noch etwas warm gehalten, Walter. Ich habe einen Bärenhunger.«

Doreen hielt den Augenblick für günstig.

»Ich habe einen herrlichen Morgen verbracht«, verkündete sie.

Sheila starrte sie sekundenlang an. Sie hatte offensichtlich mit Vorhaltungen gerechnet.

»Was haben Sie gemacht?«

»Einen Rundgang durchs Schloß«, antwortete Doreen. »Ein herrlicher Platz zum Verstecken spielen. Was hältst du davon, wenn wir ab und zu ein paar Kinder herholen würden? Es müßte ein riesiges Vergnügen sein!«

»Die Kinder hier sind hochnäsige, eingebildete und blasierte Affen«, stieß Sheila hervor.

»So?« sagte Doreen mitfühlend. »Wie unangenehm. Ich erinnere mich, als ich ein kleines Mädchen war, gab es hier ein Kind, das ich regelrecht gehaßt habe. Sie erklärte mir immer nur, was ich alles nicht tun dürfe.«

Sheila schien gegen ihren Willen interessiert.

»Und Sie haben sich natürlich nicht daran gestört, wie?« fragte sie, ohne große Hoffnung in der Stimme.

»Natürlich nicht«, erwiderte Doreen. »Sie war genau das, was du einen blasierten Affen nennst. Ich riß sie an den Haaren, wenn niemand hinschaute.«

Sheila lachte vergnügt, und Doreen wußte, daß sie einen Pluspunkt verbuchen konnte.

»Ich hätte die Mädchen auch gerne an den Haaren gezogen, wenn ich auf einer ihrer Partys war«, sagte Sheila. »Aber die meisten tragen ja das Haar ziemlich kurz.«

»Ja, Zöpfe eignen sich besser zum Dranziehen«, räumte Doreen ein. »Andererseits bleibt man damit leicht beim Klettern hängen.«

»Sie sind auf Bäume geklettert? Das glaube ich nicht!« Sheila machte den Versuch, ihre Feindseligkeit neu zu aktivieren.

»Warum? Machen wir eine Wette, dann wird es sich zeigen«, entgegnete Doreen mit größerer Zuversicht, als sie empfand.

»Ich setze einen Preis für den aus, der am höchsten klettert.«

»Was für einen Preis?« Sheila schien argwöhnisch.

»Eine Tafel Schokolade, schlage ich vor.«

Mit lautem Knall legte Sheila Messer und Gabel auf den Tisch und starrte über den Tisch auf Doreen.

»Wissen Sie, ich glaube nicht, daß Sie eine Erzieherin sind. Es kommt mir eher so vor, als wollte man mich auf den Arm nehmen.«

Aus den Augenwinkeln sah Doreen, daß Walter sich abwandte, um ein Lächeln zu verbergen. Sie selbst machte ein ernstes Gesicht.

»Ich werde dir ein Geheimnis verraten, das heißt, wenn du möchtest«, sagte sie. »Aber behalte es für dich. Ich bin eine Erzieherin, aber eine unwahrscheinlich schlechte.«

»Was heißen soll, daß Sie eine sehr gute sind, soweit es mich betrifft«, antwortete Sheila rasch und lachte über ihren eigenen Scherz.

In diesem Moment wurde die Tür geöffnet, und Michael Gillespie trat ein. Doreen erhob sich.

»Guten Tag, Mister Gillespie«, sagte sie.

Sekundenlang sah er sie völlig verdutzt an.

»Guten Tag«, erwiderte er dann. »Ja, ja, natürlich, Miß Marston. Bitte, behalten Sie doch Platz. Guten Tag, Sheila.«

»Hallo, Daddy«, entgegnete das Kind ohne große Begeisterung.

Mr. Gillespie setzte sich ans Kopfende und befahl dem Butler:

»Bringen Sie mir schnell etwas, Walter! In zehn Minuten muß ich wieder im Labor sein.«

»Was machst du heute mit den Meerschweinchen?« fragte Sheila.

»Es sind keine Meerschweinchen, sondern Ratten«, verbesserte Mr. Gillespie sie.

Er sah auffallend müde aus, als hätte er nächtelang nicht mehr geschlafen. Sein Gesicht wirkte grau und eingefallen, und Doreen fragte sich, weshalb er sich derart verausgabte und ob seine Experimente überhaupt die Mühe lohnten, die er auf sie verwandte.

»Kann ich sie mir einmal anschauen?« wollte Sheila wissen.

»Nein«, erwiderte der Vater. »Ich habe dir das doch schon oft gesagt, Sheila. Und, bitte, versuche nicht wieder durch die Fenster zu sehen. Das letzte Mal hast du den armen jungen Mackenzie so erschreckt, daß er ein Reagenzglas fallen ließ.«

»Dummkopf!« stieß Sheila hervor.

Mister Gillespie blickte seine Tochter stirnrunzelnd an, schwieg jedoch. Er begann hastig zu essen, und Doreen überlegte, ob er an diesem Tag kein Frühstück bekommen hatte.

Sie brach das Schweigen.

»Ich habe mir das Schloß angeschaut, Mister Gillespie«, sagte sie. »Es ist eins der herrlichsten Bauwerke, die ich je gesehen habe.«

»Ja, nicht wahr?« antwortete er geistesabwesend.

»Miß Marston meinte, wir sollten eine Party geben«, erklärte Sheila.

Mit dem Ausdruck plötzlicher Feindseligkeit auf seinen Zügen starrte Mister Gillespie Doreen an.

Doreen errötete und sagte verlegen:

»Nur eine Kinderparty. Das Schloß ist ein so wundervoller Ort zum Spielen.«

»Wir wollen hier keine Kinder«, entgegnete Mister Gillespie schroff.

Er legte Messer und Gabel hin und erhob sich.

»Gehst du schon wieder, Daddy?« fragte Sheila. »Du hast ja noch keinen Pudding gegessen.«

»Ich will keinen Pudding.« Er ging zur Tür und verließ das Speisezimmer ohne ein Wort oder ein grüßendes Nicken.

»Dein Vater sieht müde aus«, sagte Doreen.

»Er ist immer müde und immer mißgestimmt«, entgegnete das Kind. »Er geht mir auf die Nerven!«

Doreen hatte keine passende Antwort auf den Gefühlsausbruch des Mädchens, und da sie mit Essen fertig waren, nahm sie die Serviette vom Schoß und blickte Sheila an.

»Sprichst du kein Tischgebet?« fragte Doreen.

»Nein.«

»Na gut.«

Doreen erhob sich.

»Bevor du wieder irgendwohin verschwindest«, sagte sie, »hast du keine Lust, mir den Garten zu zeigen? Ich frage nur, falls du nichts anderes zu tun hast.«

»Warum nicht, wenn Sie ihn sehen möchten. Ich wollte sowieso in die Stallungen, um meinem Pony ein paar Stücke Zucker zu bringen.«

Sheila hatte ohne Begeisterung gesprochen, aber Doreen spürte, daß sie einen weiteren Pluspunkt verbuchen konnte.

Sie verließen das Haus durch den Haupteingang und gingen in Richtung Ställe.

»Reitest du allein?« erkundigte sich Doreen.

»Billy kommt mit«, erwiderte Sheila. »Er ist der Stalljunge. Aber William ist faul.«

»Wer ist William?«

»Er ist der Reitknecht, und er schmiert Daddy immer Honig um den Bart und tut so, als kümmerte er sich gewissenhaft um die Pferde. In Wirklichkeit tut er nichts. Er sitzt nur herum, raucht Pfeife und trinkt auf Daddys Kosten Bier. Ich weiß das, weil er kürzlich am Telefon sagte, sie sollten das Bier auf die Haferrechnung setzen. Er hatte keine Ahnung, daß ich ihn belauschte. Ich hatte mich auf dem Heuboden versteckt.«

Es war nur zu naheliegend, daß in einem Haus, in dem es keine Autorität gab, solche Betrügereien durch die Angestellten vorkamen.

Doreen zögerte, bevor sie ihren nächsten Vorschlag machte.

»Ich nehme an, du hättest es nicht gerne, wenn ich mit dir ausreiten würde, nicht wahr? Und vielleicht gibt es auch gar kein geeignetes Pferd für mich.«

»Können Sie denn reiten?« fragte Sheila interessiert.

»Natürlich«, antwortete Doreen und dachte an die Jahre als Pepis Frau, als sie jeden Morgen vor dem Frühstück ihren Ritt machte.

»Ich wette, ich reite besser als Sie.«

»Das ist noch die Frage«, sagte Doreen kühl. »Weißt du, ich besaß einmal sehr gute Pferde, und ich sah auch sehr elegant auf ihnen aus. Ich mag es nicht, wenn Leute in den Sattel steigen, die dann aussehen wie ein Bündel Lumpen. Zum Reiten gehört nicht nur eine tadellose Haltung, sondern auch die passende Kleidung. Meinst du nicht auch?«

»Ich glaube, Leute, die so großen Wert auf ihre Kleidung legen, sind schrecklich langweilig«, widersprach Sheila streitsüchtig.

»Oh, wenn es nichts Wichtigeres mehr für sie gibt als schöne Kleidung, dann ja. Es gibt ja oft dumme, törichte junge Mädchen, die nur eine Sorge haben. Sie fürchten, sie könnten sich ihr neues Kleid zerreißen oder die Hände schmutzig machen.« Doreen lächelte, bevor sie fortfuhr: »Ich muß allerdings zugeben, daß ich gern gut aussehe, wenn möglich sogar hübscher als die anderen. Schöne Kleider geben einem Selbstvertrauen und ein Gefühl von Bedeutsamkeit.«

Sie sprach mit Überzeugung, und Sheila war offensichtlich interessiert.

»Glauben Sie wirklich?«

»Ja.«

»Nanny sagt, an einem so gottverlassenen Ort wie diesem sei jedes Kleid gut genug.«

»Und das glaubst du? Nein, Kleider sind wichtig, wo immer du bist. Wenn du es jetzt lernst, auf dein Äußeres zu achten, wirst du es auch tun, wenn du erwachsen bist. Denn dann möchte jede Frau schön sein und von anderen bewundert werden.«

Sheila schwieg. Sie ging neben Doreen her und trat mit der Schuhspitze Steine aus dem Weg. Doreen merkte, daß sie nachdachte, und sie ließ sie in Ruhe. Schließlich sagte das Kind:

»Meine Mutter war sehr schön – und sehr schlecht. Das ist auch der Grund, weshalb ich oft so ungezogen bin.«

Doreen spürte die Gefahr.

Sheila war ein Kind, zu dem man nur mit ungewöhnlichen Methoden eine Beziehung aufbauen konnte. Und dabei mußte man sehr behutsam vorgehen.

»Wer sagt, deine Mutter sei schlecht?« fragte sie.

»Nanny«, antwortete Sheila. »Sie sagte, sie sei eine schwache, verdorbene Frau gewesen, die meinen Vater schändlich behandelt habe. Ich mache Mutter deswegen keinen Vorwurf. Ich würde ihn auch so behandeln, wenn ich könnte.«

»Und sie war sehr schön, hast du gesagt?«

»Sehr, sehr schön!« Sheila nickte eifrig. Dann fügte sie hinzu: »Daddy hat sämtliche Fotos von ihr vernichtet. Nanny sagt, er hat sie verbrannt. In der Bibliothek hat er ein großes Feuer gemacht und sie alle verbrannt. Trotzdem weiß ich, daß sie schön war – die schönste Frau auf der Welt.«

»Ich bin sicher, du wirst einmal genauso schön werden.«

»Ich?« stieß Sheila hervor.

Sie starrte Doreen an, als zweifelte sie an deren Verstand. Dann schob sie sich näher an sie heran und fragte mit leiser Stimme:

»Glauben Sie wirklich, daß ich einmal schön sein werde?«

»Ja, wenn du dir Mühe gibst und etwas dafür tust.«

»Sagen Sie, wie? Sagen Sie mir, wie man das macht«, bat Sheila aufgeregt und hängte sich bei Doreen ein.

XVIII

»Gehst du heute aufs Schloß«, fragte Edith am Sonntag. »Ich könnte dich mitnehmen, denn ich muß nach Barnleigh Village. Das liegt ganz in der Nähe. Ich kann dir nur den Rat geben, mein Angebot anzunehmen. Bald wird die Regierung das Benzin rationieren, und ich werde aufs Fahrrad umsteigen müssen.«

»Ja«, antwortete Doreen. »Ich werde heute noch einmal hingehen, obwohl ich mir vorgenommen habe, Mister Gillespie zu bitten, mir am Sonntag freizugeben.«

»Das hört sich ja fast an, als wärst du eine Hausangestellte«, sagte Richard vom anderen Ende des Frühstückstisches.

»Benutze eine solche Bezeichnung nicht in Verbindung mit dem Schloß.« Doreen lachte. »Die Kinderfrau und ich sind die einzigen weiblichen Wesen, denen es erlaubt ist, sich in seinen Mauern aufzuhalten.«

»Ich nehme an, dieser Zustand wird sich bald schon ändern«, gab Edith zu bedenken. »Die meisten der Diener werden sicher in Kürze eingezogen, und ich glaube, George Johnstone, der Verwalter, hat seine Einberufung bereits erhalten.«

»Das darf doch nicht wahr sein!« rief Doreen. »Was soll Mister Gillespie denn ohne ihn anfangen?«

Schon bald sollte sie es erfahren.

Eine Stunde später setzte Edith sie vor dem Torhaus ab, und Doreen wanderte die Allee entlang zum Schloß.

Dort angekommen, läutete sie die Hausglocke, und Walter öffnete ihr.

»Guten Morgen, Miß«, sagte er. »Ich dachte mir, daß Sie es sind. Ich bin froh, daß Sie kommen. Über Nacht haben sich einige Probleme ergeben.«

»Was ist denn geschehen?«

»Well, Miß, wir sind seit gestern in einer schwierigen Situation. Meine beiden Diener sind eingerückt, und drei der Hausmänner haben ebenfalls einen Gestellungsbefehl erhalten. Das heißt, daß wir nur noch zu dritt im Haus sind und nicht mehr wissen, wo wir mit der Arbeit anfangen sollen. Mister Johnstone ist eben beim Herrn, um sich von ihm zu verabschieden.«

»Gütiger Himmel, was soll denn nun werden?« fragte Doreen.

»Ich weiß es nicht, Miß«, entgegnete Walter. »Dabei ist das noch nicht alles. Mister Johnstone hat uns soeben davon in Kenntnis gesetzt, daß heute vierzig Kinder aus Melchester kommen werden, die wir bei uns unterbringen müssen.«

»Vierzig Kinder?« rief Doreen aus. »Aber wer soll sich denn um sie kümmern?«

»Wenn ich es richtig verstanden habe, handelt es sich um eine Schule, die evakuiert werden mußte. Es kommen also einige Lehrpersonen mit.«

»Na, Gott sei Dank.« Doreen seufzte erleichtert auf. »Aber wo sollen die Kinder untergebracht werden?«

»Ich habe noch nicht mit dem Herrn darüber gesprochen«, sagte Walter.

In diesem Augenblick wurde die Tür zur Bibliothek geöffnet. Mr. Gillespie trat, begleitet von George Johnstone, in die Halle. Der Verwalter trug bereits Uniform.

Als er Doreen sah, kam er mit ausgestreckter Hand auf sie zu.

»Sie sind Miß Marston, nicht wahr?« sagte er. »Ich habe schon so viel von Ihnen gehört und freue mich, Sie endlich persönlich kennenzulernen. Leider ist unsere Begrüßung zugleich auch der Abschied.«

»Sie wollen uns verlassen?«

»Von Wollen kann keine Rede sein«, antwortete er. »Der Ruf zu den Fahnen! Ich habe Mister Gillespie soeben die Schlüssel zu meinem Büro zurückgegeben.«

»Worüber ich natürlich sehr begeistert bin«, sagte Mr. Gillespie ärgerlich.

Es waren die ersten Worte, die er sagte. Nicht einmal zu einem Guten Morgen für Doreen hatte er sich herabgelassen.

»Ich weiß wirklich nicht, was, zum Teufel, wir nun machen sollen! Haben Sie schon gehört, was Mister Johnstone mir mitteilte? Vierzig Kinder aus dem Kloster in Melchester treffen heute hier ein.«

»Ein Kloster?« sagte Doreen. »Dann würde ich mir keine Sorgen machen. Die Nonnen werden die Kinder schon nicht im Stich lassen und sich um sie kümmern. Diese Sorge können Sie also vergessen.«

»Und wo sollen wir sie unterbringen?« wollte Michael Gillespie wissen. »Und überhaupt – wer soll sich um die Organisation und Leitung des Hauses kümmern. Ich habe keine Zeit dazu. Meine Forschungsarbeit geht vor. Das Ministerium schickt mir heute nachmittag zwei Leute zur Unterstützung. Auch sie müssen irgendwo untergebracht werden …«

»Warum überlassen wir die Sorge für all diese Dinge nicht Miß Marston?« unterbrach ihn Mr. Johnstone. »Wenn alles stimmt, was ich über sie gehört habe, dann müßten vierzig Kinder und ein paar Wissenschaftler ein Kinderspiel für sie sein, verglichen mit den Aufgaben, die sie in Afrika zu bewältigen hatte. Außerdem ist sie Mrs. Wickhams Enkeltochter, eine Tatsache, die jeden Zweifel an ihrer Tüchtigkeit ausschließen sollte.«

»Oh, aber das geht doch nicht«, rief Doreen, obwohl sie das erleichterte Aufleuchten in Michael Gillespies Augen bemerkt hatte.

»Aber natürlich«, sagte er. »Warum bin ich nicht selbst darauf gekommen? Das ist die Lösung!«

»Bitte ...«, begann Doreen, wurde jedoch von George Johnstone unterbrochen.

»Unsinn, Unsinn«, sagte er. »Sie brauchen Ihr Licht nicht unter den Scheffel zu stellen, Miß Marston. Außerdem haben wir Krieg, und jeder von uns hat mit Hand anzulegen. Walter wird Ihnen mit Rat und Tat zur Seite stehen, nicht wahr, Walter?«

»Kommen Sie beide mit in die Bibliothek«, sagte Mr. Gillespie kurz und ging ihnen voraus.

Doreen blieb nichts anderes übrig, als ihm zu folgen. Auch der Verwalter gehorchte der Aufforderung.

Michael Gillespie nahm an einem großen Schreibtisch Platz, auf dem ein Stapel Kontobücher und ein Schlüsselbund mit Schlüsseln der verschiedensten Größen und Formen lag. An jedem Schlüssel befand sich ein Schildchen mit einer Aufschrift.

»Möchten Sie sich nicht setzen?« sagte er, und Doreen ließ sich auf einem Stuhl nieder.

Mr. Johnstone ging zum Kamin und zündete sich eine Zigarette an.

»Die Situation ist folgende«, begann Michael Gillespie. Während er sprach, sah sie, wie müde seine

Augen waren. Er schien die ganze Nacht aufgewesen zu sein.

»Ich weiß nicht, ob Ihnen bekannt ist, daß ich im Moment an einer Serie von Versuchen arbeite, die unter den jetzigen Umständen für die Regierung von höchster Bedeutung sein können. Ich bin dabei, ein Gegenmittel gegen Gasvergiftungen zu entwickeln, und stehe kurz vor dem erfolgreichen Abschluß meiner Forschungsarbeiten. Bisher hat man dieser Sache von Seiten der Politiker nur wenig Interesse entgegengebracht, weil niemand im Land einen Krieg für möglich hielt. Das hat sich nun schlagartig geändert. Gestern abend rief man mich an und teilte mir mit, daß zwei führende Chemiker zu mir unterwegs seien, mit dem Auftrag, mir beim Abschluß der Experimente zu helfen und die Herstellung des Gegenmittels in großen Mengen in die Wege zu leiten.«

Er machte eine Pause und blickte auf seine behandschuhte Hand mit den fehlenden beiden Fingern.

»Wenn ich das richtig sehe«, fuhr er fort, »stehe auch ich nun auf meine Weise im Dienste des Vaterlandes.«

»Guter Gott, Michael«, unterbrach ihn George Johnstone. »Natürlich tust du das. Und zwar in herausragender Form. Oder glaubst du, du würdest England mehr dienen, wenn du in einem Schützengraben liegst. Wenn du das glaubst, bist du ein verdammter Narr, und das weißt du auch!«

»Ich würde bereitwillig mit dir tauschen«, sagte Michael Gillespie.

Doreen erkannte an seinem Gesichtsausdruck, daß die Verletzungen, die er sich vor Jahren zugezogen hatte, ihm stark zu schaffen machten. Sie gaben ihm das Gefühl der Nutzlosigkeit, und sie waren vermutlich auch ein Grund für das Eremitendasein, das er führte.

Männer leiden unter nichts so sehr, wie unter einer körperlichen Behinderung, dachte sie. Onkel Richards Beispiel stand ihr vor Augen.

Dann hatte sie plötzlich eine Idee.

Michael Gillespie fuhr fort:

»Ich habe also wirklich keine Zeit, mich um das Haus zu kümmern. Das muß ein anderer tun. George und ich waren mit unserem Latein am Ende, bis Sie kamen. Jetzt wissen wir, wer diese Aufgabe übernehmen wird.«

»Ehrlich«, mischte sich George Johnstone ein, »die Sache dürfte gar nicht mal so schwierig sein. Walter kennt alle Familien auf dem Gut. Viele haben tüchtige, junge Frauen, die froh sein werden, wenn sie zum Arbeiten aufs Schloß kommen können.«

»Frauen?« fragte Michael Gillespie.

»Ja, Frauen, Michael«, antwortete George. »Du wirst dich damit abfinden müssen, ob du willst oder nicht. Ich nehme an, es ist dir bewußt, daß neunzig Prozent deiner Diener und männlichen Angestellten einberufen wurden.«

»Walter sagte es mir.«

»Well, dann sei froh, daß er zu alt ist, um in den Krieg zu ziehen«, sagte George. »Ohne ihn wärst du aufgeschmissen. Ich jedenfalls kann mir nicht vorstellen, was du ohne ihn machen solltest. Er ist ein starker Turm, Miß Marston. Sie werden es noch herausfinden. Er hält dieses Haus in Gang, sorgt für Ordnung und reibungsloses Funktionieren – schon seit zehn Jahren. Trotz Michaels lächerlicher Idee, nur männliche Arbeitskräfte einzustellen. Zuerst gab es einige unangenehme Zwischenfälle, aber Walter wurde auf seine Weise damit fertig.«

»Zwischenfälle?« fragte Michael Gillespie. »Was für Zwischenfälle?«

»Oh, man hat dich nicht damit belästigt«, antwortete George Johnstone. »Du hättest ja doch nicht zugehört, wenn man dir darüber berichtet hätte. Du warst zu beschäftigt. Aber nun wirst du den Tatsachen ins Auge sehen müssen. Walter ist tüchtig, aber ohne eine Hilfe kann er seine Aufgabe nicht bewältigen. Du wirst dich also damit abfinden müssen, daß Frauen aufs Schloß kommen, wenn du nicht möchtest, daß hier das Chaos ausbricht.«

»Wenn ... wenn es nicht anders möglich ist«, erwiderte Michael Gillespie gereizt.

Er wandte sich an Doreen.

»Gut, Miß Marston«, sagte er, »das war es, glaube ich. Hier sind die Bücher.«

»Die Haushaltsbücher erkennen Sie an den roten Deckeln«, erklärte George Johnstone. »Die schwarzen Einbände enthalten Ein- und Ausgaben des Gutes. Die sollten Sie aber nicht beunruhigen – um Haus und Landwirtschaft können Sie sich nicht gleichzeitig kümmern.«

Hier war nun die Gelegenheit, den beiden ihre Idee vorzutragen.

»Darf ich einen Vorschlag machen?« fragte sie. »Mein Onkel Richard – ich nehme an, Sie kennen ihn – würde durchaus in der Lage sein, die Bücher zu führen und die Leitung des Gutes zu übernehmen – jedenfalls so lange, bis Sie eine geeignetere Person für diesen Job gefunden haben.«

»Richard? Ja, Richard ist die ideale Lösung!« rief George, bevor Michael Gillespie etwas äußern konnte. »Auf ihn wäre ich nicht gekommen. Glauben Sie, er ist einverstanden?«

»Überlassen Sie das nur mir«, antwortete Doreen lächelnd.

»Das ist ja ausgezeichnet. Damit wäre ein weiteres Problem gelöst. Sie rufen ihn am besten gleich an und sagen ihm Bescheid. Ich könnte dann auf dem Weg zum Bahnhof bei Ihnen zu Hause reinspringen, ihm die Bücher übergeben und das Nötige dazu sagen.«

»Alles klar. Ich rufe auf der Stelle an.«

Doreen erhob sich.

»Da wäre nur noch eins, Mister Gillespie«, sagte sie. »Ich bin bereit, die Aufgabe zu übernehmen, die Sie mir antragen. Doch ich stelle eine Bedingung – ich muß sicher sein, daß mir niemand in meine Entscheidungen hineinredet. Ich muß vor allem einstellen und entlassen können, wen ich will.«

»Natürlich, natürlich«, entgegnete Michael Gillespie unwirsch. »Die Hauptsache, ich werde nicht belästigt und meine Arbeit erleidet keine Unterbrechung durch die Dienerschaft.«

»Zumindest nicht durch den weiblichen Teil«, bemerkte George Johnstone spöttisch.

Aber Michael Gillespie schien nicht hingehört zu haben. Er stand auf und ging zur Tür.

»Ich muß wieder ins Labor«, verkündete er. »Sagen Sie Walter, daß der Wagen zum Zwölf-Uhr-zehn-Zug aus London am Bahnhof ist.«

Er verließ den Raum ohne einen Gruß. Mit einem leichten Lächeln auf den Lippen sah Doreen George Johnstone an.

»Sie wissen nicht, was Sie ihm da eingebrockt haben«, sagte sie. »Ich habe nicht die leiseste Ahnung, wie ich mit dem Job fertigwerden soll.«

»Keine Bange, Sie werden das wunderbar machen«, erwiderte er herzlich.

Dann warf er einen Blick auf seine Armbanduhr und rief: »By jove! Für mich wird's höchste Zeit! Kommen Sie, rufen Sie Ihren Onkel an und sagen Sie ihm, daß ich auf dem Weg bin. Mehr als drei Minuten kann ich nicht bleiben. Ich habe noch eine lange Reise vor mir.«

Er reichte ihr die Hand.

»Leben Sie wohl«, sagte er. »Ich bin sicher, daß Barnleigh Castle bei Ihnen bestens aufgehoben ist.«

Doreen lachte.

»Sie sind ein Optimist. Leben Sie wohl – und viel Glück!«

»Und hängen Sie sich sofort ans Telefon!«

»Sofort.«

Sie ging zum Telefonapparat auf dem Schreibtisch und hob den Hörer ab. Sekunden später meldete sich Brookavon Manor.

»Holen Sie Mister Richard an den Apparat!« sagte sie zu Barton.

Nach längerem Warten hörte sie Richards Stimme am anderen Ende der Leitung.

»Wer ist da?«

»Ich bin's, Anne.«

»Anne?«

Er klang überrascht. »Ich hab' mich schon gefragt, wer es sein könnte. Ich war im Rosengarten.«

»Hör zu, Onkel Richard«, sagte Doreen. »Wir brauchen deine Hilfe – und zwar sehr dringend. Edith hatte recht, George Johnstone hat seine Einberufung erhalten und rückt heute ein. Er und ich sind der Meinung, daß du der einzige bist, der seine Arbeit fortführen und sich um das Gut kümmern kann.«

»Wovon sprichst du?« sagte Richard. »Ich verstehe nicht.«

Doreen erklärte es ihm. Ihr Onkel war anfänglich etwas begriffsstutzig, doch dann kam ein neuer Klang in seine Stimme – halb beunruhigt, halb erregt.

Nach einer Weile hatte sie ihn davon überzeugt, daß man ihn wirklich brauchte, daß hier die Aufgabe auf ihn wartete, die ihm so lange gefehlt hatte.

»Im Augenblick jedenfalls darfst du uns nicht draufsetzen«, sagte sie schließlich. »Auch wenn du nach einiger Zeit feststellen solltest, daß die Arbeit dich überfordert. George Johnstone wird in wenigen Minuten bei dir sein. Er wird dir die Bücher vorbeibringen. Viel Zeit hat er allerdings nicht. Er bat mich, dir das ausdrücklich zu sagen.«

»Ich werde zum Torhaus fahren und dort auf ihn warten.«

Dann, nach einer kurzen Pause: »Und du bist sicher, daß ich der geeignete Mann dafür bin?«

»Ganz sicher!«

Doreen legte auf und verließ die Bibliothek. Walter wartete in der Halle. Mit strahlendem Lächeln eilte er auf sie zu.

»Mister Johnstone hat mir soeben mitgeteilt, daß Sie seine Aufgaben im Haus übernehmen werden, Miß. Ich kann Ihnen nicht sagen, wie froh ich darüber bin. Und wenn Sie mich nicht für aufdringlich halten, dann möchte ich hinzufügen: Wir haben uns an der Spitze des Haushalts schon immer eine Lady gewünscht – eine Lady wie Sie.«

»Danke, Walter! Mister Johnstone nannte Sie einen starken Turm. Und das werden Sie auch sein müssen, denn ich bin in allen Dingen sehr unerfahren.«

Wie unerfahren sie war, das merkte sie in der folgenden halben Stunde, in der Walter und sie sich Gedanken über den neuen Haushalt machten.

Daß sie in Kairo einmal ein halbes Dutzend Diener gehabt hatte, war allerdings eine große Hilfe für sie, als es darum ging, ein Haus wie Barnleigh Castle mit Personal zu besetzen und in wenigen Sekunden die komplizierten Zusammenhänge der englischen Dienstbotenwelt zu begreifen.

Doreen versuchte, die verschiedenen Aufgabenbereiche zu unterscheiden, die Funktionen der einzelnen Chargen, den hierarchischen Aufbau innerhalb der Dienerschaft.

Die Rekrutierung der Dienerschaft stellte sich zum Glück als nicht so schwierig heraus.

»Da wäre zuerst das Perkins-Mädchen«, begann Walter. »Sie kommt gerne ins Haus. Sie ist die Tochter des Gärtners. Und Mrs. Robinson war vor ihrer Hochzeit schon hier. Sie wird die Leitung der Hausmädchen übernehmen. Mrs. Plowman könnten wir die Sorge für die Küche übertragen – aber erwähnen Sie ihren Namen nicht vor Mister Gillespie. Sie gehörte zu den Angestellten, die damals weggeschickt wurden, als der Master fast das ganze Personal auswechselte.«

»Wie viele männliche Angestellten sind uns geblieben?« fragte Doreen.

»Nur ein Hausmann«, erwiderte Walter. »Er ist taub auf dem linken Ohr und wurde vom Kriegsdienst zurückgestellt. Und dann ist da noch Jacobs, eine Art Mädchen für alles, der im Winter immer entsetzlich unter seiner Bronchitis leidet. Er ist fünfundvierzig, und ich glaube nicht, daß sie ihn einziehen werden.«

»Dann können die beiden Ihnen ja im Speisezimmer zur Hand gehen«, meinte Doreen. »Ich möchte nicht, daß Mister Gillespie sich belästigt fühlt, weil Frauen bei Tisch bedienen. Wir werden überhaupt alles tun, damit er möglichst wenig von den weiblichen Mitgliedern der Dienerschaft zu sehen bekommt.«

Sie machte eine Pause und fuhr dann fort:

»Und nun zu den Kindern. Wo sollen wir sie unterbringen?«

»Ich schlage vor, wir geben ihnen die Kinderzimmer und die Etage darunter. Miß Sheila würde ich dann auf zwei der besseren Gästezimmer legen.«

»Ich glaube, das ist eine ausgezeichnete Idee, Walter«, stimmte Doreen zu. »Und Mister Gillespies Gäste, die beiden Wissenschaftler, die heute ankommen, werden wir ebenfalls in den Prunkräumen unterbringen.«

»Hoffentlich gehen sie behutsam mit den Dingen um«, sagte Walter besorgt. »Das Inventar in diesen Zimmern ist äußerst wertvoll, auch wenn nicht alles unter Denkmalschutz steht. Ich traue diesen Wissenschaftlern nicht, wissen Sie!«

»Wir werden ihnen einschärfen, daß sie mit allen Dingen pfleglich umgehen und nichts beschädigen«, sagte Doreen mit einem Lächeln. »Aber sehr erleichtert bin ich über die Lösung, die wir für die Kinder gefunden haben.«

»Ich auch, Miß. Das schönste ist, daß von ihrem Korridor eine Hintertreppe in die Aula hinunterführt, wo Mister Colin Gillespie einmal im Jahr den Pächterball abzuhalten pflegte.«

»Der ideale Eß- und Spielsaal für die Kinder!« rief Doreen freudig. »O Walter, alles entwickelt sich bestens. Wunderbar! Ich glaube, ich suche jetzt gleich nach Sheila und der Kinderfrau und sage ihnen, daß sie sofort mit dem Umzug beginnen müssen.«

Sie ging nach oben zum Schulzimmer.

Als sie den Treppenabsatz erreichte, wurde sie mit einem Freudengeschrei empfangen.

»Ich dachte schon, Sie kommen heute überhaupt nicht mehr!«

Doreen starrte das Mädchen an. Sie vermochte ihre Überraschung nicht zu verbergen.

»Was halten Sie von mir?« sprudelte es aus Sheila heraus. »Jetzt sehe ich doch hübsch aus, nicht wahr?«

Nur mit Mühe konnte Doreen ein Lachen unterdrücken. Doch nichts wäre schlimmer gewesen, als in diesem Augenblick in Lachen auszubrechen. Doreen erkannte, wie wichtig er im Leben des Kindes war. Wichtiger vielleicht als die Neugestaltung des Haushalts und die Unterbringung der evakuierten Kinder.

Sheila trug ein Kleid, das vor zwei oder drei Jahren ganz sicher zu ihren besten Stücken gehört hatte.

Es bestand aus einem verblaßten Organdy; der Stoff war stark geknittert, und das Kind war längst aus dem Kleid herausgewachsen.

Um die Taille trug sie eine leuchtend bunte Schärpe, und auf ihrem Kopf saß ein Kranz aus Rosen und Tausendschön, die ursprünglich wohl einmal einen

Hut geziert hatten. Das Haar hatte sie hochgekämmt, so daß es ihr Gesicht wie eine Löwenmähne umgab.

Und an einem verborgenen Fundort, von dessen Existenz Doreen keine Ahnung hatte, mußte Sheila Lippenstift und Puder entdeckt haben. Auf jeden Fall hatte sie von beidem reichlich Gebrauch gemacht.

Da es Doreen im ersten Augenblick die Sprache verschlagen hatte, kam das Kind auf sie zu und ergriff ihre Hand.

»Ich sehe doch hübsch aus, nicht wahr?« wiederholte es seine Frage, diesmal mit einem Ton von Unsicherheit in der Stimme.

»Ja, du siehst hübsch aus«, erwiderte Doreen. »Aber nun werde ich etwas ausprobieren und versuchen, dich noch schöner zu machen.«

»Oh, das wäre lustig!« sagte Sheila und lief hüpfend und tanzend voraus in das geöffnete Schulzimmer.

XIX

Es gab viel zu tun bis zum Sonntagabend, und Sheila genoß die Unruhe und Geschäftigkeit, die plötzlich im Haus herrschten.

Doreen hatte ihr erklärt, sie brauche ihre Hilfe, wenn sie bis zur Ankunft der Kinder mit der notwendigen Umgestaltung des Hauses fertig werden wolle.

Es war vielleicht das erste Mal im Leben des Mädchens, daß jemand es in dieser Weise forderte. Endlich nahm sie ein Mensch ernst, behandelte sie nicht wie ein ungezogenes kleines Mädchen, sondern wie eine Erwachsene.

Sie half Doreen beim Abhängen der Bilder und beim Wegräumen der Möbelstücke in den Zimmern, die als Unterkunft für die Kinder und deren Betreuerinnen vorgesehen waren.

Freiwillig stellte sie ihr Spielzeug zur Verfügung und war voller Stolz, als Doreen ihr erklärte, sie, Sheila, werde in einem der Prunkräume wohnen und könne sich das Zimmer selbst auswählen.

»Und wo werden Sie schlafen?« fragte Sheila, und ihr Gesicht zog sich enttäuscht in die Länge, als Doreen antwortete:

»Ich werde nicht im Haus wohnen, Sheila. Wie bisher gehe ich zum Schlafen zu meiner Großmutter nach Brookavon Manor.«

Die Umstände zwangen sie allerdings schon bald, diese Entscheidung wieder rückgängig zu machen.

Der einzige Mensch, der sich an den Arbeiten im Haus nicht beteiligte, war die Kinderfrau. Mit finsterem Gesicht lief sie durch die Korridore und war noch unleidlicher und unausstehlicher als sonst. Dabei widersetzte sie sich den Anordnungen Doreens, kritisierte die Evakuierungspläne der Regierung und prophezeite, daß ein so großes und weithin sichtbares Gebäude wie das Schloß das erste Ziel für einen feindlichen Bombenangriff auf England sein werde.

Doreen ignorierte sie zunächst. Doch als im Laufe des Tages das Benehmen der Frau immer unverschämter wurde, stellte sie sie zur Rede.

»Ich glaube, Ihnen ist die Situation nicht klar, Nurse«, sagte sie voller Schärfe. »Mister Gillespie hat mir die Verantwortung über das gesamte Haus übertragen. Sie werden sich also meinen Anordnungen fügen müssen. Andernfalls, so fürchte ich, wird Ihnen nichts anderes übrigbleiben, als bezüglich Ihrer Zukunft andere Maßnahmen zu treffen.«

Entgeistert starrte die Frau sie an. Aber sie hatte noch eine Trumpfkarte, die sie ausspielen konnte.

Etwa eine halbe Stunde nach dem Tee erschien sie in dem Zimmer, wo Doreen dabei war, mit Hilfe eines der neu eingestellten Hausmädchen das Bett zu machen.

»Kann ich Sie sprechen, Miß Marston?«

»Natürlich, Nurse«, entgegnete Doreen. »Ist es etwas Wichtiges?«

»Wenn Sie mir einige Minuten Ihrer kostbaren Zeit allein widmen könnten«, sagte die Kinderfrau mit einem düsteren Blick auf das neue Zimmermädchen. »Es wird nicht lange dauern.«

»In Ordnung«, erwiderte Doreen müde.

Nachdem das Bett glatt gestrichen war, sagte sie zu dem Mädchen:

»Fang schon im nächsten Zimmer an, Marion. Ich komme nach, sobald ich kann.«

Als Marion die Tür hinter sich geschlossen hatte, richtete sich Doreen auf und sagte:

»Also, Nurse, was gibt es? Sie sehen, ich bin sehr beschäftigt.«

»Leider muß ich Sie auf der Stelle verlassen«, verkündete die Kinderfrau mit einem triumphierenden Klang in der Stimme. »Ich habe eben mit meiner alten Mutter in Melchester gesprochen. Sie hat eine schreckliche Angst vor den Luftangriffen und möchte, daß ich sie an einen Ort bringe, wo sie vor den Bomben der Deutschen sicher ist.«

Sie wartete einige Sekunden und fuhr dann fort:

»Ich bedaure es natürlich sehr, Miß Sheila in diesem Moment allein lassen zu müssen. Doch ich bin sicher, daß Sie leicht jemand finden werden, in dessen Obhut Sie das arme Kind geben können. Ich werde zurücksein, so schnell es sich einrichten läßt.«

Es gab keinen Zweifel. Die Kinderfrau glaubte, den Haushalt durch diesen Schritt in eine ausweglose Lage zu bringen.

Und bei einer oberflächlichen Betrachtung der Dinge schien die Katastrophe wirklich unausweichlich zu sein. Sheila schlief die erste Nacht in einem fremden Zimmer, und niemand war da, der sich um sie kümmerte.

»Sie werden sich Ihren Entschluß genau überlegt haben, Nurse«, sagte Doreen ruhig und kühl. »Ich wüßte also nicht, was es noch viel zu reden gäbe. Vielleicht sollten Sie aber nicht abreisen, ohne mir Ihre Adresse hierzulassen.«

»Ich tue nur meine Pflicht, Miß Marston«, sagte die Kinderfrau mit einem Seufzer. »Ich bin überzeugt, Sie stimmen mit mir überein, daß die eigene Mutter den Vorrang hat vor einem fremden Kind. Obwohl ich an der kleinen Sheila gleichsam Vater- und Mutterstelle vertreten habe. Ich fürchte, das Herz wird ihr brechen, wenn sie heute abend zum erstenmal seit ihrer Geburt nicht von mir zu Bett gebracht wird. Ich mache mir große Sorgen um die Ärmste.«

Einen Dreck tust du, dachte Doreen, während sie die Kinderfrau mit einem würdevollen Kopfnicken entließ.

Sie wußte, die andere hoffte, daß Sheila an diesem Abend eine schreckliche Szene machen würde. Aber soweit sollte es nicht kommen. Sie, Doreen, würde alles tun, um die von der Kinderfrau ersehnte Katastrophe zu verhindern.

Eilig begab sie sich auf die Suche nach dem Mädchen.

Sie fand Sheila in der Aula im Erdgeschoß, wo sie Walter half, die Tische aufzustellen.

»Sheila!« rief Doreen. »Ich muß dir etwas sagen. Kann Walter dich einen Augenblick entbehren?«

Sheila eilte auf Doreen zu, ein glückliches Lächeln auf den erhitzten Zügen.

»Walter sagt, ich bin so gut wie ein Diener«, verriet sie voller Stolz. »Ich habe alle Stühle ganz allein aufgestellt!«

»Ich weiß wirklich nicht, was wir ohne dich gemacht hätten«, sagte Doreen ernst. »Aber hör zu, Liebling. Ich muß mit dir reden. Deine Nanny verläßt uns heute abend. Sie will zu ihrer Mutter fahren und sie aufs Land bringen, wo sie vor den Luftangriffen sicher ist.«

»Und ich soll allein bleiben?« fragte Sheila mit dem Egoismus eines Kindes.

Ihre Mundwinkel waren gesenkt, die Stirn gerunzelt. Es sah ganz so aus, als würde sie in Tränen ausbrechen.

»Natürlich wirst du nicht allein bleiben«, antwortete Doreen. »Ich habe mir etwas überlegt. Du hast dir als Schlafraum das große blaue Zimmer mit dem hübschen Himmelbett ausgesucht, nicht wahr? Nun, daneben gibt es eine kleine Kammer. Es ist die mit dem Bild, über das wir schon öfter gelacht haben und das die Lady auf der Schaukel zeigt. Was hältst du davon, wenn ich dort schlafen würde? Falls du dich fürchten solltest – was du natürlich nicht tust, weil du schon viel zu erwachsen dazu bist –, wäre ich gleich in der Nähe und könnte nach dir schauen.«

»Würden Sie tatsächlich über Nacht im Schloß bleiben?« fragte Sheila. »Das wäre wundervoll.«

»Ja, das finde ich auch. Und vor dem Einschlafen könnte ich dir eine Geschichte erzählen.«

»Oh, das wäre ganz himmlisch!« rief Sheila. »Aber es müßte die Geschichte von einem Kind sein, das richtig böse ist. Nanny erzählt mir immer nur Geschichten von langweilig braven Kindern, die nie etwas anstellen. Ich will die Geschichte eines Mädchens hören, das böse ist und auch richtig böse Sachen macht.«

»Gut, ich überlege es mir«, versprach Doreen. »Aber unartige Kinder stellen sich am Ende meist als sehr klug und furchtlos heraus, weißt du. Am Ende werden sie von allen bewundert und gelobt. Allerdings erst, nachdem sie ihre Ungezogenheit aufgegeben haben.«

»Und wie lange sind sie meist ungezogen?« fragte Sheila neugierig.

»Oh, so etwa, bis sie zehn werden«, antwortete Doreen vorsichtig.

Sie ließ das Mädchen in der Gewißheit zurück, daß es zur Besorgnis keinen Grund mehr gab – alles würde in Ordnung kommen.

Doreen ging zum Telefon, um ihrer Großmutter mitzuteilen, daß sie nicht nach Hause kommen würde, und sie zu bitten, jemanden mit einem kleinen Koffer hinüberzuschicken, der einige notwendige Dinge für sie enthielt.

Als sie die Bibliothek betrat, fand sie dort ihren Onkel vor.

»Hallo, Onkel Richard!« rief sie überrascht. »Niemand hat mir gesagt, daß du hier bist.«

»Es ist kein Anstandsbesuch, den ich mache«, sagte er. »Johnstone erklärte mir, ich würde in diesem Schreibtisch verschiedene Papiere und Dokumente finden, und ich habe mir gedacht, daß ich sie mir am besten gleich ansehe. Was meinst du, Gillespie wird doch nichts dagegen haben? Johnstone sagte mir, ich solle sie an mich nehmen.«

»Alles in Ordnung, Onkel Richard«, beruhigte ihn Doreen. »Du läßt Mister Gillespie, wenn möglich, ganz unbehelligt. Er ist mit seiner Forschungsarbeit völlig ausgelastet, und im übrigen wird er von verwaltungstechnischen Dingen nicht die kleinste Ahnung haben.«

»Das habe ich mir gedacht. Außerdem hat Johnstone die Bücher so vorbildlich geführt, daß es kein Problem sein dürfte, mich rasch in die Materie einzuarbeiten.«

Er sprach so nüchtern und sachlich, daß Doreen lächeln mußte. Er schien sich mit seiner neuen Aufgabe schon hundertprozentig identifiziert zu haben.

»Ich bin nur hergekommen, um zu Hause anzurufen und Großmutter mitzuteilen, daß ich die Nacht auf dem Schloß verbringen werde. Die Kinderfrau ist zu ihrer Mutter gefahren, die sich Sorgen wegen der Luftangriffe macht. Ich kann das Kind nicht gut allein lassen.«

»Aber du kannst hier nicht übernachten!«

»Wieso denn nicht?«

»Aber, mein liebes Kind, das ist unmöglich«, sagte Onkel Richard ernst. »Denk an deine Stellung – du brauchst eine Anstandsdame.«

Doreen lachte hell auf.

»Also wirklich, Onkel Richard, ich glaube nicht, daß dies im Augenblick wichtig ist. Im übrigen erwarten wir in den nächsten Stunden sechs oder sieben Nonnen, die, obwohl sie ebenfalls unverheiratet sind, für eine unbedeutende Erzieherin und einen vielbeschäftigten Wissenschaftler durchaus als Schutz ausreichen dürften.«

»Ich bin sicher, daß Mutter damit nicht einverstanden sein wird!« widersprach Richard.

»Dann kann ich ihr nicht helfen«, entgegnete Doreen. »Ich will das Kind jedenfalls nicht ohne Aufsicht lassen.«

»Einer der Diener muß sich eben um das Mädchen kümmern.«

»Onkel Richard, die Diener sind alle neu hier, bis auf den Butler und zwei alte Männer. Glaubst du, sie sind der richtige Umgang für ein zehnjähriges Mädchen?«

»Ach, mach, was du willst«, brummte Richard. »Aber ich habe dich gewarnt. Mutter wird sehr ungehalten sein, wenn sie das hört.«

»Das ist noch die Frage. Ich habe nämlich das Gefühl, daß deine Mutter in Zeiten wie diesen sehr viel toleranter und vernünftiger denkt, als du glaubst.«

Sie sollte recht haben.

Als sie in Brookavon Manor anrief, war Edith am Apparat. Mit kurzen Worten schilderte Doreen ihr die Lage, und Edith war selbstverständlich bereit, Mrs.

Wickham zu informieren und die gewünschten Dinge aufs Schloß zu bringen.

»War Großmutter entsetzt?« fragte Doreen ihre Tante, als diese eine Stunde später mit dem Koffer vorbeikam.

»Ich habe ihr wortgetreu alles wiedergegeben, was du mir gesagt hast.«

»Und was meinte sie dazu?«

»Sie läßt dir ausrichten, du solltest unbedingt darauf achten, daß die Betten gründlich ausgelüftet werden.«

Doreen brach in Lachen aus.

»Ich hatte also recht«, sagte sie. »Bravo, Großmutter. Sie steckt uns alle in die Tasche, wenn's drauf ankommt! Onkel Richard ist im Vergleich zu ihr ein richtiger Viktorianer. Er glaubte, wenn ich eine Nacht allein auf Barnleigh Castle verbringe, träfe mich der Bannstrahl der Gesellschaft für alle Ewigkeit.«

Sie sprachen noch miteinander, als Walter kam und meldete, daß die Kinder und die Nonnen angekommen seien. Doreen ging nach draußen und begrüßte sie. Dann führte sie alle in ihre Quartiere.

Die Kinder hatten große Augen vor Aufregung.

»Ich habe ein leichtes Abendessen zubereiten lassen«, sagte Doreen zu der aufsichtführenden Schwester. »Danach werden Sie die Kinder wohl gleich ins Bett bringen wollen. Sie müssen müde sein.«

»Wir sind Ihnen sehr dankbar«, antwortete die Schwester. »Aber wir möchten Ihnen so wenig Arbeit wie möglich machen. Vielleicht sollten wir morgen einen Plan erstellen, mit dem wir Ihre Angestellten möglichst entlasten können.«

Trotz der Vorbereitungen, die bereits getroffen waren, gab es noch viel für sie alle zu tun. Auch Sheila half fleißig mit. Danach brachte Doreen sie zu Bett. Die Evakuierten waren sehr spät angekommen, und der Dinnergong hallte durchs Haus, bevor Sheila eingeschlafen war.

»Kleiden Sie sich nicht mehr um?« fragte das Mädchen Doreen. »Ich dachte, Ladys tragen zum Dinner ein Abendkleid, das vorn und hinten weit ausgeschnitten ist. Nanny sagt, sie seien vom Teufel besessen, meine Mutter habe sich auch immer so angezogen. Doch als ich Papa einmal danach fragte, meinte er, alle ordentlichen Leute würden sich zum Dinner umkleiden. Dies sei auch der Grund, weshalb er nicht ordentlich sei.«

Doreen lachte.

»Ich hatte heute abend keine Zeit, mich umzukleiden«, sagte sie. »Es gab einfach noch zu viel zu tun, wie du weißt. Aber eines Abends wirst du das einzige Abendkleid an mir sehen, das ich besitze. Und dann wirst du sehr enttäuscht von mir sein.«

»Dann sind Sie also doch nur eine Gouvernante«, sagte Sheila. »Gouvernanten brauchen sich ja nicht umzukleiden.«

Doreen versuchte ein heiteres Gesicht zu machen, doch sie fröstelte, als sie Sheila einen Gutenachtkuß gab, bevor sie nach unten ging.

Nur eine Gouvernante.

Diese Worte gingen ihr nach, und das Gefühl der Befriedigung, das sie den ganzen Tag über erfüllt hatte, wich einer tiefen Niedergeschlagenheit.

Sie war müde. Ihre Muskeln schmerzten von dem vielen Möbelschleppen und Bettenmachen. Sie fühlte sich überanstrengt und deprimiert.

Walter wartete in der Halle auf sie.

»Der Herr hat mir soeben ausrichten lassen, daß sich der Beginn des Dinners um zwanzig Minuten verschieben wird«, sagte er. »Ich wollte Ihnen gerade Bescheid sagen, Miß.«

Doreen nickte, machte auf dem Absatz kehrt und eilte die Treppe hinauf. Zwanzig Minuten genügten ihr, um ein Bad zu nehmen, sich umzukleiden und ihr Haar zu frisieren.

Der Koffer, den Edith gebracht hatte, enthielt das einfache schwarze Kleid, das sie an Bord des Schiffes getragen hatte. Das neue Hausmädchen hatte es bereits aufs Bett gelegt und ein Bad für sie eingelassen.

Nach fünfzehn Minuten war sie fertig. Sie puderte sich noch die Nase und öffnete – immer noch verstimmt durch Sheilas Worte – ihre Handtasche und holte den blaßrosa Lippenstift hervor, den sie in Kairo gekauft hatte.

Sie frischte ihre Lippen ein wenig auf und stellte erstaunt fest, wie selbst das bißchen Farbe eine frappierende Wirkung hinterließ.

»Nicht, daß es jemand bemerken wird«, murmelte sie vor sich hin, »aber es gibt mir mehr Selbstsicherheit.«

Befriedigt betrachtete sie sich in dem großen Spiegel über dem Ankleidetisch. Kein Zweifel: sie sah besser aus als noch vor wenigen Wochen. Ihr Haar, das nach dem Fieber brüchig und glanzlos geworden war, hatte wieder Fülle, Elastizität und den alten Schimmer bekommen.

Ihre Haut, grau und trocken seit der Krankheit, war nun so gut wie seit Jahren nicht mehr. Und auch ohne Rouge und Augen-Make-up waren ihre Wangen mit einer zarten Röte überzogen, und ihre Augen blickten hell und klar.

Sie stieg die Treppe hinunter, als aus dem verschlossenen Flügel Männerstimmen an ihr Ohr drangen.

Keiner der drei hatte sich umgezogen, aber zum ersten Mal sah Doreen ihren Arbeitgeber ohne den weißen Kittel, der sie stets an einen Apotheker erinnerte.

Überrascht stellte sie fest, daß Michael Gillespie in seinen grauen Flanellhosen und dem maßgeschneiderten Tweedsakko ungewöhnlich gut aussah. Er beteiligte sich lebhaft an der Unterhaltung, und sein interessierter Gesichtsausdruck vermochte die Müdigkeit und Erschöpfung auf seinen Zügen weitgehend zu verdrängen. Dennoch entging es Doreens scharfem Blick nicht, daß er am Ende seiner Kräfte war.

Erstaunt blickte er auf, als sie näherkam.

»Ich hoffe, Sie haben nichts dagegen, Mister Gillespie«, sagte sie hastig, »ich werde diese Nacht im Schloß schlafen. Die Nurse wurde in einer dringenden Familienangelegenheit zu ihrer Mutter gerufen, und ich möchte Sheila nicht gern alleinlassen.«

»Natürlich, das ist ganz in Ordnung«, sagte er und stellte sie den beiden Neuankömmlingen vor.

Sie betraten den Speiseraum und nahmen am Tisch Platz. Obwohl Mister Gillespie sehr schweigsam war, wenig aß und auf Alkohol in jeder Form verzichtete, waren die beiden anderen Gentlemen sehr aufgekratzt und unterhaltsam.

Im Gegensatz zu ihrem Gastgeber schienen sie fest entschlossen, ihren Job außerhalb der Arbeitszeit zu vergessen. Sie genossen Doreens Gesellschaft ganz offensichtlich.

Mehr als einmal blickte sie ängstlich zu Mister Gillespie hinüber, um zu prüfen, wie er die so ungewohnte Veränderung seines Lebens verkraftete.

Von Walter wußte sie, daß Michael Gillespie normalerweise nur kaltes Fleisch und Salat aß und sich alles auf einem Tablett in die Bibliothek bringen ließ oder – oft genug – direkt ins Labor.

Nach Beendigung des Dinners gingen sie in die Bibliothek, um dort den Kaffee einzunehmen. Als Doreen ihre Tasse ausgetrunken hatte, hielt sie es für angebracht, sich zurückzuziehen.

Es war erst halb zehn, aber da sie kein Schulzimmer mehr besaß, wo sie sich aufhalten konnte, beschloß sie, ins Bett zu gehen. Doch kaum machte sie Anstalten, sich aus ihrem Sessel zu erheben, sagte einer der beiden Londoner Gentlemen:

»Sie wollen uns doch wohl noch nicht verlassen, Miß Marston?«

»Ich könnte mir vorstellen, daß Sie noch eine Reihe wichtiger Dinge zu besprechen haben«, antwortete Doreen. »Ich weiß, Mister Gillespie arbeitet normalerweise immer bis tief in die Nacht.«

»Oh, das halte ich aber für übertrieben«, sagte der zweite. »Nur Arbeit und kein Vergnügen, das ist ein schlechtes Motto. Dann ist man mit seinen Kräften bald am Ende – finden Sie nicht auch, Gillespie?«

»Darüber habe ich mir noch keine Gedanken gemacht«, gestand Michael Gillespie verlegen. »Aber vielleicht haben Sie recht. Ich erinnere mich nicht mehr daran, wann ich das letzte Mal länger als vier Stunden geschlafen habe.«

»Sie müssen verrückt sein«, rief einer der beiden Fremden. »Oder wollen Sie unbedingt in Kürze zusammenklappen? Dann müßten Sie mir allerdings sagen, wem das nutzen soll! Wir werden ihn zur Vernunft bringen müssen, Miß Marston. Ich schlage vor, wir verbieten ihm den Zutritt zum Labor, ausgenommen zu ganz bestimmten Zeiten.«

»Ich bin sicher, daß das gut für Mister Gillespie wäre«, sagte Doreen leise. Ihre Stimme zitterte ein wenig aus Furcht, ihr Arbeitgeber könnte es ihr verübeln, wenn sie so klar und deutlich ihre Meinung sagte.

»Also gut, wenn wir für heute Abend unsere Arbeit beendet haben, werde ich umdisponieren und mir eine Zigarre genehmigen.«

Er stand auf und nahm aus einem silbernen Kästchen, das Walter auf dem Tablett stehengelassen hatte, eine Zigarre.

»Wir beide haben allerdings noch etwas zu erledigen, bevor der gemütliche Teil des Abends beginnt«, sagte einer der Gäste. »Wir müssen noch in London anrufen, damit man uns morgen mit dem Frühzug die fehlende Laborausrüstung schickt. Wir stehen ganz schön auf dem Schlauch, wenn wir die Dinge bis morgen abend nicht hierhaben.«

»Drüben steht das Telefon«, sagte Michael Gillespie. »Oder möchten Sie lieber nebenan vom Morgenzimmer aus sprechen?«

»Ich gehe nach nebenan«, antwortete der Mann. »Der alte Freddie wird heute abend Dienst haben, und mit dem muß ich noch einiges verhackstücken. Am besten gehst du mit, Donald.« Er hatte sich an seinen Kollegen gewandt. »Freddie braucht eine sehr präzise Beschreibung von allem, was wir benötigen, und der Rotwein ist mir ziemlich in den Kopf gestiegen.«

Die beiden Männer verließen den Raum, und Doreen, die in einem bequemen Ledersessel Platz genommen hatte, fragte sich, woran Michael Gillespie dachte.

Er war dabei, sich seine Zigarre anzuzünden, und hatte bereits mehrere Streichhölzer benutzt, wobei er das glühende Ende mit der Aufmerksamkeit des Kenners beobachtete.

Sein Gesicht war ernst, und doch schien der Ausdruck von Gereiztheit und Anspannung daraus gewichen zu sein. Jedenfalls war er nicht mehr so offenkundig wie bei ihrer ersten Begegnung.

Er blickte auf und bemerkte, daß sie ihn musterte.

»Fragen Sie sich, ob die Entweihung meines Heiligtums mich aus der Fassung gebracht hat?« sagte er.

Es war das erste Mal, daß er zu ihr sprach wie zu einem Menschen und nicht wie mit einem Rekruten, dem man Befehle erteilt.

»Ja«, gab sie zur Antwort, »genau das habe ich mich gefragt. Macht es Ihnen etwas aus?«

»Ich glaube, nichts ist schlimmer, als die Zukunft vorwegzunehmen«, erwiderte er. »Ich habe mich so lange vor eventuellen Störungen oder Änderungen in meinem Leben gefürchtet, daß ich sie nun, da sie eingetreten sind, längst nicht mehr als so entsetzlich empfinde.«

»Das freut mich«, sagte Doreen schlicht.

»Ich denke, nur ein Narr träumt davon, sich vollständig von den anderen Menschen isolieren zu können.«

»Die meisten fürchten sich vor Isolation und Einsamkeit.«

»Über Einsamkeit werden wir uns hier in Zukunft nicht mehr beklagen können«, sagte Michael Gillespie mit einem sarkastischen Unterton in der Stimme.

»Soll ich Ihnen sagen, wer diese Veränderung in vollen Zügen genießt und wer, so glaube ich, den größten Nutzen daraus ziehen wird – Sheila!«

»Gut, ich freue mich, das zu hören.«

Michael Gillespies Stimme hatte nun endgültig wieder einen frostigen Klang angenommen. Oder war das nur Einbildung?

Verlegenes Schweigen breitete sich zwischen ihnen aus. Doreen erhob sich.

»Heute war ein langer Tag«, sagte sie. »Ich werde zu Bett gehen. Gute Nacht, Mister Gillespie.«

»Gute Nacht!« sagte er knapp.

Er durchquerte vor ihr den Raum, um ihr die Tür zu öffnen.

Sie schaute ihn nicht an, als sie an ihm vorbei in die Halle hinaustrat, doch sie spürte, daß ihn irgend etwas erregte.

Konnte es ihre Bemerkung über Sheila sein?

Konnte er aus ihren Worten eine Kritik an seinem Verhalten herausgehört haben? Den Wunsch nach gesellschaftlicher Abwechslung und Geschäftigkeit?

Es war lächerlich, und es war schwer zu begreifen. Die abschätzigen Worte Sheilas kamen ihr in den Sinn.

»Sie sind nur eine Gouvernante!«

XX

Als die Kinderfrau auf dem Schloß anrief und mitteilte, daß sie wegen einer Erkrankung ihrer Mutter fürs erste nicht zurückkehren könne, stand es für Doreen fest, daß sie für unbestimmte Zeit auf Barnleigh Castle bleiben mußte.

Das war natürlich eine große Erleichterung für sie, denn die Aufgaben wuchsen ihr inzwischen sowieso schon über den Kopf. Längst gab es keine festen Arbeitszeiten mehr für sie. Ihr Dienst begann am Morgen, wenn sie aufstand, und er endete, wenn sie sich gegen zehn oder elf zu Bett begab.

Die evakuierten Kinder hatten sich gut eingelebt und waren verantwortlich für unzählige Schäden und Scherben. Und der Bedürfnisse waren so viele, daß Doreen sie fast kaum noch alle erfüllen konnte.

Sheila war einfacher zu führen, als Doreen es befürchtet hatte. Das Kind war so glücklich über die Umwälzungen und Veränderungen im Schloß, daß es gar keine Zeit mehr hatte, an sich selbst zu denken und irgendwelche Dummheiten anzustellen.

Doreen gelangte rasch zu der Schlußfolgerung, daß der Grund für Sheilas Aufsässigkeit und Widerspenstigkeit nur in der Eintönigkeit des Daseins zu suchen war, das sie auf Barnleigh Castle hatte führen müssen. Das Kind hatte sich in diesem Haus entsetzlich gelangweilt.

Je länger Doreen die Möglichkeit hatte, sich mit Sheilas Charakter vertraut zu machen, um so deutlicher erkannte sie, daß die Kinderfrau ständig über die Schlechtigkeit und Vergnügungssucht von Sheilas Mutter hergezogen haben mußte.

Erziehung konnte man eine solche Methode kaum nennen.

Von Michael Gillespie schien das Mädchen nur wenig mitbekommen zu haben. Es schien ganz die

Tochter der Mutter zu sein. Der Hang dieses Mannes zur Einsamkeit, seine Arbeitswut und seine außergewöhnliche Fähigkeit, sich ausschließlich auf eine Aufgabe zu konzentrieren, waren Eigenschaften, die Sheilas Naturell völlig fehlten.

Sie war wie Quecksilber, unruhig, voller Einfälle und immer für eine Überraschung gut. Dabei hatte sie die besten Vorsätze und gab sich große Mühe, es Doreen rechtzumachen – bis ihre Aufmerksamkeit plötzlich von irgendeiner Äußerlichkeit abgelenkt wurde.

Allmählich entstand vor Doreens geistigem Auge ein klares Bild von der Persönlichkeit Mrs. Gillespies. Sie stellte sich diese Frau als einen Menschen vor, der nur an sein Vergnügen und seinen Spaß dachte, oberflächlich, putzsüchtig und egoistisch. Ohne die ständige Aufmerksamkeit und Bewunderung anderer wäre diese Frau seelisch verkümmert.

Auch Sheila brauchte die Bewunderung. Sie mußte stets im Mittelpunkt stehen. Nichts war ihrem Wesen fremder gewesen, als das Leben, das sie in den ersten zehn Jahren ihres Daseins hatte führen müssen.

Jedermann auf dem Schloß beglückwünschte Doreen zu der Art und Weise, wie sie ihre neue Aufgabe bewältigte – mit Ausnahme von Michael Gillespie.

Obwohl sie nie von sich behauptet hatte, Kinder zu mögen, wäre es schwierig gewesen, Sheila nicht ins Herz zu schließen, denn das Mädchen hing abgöttisch an ihr, wich ihr nicht von den Fersen und folgte ihr anbetend und vertrauensvoll wie ein junger Hund.

Doreens erste Bemühung, Sheila etwas mehr Ordnungsliebe und Sinn für Reinlichkeit beizubringen, waren überraschend erfolgreich. Doch das Pendel schlug auch in die Gegenrichtung aus, und Sheila fuhr trotz des dämpfenden Einflusses von Doreen fort, sich mit Haarbändern, Halsketten und jeder Art von unpassendem Schmuck aufzuputzen.

Doreen nahm dies nicht weiter tragisch. In ihren Augen war es ein Fehler auf der richtigen Seite, und so unterstützte sie das Kind noch in seinen Neigungen, mit dem Erfolg, daß Sheila neuerdings nie mehr mit ungewaschenen Händen bei Tisch erschien, sorgfältig ihre Nägel pflegte, sich regelmäßig das Haar bürstete und die Zähne putzte.

Dennoch sollte sich Doreen plötzlich einem unerwarteten Widerstand gegenübersehen.

Eines Morgens hatte sie sich um ungewöhnlich viele Dinge zu kümmern, und obwohl sie dem Mädchen auch an diesem Vormittag zwei Stunden Unterricht gab, sah sie sich gezwungen, Sheila vor dem Mittagessen eine Zeitlang sich selbst zu überlassen.

Als der Gong dann zu Tisch rief, eilte Doreen die Treppe hinunter und hoffte, daß Sheila inzwischen nicht verschwunden war.

Sie begegnete Michael Gillespie und seinen beiden Mitarbeitern in der Halle, denn seitdem diese auf dem Schloß lebten, gab es bei den Mahlzeiten keine Unpünktlichkeiten mehr.

Als alle heiter plaudernd den Speiseraum betraten, saß Sheila bereits an ihrem Platz – geschmückt mit einer Vielfalt von Gartenblumen.

Ihr schwarzes Haar schmückte ein Kranz aus Nelken, und um den Hals trug sie eine Kette aus grünen Erbsen. Armbänder aus Gänseblümchen zierten ihre Handgelenke und Veilchensträuße das Leinenkleid.

»Was hast du gemacht, Liebling?« fragte Doreen.

Sheila bewegte sich wie ein Pfau und erwiderte: »Ich bin die Blumenfee. Sehe ich nicht hübsch aus?«

Die beiden Chemiker versicherten ihr, daß sie nicht nur die Blumenfee, sondern die Blumenkönigin in Person sei, und Doreen nahm das Ganze von der heiteren Seite.

Sie blickte sich zu Michael Gillespie um und sah dessen Gesichtsausdruck.

Seine Stirn war gefurcht, und er starrte das Mädchen aus zornigen Augen an.

Sheila war zu aufgeregt und zu sehr mit sich beschäftigt, um den Vater zu bemerken. Doch als alle Platz genommen hatten, sagte dieser mit vor Wut bebender Stimme zu Doreen:

»Sie haben nicht das Recht, solche Dinge zu gestatten. Das Kind sollte sich schämen.«

Doreen erschrak.

Sie fand seine Reaktion unverständlich.

»Aber warum denn? Das ist doch der völlig harmlose Einfall eines Kindes.«

»Das zu beurteilen, sollten Sie mir überlassen!«

Ihre Augen begegneten einander, und in diesem Augenblick erkannte Doreen, daß sie es mit einem Menschen von großer Willenskraft zu tun hatte. Doch ihr Trotz war stärker als ihre Furcht, und sie entgegnete:

»Ich glaubte, Sie hätten sie meiner Obhut übergeben!«

Michael Gillespie sah sie durchdringend an, dann wandte er sich mit einem unmißverständlichen Ausdruck des Tadels in den Augen dem Kind auf der anderen Seite des Tisches zu.

»Du gehst sofort nach oben, Sheila!« befahl er. »Und leg diesen Firlefanz ab. Du siehst lächerlich aus.«

Das Lächeln und die Fröhlichkeit auf dem Gesicht des Mädchens erloschen. Sie starrte ihren Vater an, fassungslos zuerst, dann verärgert und hochrot vor Zorn.

»Nein!« widersprach sie. »Meine Blumen sehen wunderschön aus, alle denken so – außer dir, und du bist ein Spielverderber. Das ist ja bekannt.«

»Tu sofort, was dir gesagt wurde!« sagte Michael Gillespie ruhig.

»Nein, ich will nicht!« Sheila weigerte sich erneut und umfaßte mit beiden Händen die Tischplatte. »Ich habe Hunger! Ich werde hierbleiben und zu Mittag essen!«

Michael Gillespie sprang auf.

Erschreckt stellte Doreen fest, daß er entschlossen war, das Kind gewaltsam aus dem Zimmer zu entfernen.

Sie ahnte, welche Szene ein solcher Versuch heraufbeschwören würde, und vor allem hatte sie Angst um das Mädchen.

Im Grunde war Sheila sehr gefühlvoll und verletzbar, und für Doreen gab es keinen Zweifel, daß eine derartige Erniedrigung in Sheila eine Wunde schlagen würde, die auch nach Jahren noch nicht verheilt sein würde.

Hastig sprang sie auf.

»Bitte, überlassen Sie das mir!« sagte sie mit einem Anflug von Strenge in der Stimme.

Sie ging um den Tisch herum und legte den Arm um Sheila.

»Hör zu, Sheila«, flüsterte sie, »wir beide gehen besser und essen unser Luncheon anderswo. Dein Vater mag deine Blumen nicht – im Gegensatz zu mir. Komm, gehen wir also und überlassen wir die Herren sich selbst.«

Doch Sheila ließ sich nicht so leicht besänftigen.

»Nein, ich will nicht gehen«, weigerte sie sich hartnäckig. »Ich kümmere mich nicht um das, was er sagt. Er ist gemein und eklig!«

Sie stieß Doreens Arm fort.

»Lassen Sie mich in Ruhe«, schrie sie wütend. »Ich will mein Mittagessen, und ich werde es hier am Tisch zu mir nehmen!«

Doreen richtete sich auf und trat einen Schritt zurück. Sie war verwirrt und wußte im Augenblick nicht, was sie tun sollte. Sie hatte versagt, war gescheitert. Sheila hatte sie abblitzen lassen. In die Enttäuschung darüber mischte sich Furcht, als ihr

Blick auf Michael Gillespie fiel, der sich dem Kind näherte und offensichtlich gewillt war, Gewalt anzuwenden.

»Bitte nicht!« bat sie ihn.

Er zögerte. Doch Sheila hatte seine Absicht bereits erkannt.

Ihre Hände umklammerten den Rand der Tischplatte noch fester, und sie schrie trotzig:

»Ich gehe nicht, ich gehe nicht! Meine Mutter ist dir fortgelaufen, und ich wünschte, ich könnte es auch. Ich wünschte, ich könnte zu ihr gehen und brauchte dich nie mehr wiederzusehen. Du bist ein Ekel! Ich hasse dich!«

Sekundenlang herrschte betretenes Schweigen, nachdem die Stimme des Kindes verstummt war.

Die Wirkung der wild hervorgestoßenen Worte auf Michael Gillespie war verheerend. Seine Augen brannten vor Zorn, und einen Augenblick lang glaubte Doreen, er würde sich auf das Kind stürzen und es schlagen.

Dann machte er auf dem Absatz kehrt, ging aus dem Zimmer und warf die Tür mit einem Knall hinter sich zu. Zurück ließ er eine Gruppe völlig entgeisterter Menschen.

Sheila hatte die Tischplatte losgelassen und umklammerte nun die Armlehne ihres Sessels mit solcher Kraft, daß ihre Fingerknöchel weiß wurden. Sie begann zu weinen. Langsam rannen ihr die Tränen die Wangen hinab. Ihr Wimmern war das Wimmern eines erschreckten Kindes. Dann, allmählich, wurde daraus ein wildes, hemmungsloses Schluchzen.

Doreen nahm sie in die Arme.

»Beruhige dich, Liebling«, sagte sie. »Alles ist gut. Es ist ja vorbei. Weine nicht mehr!«

Ihre Worte verfehlten jedoch ihre Wirkung. Es war zweifelhaft, ob Sheila sie überhaupt gehört hatte. Sie schluchzte zum Steinerweichen.

Schließlich nahm Doreen sie auf den Arm und trug sie aus dem Zimmer.

»Darf ich Ihnen helfen, Miß?« bot sich Walter an, während er die Tür öffnete. Der Klang seiner Stimme verriet, wie aufgewühlt und voller Mitgefühl er war.

»Danke, es geht schon«, antwortete Doreen. »Kümmern Sie sich bitte um die Gentlemen. Sorgen Sie dafür, daß sie ihr Luncheon bekommen.«

Sie legte Sheila auf ihr Bett, holte ein Fläschchen Eau de Cologne und betupfte damit die Stirn des Kindes. Doch es dauerte noch eine halbe Stunde, bis Sheila sich endlich beruhigte.

Danach fiel sie in einen Zustand äußerster Erschöpfung. Ihr Gesicht war verschwollen, und sie zitterte am ganzen Körper vor Erregung.

Doreen deckte sie mit einer Daunendecke zu und ließ die Blenden an den Fenstern herunter.

»Versuche ein wenig zu schlafen, Liebling«, sagte sie. »Ich werde dir eine Wärmflasche holen. Deine Füße sind ganz kalt. Und wenn du aufwachst, werden wir eine schöne Tasse Tee zusammen trinken.«

Sie öffnete die Tür und fand draußen ein Tablett mit kaltem Fleisch und etwas Obst. Der besorgte Walter dachte an alles! Doreen lächelte traurig bei diesem Gedanken.

»Mir ist nicht nach Essen«, murmelte sie dann.

Doch konnte sie den Butler so enttäuschen? Sobald Sheila eingeschlafen war, würde sie ein paar Bissen nehmen.

Sie holte die Wärmflasche und füllte sie im Flur mit heißem Wasser. An der Treppe lief sie Michael Gillespie direkt in den Weg.

»Ich wollte mich nur erkundigen, wie es Sheila geht«, sagte er. »Wie man mir sagte, haben Sie beide keinen Bissen zu sich genommen.«

Doreen empfand immer noch ein starkes Gefühl der Empörung und Bitterkeit darüber, daß etwas Derartiges hatte geschehen können. Sie hatte eine schwere Woche hinter sich. Sie war müde. Gleichzeitig jedoch war sie von einem Gefühl des Erfolgs erfüllt gewesen. Sie konnte stolz auf sich sein, sowohl was die Leitung des Schlosses als auch die Führung des Kindes anging.

Und nun dies!

Sie versuchte die vorschnellen Worte zurückzuhalten, die sich ihr auf die Lippen drängten. Dann sah sie auf dem Fußboden eine Nelkenblüte. Ganz offensichtlich war sie Sheila aus dem Haar gefallen, als sie, Doreen, das Kind auf sein Zimmer getragen hatte.

Die Blüte war zerdrückt und begann zu welken. Der bloße Anblick genügte, und plötzlich flammte ein nicht zu beherrschender Zorn in ihr auf. Es war ein nie gekannter, unbändiger Zorn, der sich gegen den Mann richtete, der diesen ganzen Ärger und das unnötige Leid eines kleinen Mädchens verursacht hatte.

Sie richtete sich auf und blickte ihm fest ins Gesicht.

»Sheila hat sich wieder beruhigt«, sagte sie, »aber ich kann mir keine wirkungsvollere Methode vorstellen, ein Kind zu erniedrigen und zu kränken, als die, deren Zeugen wir vorhin im Speisezimmer geworden sind!«

»Wofür Sie mir die Schuld geben?« sagte Michael Gillespie und verzog verbittert die Lippen.

»Wenn Sie Wert auf die Wahrheit legen, ja!« antwortete Doreen und schlug alle Warnungen ihres Verstandes in den Wind. Sie war so erbost, daß sie vergaß, daß sie mit ihrem Arbeitgeber sprach. Mit Schärfe in der Stimme fügte sie hinzu: »Meiner Meinung nach haben Sie nicht nur sehr unklug, sondern ausgesprochen grausam gehandelt.«

»So, denken Sie?« erwiderte Michael Gillespie. »Aber das heißt noch lange nicht, daß Sie recht haben mit Ihrer Ansicht.«

Er sprach kühl und beherrscht. Trotzdem wußte Doreen, daß er genauso verärgert und aufgebracht war wie sie.

»Jede Frau, die mit ansehen muß, wie ein Kind so schlecht behandelt, vernachlässigt und zu einem Nervenbündel gemacht wird, fühlt sich gedrängt, ihm zu helfen. Auf keinen Fall läßt sie sich den Mund verbieten.«

Er setzte zum Widerspruch an, doch sie ließ ihn nicht zu Wort kommen und fuhr mit leidenschaftlicher Stimme fort.

»In all den Jahren haben Sie Sheila der Gnade und Ungnade dieser entsetzlichen, alten Kinderfrau überlassen, die sie in unverantwortlicher Weise vernachlässigte und nichts anderes tat, als das Kind gegen seine Mutter und Sie aufzuhetzen. Und nun, wo das arme Ding ein wenig glücklich und übererregt ist, weil es endlich einmal wie ein vernünftiges menschliches Wesen behandelt wird, kommen Sie und zerstören all das wieder durch Ihre Unvernunft. Meiner Überzeugung nach konnten Sie Sheila gegenüber nicht grausamer handeln, als sie vom Tisch wegzuschicken und mit Nahrungsentzug zu bestrafen. Ich glaube, Sie müssen von Sinnen gewesen sein.«

»Ist das Ihr letztes Wort, Miß Marston?« Michael Gillespies Stimme war wie Eis. »Dann sollten wir diese Unterhaltung besser als beendet betrachten.«

»Ich bin ganz Ihrer Meinung«, gab Doreen zurück.

Ohne ein weiteres Wort ging sie davon.

»Ich hasse ihn!« murmelte sie voller Erregung.

Erst als sie dem Kind die Wärmflasche auf die Füße gelegt und das Tablett ins Zimmer geholt hatte, wurde ihr klar, was sie aufs Spiel gesetzt hatte.

Das war zweifellos das Ende ihrer ersten Anstellung. Sie konnte kaum annehmen, daß sie noch länger in Michael Gillespies Diensten bleiben konnte, nachdem sie so mit ihm geredet hatte.

»Es tut mir nicht leid!« sagte sie sich voller Trotz. »Er hat es nicht anders verdient. Jedes Wort, das ich zu ihm gesagt habe, ist wahr. Also, was soll's! Ich bin froh, von hier fortzukommen.«

Sie wußte, daß dies nicht stimmte. Aber sie zog den Koffer unter ihrem Bett hervor und begann zu packen. Und während sie dies tat, schwanden ihr Zorn und ihr Trotz langsam.

Eine Woge der Niedergeschlagenheit erfaßte sie.

»Ich bin eine Närrin«, sagte sie sich, »eine dumme, hirnlose Närrin!«

Ganz deutlich wurde ihr bewußt, wie glücklich sie in der vergangenen Woche gewesen war.

Sie hatte keine Zeit gehabt, sich mit sich selbst zu beschäftigen, über ihre Probleme nachzugrübeln, sich Gedanken über die Gefahr zu machen, in die sie sich begeben hatte, als sie in die Identität von Anne Marston geschlüpft war.

Sie hatte endlich einmal das Bewußtsein gehabt, eine vernünftige Arbeit zu tun, und eine große Genugtuung war für sie die Erkenntnis gewesen, daß sie Sheilas Vertrauen gewonnen hatte, daß das Kind sich glücklich fühlte und eine andere geworden war.

Außerdem hatte sie die Gesellschaft der drei Gentlemen bei Tisch genossen, und die Abende, die sie lachend und redend in der Bibliothek verbracht hatten.

Sie hatte festgestellt, daß sie eine amüsante und unterhaltsame Gesprächspartnerin sein konnte, ohne ihre Reize als Frau einsetzen zu müssen.

Es war wie die Erforschung eines unbekannten Landes, zu erfahren, daß sie mit Männern zusammen sein konnte, ohne sich unablässig ihrer körperlichen Anziehung auf sie bewußt zu werden. Die beiden Chemiker und Michael Gillespie behandelten sie mit Höflichkeit und Respekt, und sie genoß dieses Erlebnis, weil es neu für sie war.

Und nun war dieses kurze Zwischenspiel beendet. Ihre Unbeherrschtheit hatte ihr einen verhängnisvollen Streich gespielt. Es würde nicht einfach sein, dies ihrer Großmutter zu erklären.

Doreen war den Tränen nahe, als sie schließlich mit dem Packen fertig war.

Ich werde nach unten gehen und in Brookavon Manor anrufen, dachte sie. Wenn Edith sie nicht abholen konnte, mußte sie sich ein Taxi nehmen.

Sie öffnete die Verbindungstür und warf einen Blick in Sheilas Zimmer. Vom Bett drang das ruhige Atmen des Kindes an ihr Ohr, und sie wußte, daß die Kleine eingeschlafen war.

»Am besten schläft das zweite Hausmädchen in meinem Zimmer«, überlegte sie halblaut. »Sie ist eine nette Person, und Sheila mag sie. Es gibt keinen Grund, weshalb das Kind mehr als nötig leiden soll.«

Sie stieg die Treppe hinunter und betrat die Bibliothek. Sie ging zum Telefon und hatte begonnen die Nummer zu wählen, als Michael Gillespie den Raum betrat. Er trug seinen weißen Kittel, und sie wußte, daß er aus dem Labor kam. Als er sie bemerkte, blieb er abrupt stehen.

Rasch legte sie den Hörer wieder auf.

»Entschuldigung, ich konnte nicht wissen, daß Sie den Raum beanspruchen«, sagte sie. »Ich werde ins Morgenzimmer gehen. Ich wollte eben zu Hause anrufen, damit mich jemand abholt.«

»Sie abholt?« fragte er. »Was meinen Sie damit?«

»Daß ich gehe«, antwortete Doreen. »Aber ich hätte Ihnen noch eine schriftliche Nachricht hinterlassen.«

»Aber warum wollen Sie gehen?« fragte er.

Sie blickte ihn an und sah das Erstaunen auf seinen Zügen. Einen Augenblick lang war sie verwirrt.

»Nach unserem Gespräch von vorhin rechne ich kaum damit, daß Sie meine Anwesenheit noch länger wünschen.«

Mit einem Anflug von Humor, der ihre Nervosität verriet, fügte sie hinzu:

»Ich hielt es für klüger, einem Rausschmiß zuvorzukommen.«

»Aber Sie können nicht gehen«, sagte er. »Sie können mich doch nicht im Stich und mit den ganzen Problemen alleinlassen!«

Doreen fühlte, wie ihr vor Erleichterung und fassungslosem Erstaunen das Blut in die Wangen schoß.

»Ich dachte – Sie würden mit alledem allein fertig«, stammelte sie.

»Aber Sie wissen doch genau, daß dies nicht der Fall ist«, sagte er beunruhigt. »Miß Marston, ich entschuldige mich bei Ihnen. Ich entschuldige mich bei Ihnen in aller Form für das, was heute geschehen ist. Es war ... ich kann Ihnen nicht erklären, warum es dazu kam. Es handelt sich um Dinge, über die ich mit anderen nicht sprechen kann. Doch lassen Sie mich Ihnen zu meiner Rechtfertigung versichern, daß ich einen triftigen Grund für mein Verhalten hatte. – Und, bitte, gehen Sie nicht. Sie dürfen nicht gehen! Es wäre eine Katastrophe für uns alle!«

Er schwieg, um dann noch beschwörender fortzufahren: »Wenn Sie bleiben, gebe ich Ihnen mein Wort, daß etwas Derartiges nie wieder geschehen wird.«

Doreen war verwirrt. Michael Gillespies plötzlicher Wandel kam völlig unerwartet für sie. Schließlich hatte sie diesen Mann noch bis vor wenigen Sekunden gehaßt, hatte in ihm ihren größten Widersacher gesehen.

»Wenn ... wenn Sie ganz sicher sind, daß Sie mich noch wollen ...«

Auch sie sprach mit einem Beiklang von Unterwürfigkeit. Dabei stellte sie überrascht fest, daß etwas wie Zuneigung für Michael Gillespie in ihr auf stieg.

»Ich bin ganz, ganz sicher«, antwortete er feierlich. »Ohne Sie sind wir verloren, hoffnungslos verloren.«

Jähe Freude erhellte Doreens Gesicht.

»Das freut mich«, sagte sie mit ein wenig kindlicher Stimme. »Ich werde nach oben gehen und meine Koffer wieder auspacken.«

Sie wandte sich zur Tür um, doch seine nächsten Worte ließen sie mitten in der Bewegung innehalten.

»Dann sind Sie also gern hier?«

Sie schenkte ihm ein strahlendes Lächeln.

»Ich habe in diesem Moment erst erkannt, wie sehr«, erwiderte sie und ließ ihn stehen.

XXI

Zu Doreens Erstaunen waren sie an diesem Abend allein bei Tisch.

Sie hatte das Dinner am Morgen mit der Köchin zusammengestellt und wie gewöhnlich mit vier Personen gerechnet. Doch als sie nach unten kam, wenige Minuten bevor der Dinnergong ertönte, unterrichtete Walter sie davon, daß die beiden Gäste bei einem der Nachbarn, General Morton, eingeladen seien, wo sie mit dem Gesundheitsminister zusammentreffen würden, der sein Kommen überraschend angemeldet hatte.

»Auch der Herr erhielt eine Einladung«, fügte er vertraulich hinzu. »Aber er lehnte natürlich ab. Ich kann mich nicht erinnern, daß er in den letzten zehn Jahren einmal auswärts zu Abend gegessen hätte.«

Doreen sah dem Dinner zu zweit nach den vorausgegangenen Auseinandersetzungen mit gemischten Gefühlen entgegen. Sie wartete in der Bibliothek, wo wegen des kalten Abends ein Feuer im Kamin brannte.

Sie hatte sich etwas zum Ausbessern mit nach unten gebracht. Seitdem die Kinderfrau nicht mehr im

Haus war, sah sie es als einen Teil ihrer Pflichten an, die Kleidung des Kindes in Ordnung zu halten.

Sie nähte, als die Tür geöffnet wurde und Michael Gillespie eintrat.

Er trug ein Dinnerjackett – zum erstenmal, seit sie im Schloß wohnte.

»Tut mir leid, daß ich so spät dran bin, Miß Marston«, entschuldigte er sich. »Es ist lange her, daß ich mich so in Schale geworfen habe. Ich hatte fast schon vergessen, wie man einen Abendanzug anzieht.«

»Ich fühle mich geschmeichelt, falls Sie sich meinetwegen solche Mühe gemacht haben«, gab Doreen zur Antwort, und sie gab ihren Worten einen ähnlich leichten, humorvollen Klang wie er den seinen. Seine Absicht, der Situation ihre Peinlichkeit zu nehmen, war ganz offenkundig.

»Vielleicht fürchtete ich mich vor einer erneuten Strafpredigt von Ihnen«, sagte er.

Er blinzelte ihr zu, und erstaunt stellte sie fest, daß unter der ernsten, strengen Schale ein gewisser Sinn für Humor und vielleicht sogar eine Bereitschaft zur Selbstkritik schlummerte.

Vor der Notwendigkeit einer Erwiderung wurde sie bewahrt, denn in diesem Augenblick öffnete Walter die Tür und rief zum Essen.

Schweigend gingen sie in den Dining-room.

Das Mahl war hervorragend, und Michael Gillespie bestand darauf, daß Doreen einen Schluck Rotwein mit ihm trank. »Es wird Ihnen guttun«, meinte er. »Sie müssen müde sein, und ich fühle mich immer noch schuldig, weil Sie heute kein Mittagessen bekamen.«

»Walter sorgte dafür, daß ich nicht verhungert bin«, sagte sie lächelnd.

»Das beruhigt mich«, sagte er ernst.

Doreen hatte den Eindruck – wieso, vermochte sie nicht zu erklären –, daß sich an diesem Abend etwas Bedeutsames ereignen würde.

Unwillkürlich dachte sie, daß dies das erste Mal seit vielen Jahren war, wo Michael Gillespie mit einer Frau allein zu Abend speiste.

Sie bemerkte, welche Mühe er sich gab, den schlechten Eindruck, den er am Mittag hinterlassen hatte, wettzumachen, und ihr zu zeigen, daß er längst nicht so übel war, wie sie es bisher von ihm annehmen mußte.

Nach dem Dinner begaben sie sich zum Kaffee in die Bibliothek, und nachdem Walter das Silbertablett abgeräumt und die Tür hinter sich geschlossen hatte, fragte sich Doreen, was ihre erstaunlich tolerante Großmutter wohl sagen würde, wenn sie gewußt hätte, daß die neue Position der Enkeltochter auf Barnleigh Castle auch ein intimes Dinner mit dessen Besitzer einschloß.

Sie nahm ihre Näharbeit wieder auf und beugte sich tief darüber, um ein Lächeln zu verbergen, das plötzlich ihre Mundwinkel umspielte. Sie war sich bewußt, wie sie wirkte in ihrem hausbackenen schwarzen Kleid mit dem weißen Kragen, dem sorgfältig frisierten Haar und den niedergeschlagenen Augen.

Wie ein braves Hausmütterchen! dachte sie.

Michael Gillespies Worte verrieten ihr, daß er Ähnliches dachte.

»Ich glaubte immer, daß es heutzutage keine Frau mehr gäbe, die Nadel und Faden in die Hand nimmt. Ich habe immer nur gehört, die in der Fabrik gefertigten Kleider seien weitaus besser als die selbstgenähten.«

»Ich nähe kein neues Kleid«, berichtigte sie ihn. »Ich mache nur ein wenig Flickarbeit.«

»Jedenfalls nähen Sie«, stellte er fest. »Soweit ich mich erinnere, habe ich so etwas nie mehr erlebt, seit meine Mutter tot ist. Sie stickte sehr gern, und man sah sie nur selten einmal ohne eine Handarbeit.«

»Ich fürchte, meine Handarbeitskenntnisse habe ich mir weniger aus Neigung als aus Notwendigkeit erworben«, sagte Doreen.

Michael Gillespie erhob sich. Er nahm sich eine Zigarre und zündete sie sorgfältig an.

»Sie sind eine erstaunliche Frau, Anne Marston«, sagte er dann und benutzte zum erstenmal ihren Vornamen.

»Bin ich das? Und weshalb?«

»Ich hatte immer einen Horror vor diesen tüchtigen Frauen, die in den Missionen arbeiten und keine Ruhe geben, bis sie die glücklichen Heiden in Afrika oder Indien zu schlechten und unglücklichen Christen gemacht haben.«

Doreen dachte an die Missionskolonie in Kairo und lachte.

»Ich kenne den Typ, den Sie meinen, sehr genau.«

»Dann machen Sie mir also keinen Vorwurf, wenn ich Ihnen gestehe, daß ich am Anfang befürchtet habe, Sie könnten vom gleichen Kaliber sein?«

»Haben Sie das?«

»Ja, an jenem Morgen, als Sie sich bei mir vorstellten, hatte ich diese Befürchtung. Um so angenehmer war ich dann berührt, als sich von Tag zu Tag mehr das Gegenteil herausstellte.«

»Trotz meiner offenen Worte?« fragte Doreen sanft.

»Vielleicht gerade deswegen. Sie hatten recht, und ich unrecht. Ich bin kein so großer Dummkopf, das nicht ehrlich einzugestehen.«

Sie hob den Blick.

»Niemand könnte sich auf eine nettere Art entschuldigen. Danke sehr.«

»Und Ihre Meinung von mir hat sich nicht geändert?«

Doreen wandte den Kopf zur Seite und schaute ins Feuer, um ihre Verlegenheit zu verbergen.

»Ist es so wichtig, was ich denke?«

»Ja, das ist es. Schließlich leiten Sie meinen Haushalt und leben hier.«

»Nur für kurze Zeit.«

»Warum für kurze Zeit?« fragte er. »Warum sollten Sie jemals wieder fortgehen?«

»Erstens wird die Kinderfrau bald zurückkehren, und so lange sie im Haus ist, wird sie sich um Sheila kümmern – die Stunden des Unterrichts ausgenommen. Zweitens ...« Doreen stockte. Sie hatte sagen wollen, »... braucht mich meine Großmutter!« Aber sie wußte, daß dies die Unwahrheit war.

»Und was ist zweitens?« drängte Michael Gillespie.

Als sie nicht antwortete, fuhr er fort:

»Ich glaube nicht, daß es ein Zweitens gibt. Und was die Kinderfrau betrifft, halten Sie sie für unersetzbar?«

»Im Gegenteil! Ich glaube, daß sie auf Sheila einen schlechten Einfluß ausübt. Obwohl es nicht meine Art ist, jemandem den Job zu nehmen, bin ich der festen Überzeugung, daß Sheila schon zu alt ist für eine Kinderfrau.«

»Das denke ich schon lange«, stimmte Michael Gillespie ihr zu. »Behalten haben ich sie nur, weil die Erzieherinnen nie lange hier aushalten und weil die Kinderfrau in der Zeit, in der Sheila noch ein Baby war, gut für sie gesorgt hat und ich nicht über sie klagen konnte.«

»Es dürfte nicht leicht sein, sie loszuwerden«, meinte Doreen.

»Da bin ich anderer Meinung«, entgegnete Michael Gillespie. »Ich werde Johnstone ...« Er verstummte und verbesserte sich, »Ihren Onkel anweisen, ihr zu schreiben und ihr eine Pension von zwei Pfund wöchentlich anzubieten. Als Abschiedsgeschenk soll er dem Schreiben einen Scheck über fünfzig Pfund beilegen.«

»Das ist sehr großzügig!«

»Es macht mich nicht ärmer«, antwortete er knapp.

Doreen lachte.

»Das geben nur wenige Leute zu. Ich habe die Erfahrung gemacht, daß selbst die Reichen immer nur davon reden, wie arm sie sind. Die meisten können einfach nicht genug kriegen.«

»Mögen Sie kein Geld?« fragte Michael Gillespie mit einem scharfen Unterton.

»Natürlich mag ich Geld. Wer tut das nicht?«

»Ich«, antwortete er. »Geld ist in meinen Augen ein gefährliches Gift, das nicht nur den einzelnen verdirbt, sondern auch der Grund dafür ist, weshalb es so miserabel um die menschliche Zivilisation bestellt ist. Hinter jedem Krieg, jedem Verbrechen und jeder Gemeinheit steht die Gier nach Geld und Reichtum.«

»Eine hübsche Theorie«, entgegnete Doreen. »Aber vielleicht denken Sie nur so, weil Sie niemals arm gewesen sind. Vielleicht haben Sie sich nie die verzweifelte Frage stellen müssen, woher Sie Ihre nächste Mahlzeit nehmen sollen. Vielleicht haben Sie noch nie erfahren, wozu ein Mensch bereit sein kann, wenn er Hunger leidet.«

»Nein, diese Erfahrung habe ich allerdings noch nicht gemacht«, erwiderte er. »Aber ich habe andere Erfahrungen hinter mir. Solche, die schlimmer sind als Armut und Hunger. Erfahrungen, die mein Leben zerstört haben. Ich habe die Hölle auf Erden durchlebt, und das nur aus dem einfachen Grund, weil ich mit zu vielen sogenannten irdischen Gütern gesegnet war.«

Doreens Erwiderung hatte einen spöttischen Klang.

»Nun, ich würde gern mit Ihnen tauschen. Das Leben eines bedauernswerten, kleinen reichen Mädchens wäre mir durchaus willkommen. Das können Sie mir glauben.«

»Ein bedauernswertes, kleines reiches Mädchen«, wiederholte er nachdenklich. »Genau das wird Sheila einmal sein. Ist es bereits seit zehn Jahren. Denken Sie, daß sie glücklich dabei ist?«

»Wenn nicht, so ist es wohl kaum ihre eigene Schuld.«

»Wollen Sie damit sagen, daß es meine ist?«

Doreen senkte den Blick, machte einige heftige Stiche und sagte dann:

»Müssen wir wieder damit anfangen?«

»Ja, das müssen wir«, erwiderte Michael Gillespie voller Bitterkeit. »Sie sind ein Element der Unruhe in diesem Haus. Nie zuvor wurde ich von jemandem so herausgefordert. Nie war ich gezwungen, einem andern wegen meines Tuns Rechenschaft abzulegen.«

»Und nie zuvor«, ergänzte Doreen seine Aufzählung, »ist eine Ihrer Angestellten so unverschämt zu Ihnen gewesen.«

»Trotzdem habe ich Sie gebeten, zu bleiben«, sagte er.

»Ich frage mich immer noch, warum«, erwiderte Doreen. »Mein Koffer war gepackt. Ich habe fest damit gerechnet, gehen zu müssen.«

Er verließ den Platz am Feuer und setzte sich ihr gegenüber in einen Sessel.

»Ich bin dabei, etwas zu tun, das ich selbst in meinen kühnsten Träumen nie mehr für möglich gehalten hätte«, sagte er. »Ich bin dabei, einem Menschen zu vertrauen. Ihnen! Ich weiß nicht genau, warum. Ich denke jedoch, es ist, weil Sie sich in den wenigen Tagen Ihres Hierseins als so unentbehrlich und nützlich erwiesen haben. Ich wage es einfach nicht, Sie fortzulassen. Und da Sie für mein inneres Gleichgewicht von solcher Wichtigkeit sind, möchte ich, daß Sie meine Handlungsweise und meinen Standpunkt verstehen.«

Doreen ließ die Näharbeit sinken und legte die Hände in den Schoß. Sie blickte Michael Gillespie aufmerksam an und stellte fest, daß ihr Eindruck von vorhin richtig war: etwas Bedeutsames ging an diesem Abend vor.

Auf seinem Gesicht lag ein Ausdruck von Entschlossenheit, und sein Kinn war vorgereckt, als gälte es, gegen einen übermächtigen Gegner anzugehen.

Plötzlich kam die Vermutung in ihr auf, daß Michael Gillespie nicht immer dieser verbitterte, weltfeindliche und in sich vergrabene Einsiedler gewesen war. Irgend etwas mußte in seinem Leben geschehen sein, das ihn völlig verwandelt hatte.

Aber was war es?

Welche Tragödie hatte aus ihm das gemacht, was er jetzt war: ein Mann, dessen Gefühle fast erstorben waren, ein Leidender, für den es keine Freude mehr zu geben schien.

Sie wartete schweigend, bis er seine Zigarre plötzlich mit einer ruckartigen, wilden Bewegung ins Feuer warf.

»Ich war heute beim Mittagessen sehr wütend«, begann er dann. »Als ich das Speisezimmer betrat, sah ich nicht Sheila, das Kind von zehn Jahren, sondern Sheilas Mutter, die Frau, die ich geheiratet hatte, vor mir.

Ich bin nicht illoyal, sondern nur ehrlich, wenn ich Ihnen verrate, daß Sheilas Mutter nicht eigentlich schlecht war, dafür jedoch sehr töricht und schwach. Ein Mensch, der in schlechte Gesellschaft geriet und sich zu leicht beeinflussen ließ.

Tatsächlich besaß sie nur einen Fehler, nur eine einzige, wirkliche Schwäche, doch diese zerstörte unsere Ehe und ruinierte mein Leben.

Diese Schwäche hieß Eitelkeit. Es klingt beinahe grotesk, nicht wahr? Schließlich handelt es sich um eine Eigenschaft, die man jeder Frau zuschreibt und die ein wesentlicher Teil ihres Wesens ist. Doch die Eitelkeit meiner Frau hatte solche Ausmaße, war von einer solch überquellenden Hemmungslosigkeit, daß es mir unmöglich ist, zu beschreiben, wie tief mein Abscheu und mein Entsetzen beim Anblick jeder übertriebenen Aufmachung ist. Deshalb auch mein Schock, als ich plötzlich Sheila mit ihren Blumenkränzen vor mir sah. Das getreue Abbild ihrer Mutter, die mir vom Tag unserer Hochzeit an nur Schlimmes zugefügt hat.

Als wir heirateten, war ich neunundzwanzig. Ich war sehr ehrgeizig und hatte bereits einen hervorragenden Ruf als Chirurg. Viele Leute redeten von mir zu dieser Zeit schon als von dem ›kommenden Mann‹ auf dem Gebiet der Chirurgie.

Da ich mich ausschließlich meiner Karriere widmete, hatte ich mit Geselligkeiten nicht viel im Sinn. Als ich dann Elsie kennenlernte und mich in sie verliebte, traf es mich wohl tiefer, als dies normalerweise bei einem Mann meines Alters der Fall ist.

Sie war sehr schön, und als ich ihr das erste Mal begegnete, hatte sie gerade ihren ersten Auftritt auf der Bühne hinter sich. Doch ihr familiärer Hintergrund war anders, als es sonst bei einer Schauspielerin üblich ist.

Ihr Vater war Friedensrichter auf dem Land. Ihre Mutter, eine ungewöhnlich schöne Frau, war mit mehreren bekannten Adelsfamilien verwandt und mißbilligte den Wunsch ihrer Tochter nach einem Leben im Rampenlicht aufs äußerste. Dennoch, nach jahrelangem Streit, setzte Elsie ihren Willen durch. Freunde verschafften ihr eine kleine Rolle in einer West-End-Inszenierung.

Ich lernte sie kennen, als man sie mit akuter Blinddarmentzündung ins Hospital einlieferte. Nach geglückter Operation wich ich nicht mehr von ihrer Seite, und nach ihrer Entlassung aus dem Krankenhaus verbrachte ich jede freie Minute mit ihr und bedrängte sie unablässig mit der Bitte, meine Frau zu werden.

Ich war in mancher Beziehung noch recht jung, oder auch nur heillos unschuldig und unerfahren. Es kam mir nie in den Sinn, daß es in Elsies Leben auch noch andere Männer gab. Die meisten Männer ihrer Bekanntschaft waren reiche Nichtstuer, wie man sie auf jeder Cocktailparty oder in jeder Bar, die im Augenblick gerade in Mode ist, antrifft. Ich gebe zu, ich habe ihnen nie auch nur einen einzigen ernsthaften Gedanken gewidmet. Ich war der festen Überzeugung, daß es niemanden gab, der mir bei Elsie gefährlich werden könnte, und daß es nur eine Frage der Zeit wäre, bis sie mich genauso liebte wie ich sie.

Kurze Zeit, nachdem wir uns kennenlernten, erkrankte mein Onkel, Colin Gillespie, der Eigentümer dieses Schlosses. Seine Ärzte gaben ihm zu verstehen, daß er nur noch wenige Monate zu leben hatte. Er ließ mich zu sich rufen und eröffnete mir, daß ich sein Erbe sei, daß das Schloß und alles, was er besaß, nach seinem Tod auf mich übergehen werde.

Ich freute mich zwar über diese Nachricht, doch ich war so intensiv mit dem Aufbau meiner Karriere beschäftigt, daß ich nicht im Traum daran dachte, meine Arbeit im Hospital und meine Wohnung in der Harley Street aufzugeben und aufs Land zu ziehen.

Rückblickend muß ich sagen, daß sich Elsies Verhalten mir gegenüber von diesem Zeitpunkt an änderte. Sie gab ihre Zurückhaltung auf, gab sich anhänglicher, konnte sich jedoch immer noch nicht entschließen, meine Frau zu werden.

Ich begehrte sie so sehr, daß ich mich zur Geduld zwang. Ich sagte mir, ich müsse ihr Zeit lassen, dann werde sie schon ihren Weg zu mir finden. Ich glaubte voller Optimismus, daß eine Liebe wie die meine früher oder später ihren Lohn finden müßte.

Wegen meiner Arbeit konnte ich sie nicht so oft sehen, wie ich es mir wünschte, und ab und zu kam mir der Gedanke, wie anstrengend es doch war, un-

unterbrochen in Lokalen herumzusitzen oder von Nachtclub zu Nachtclub zu wandern, wo wir die meiste Zeit von einer Schar von Elsies zahllosen Freunden umgeben waren.

Ich hatte ein viel zu hartes Studium hinter mir, um zu erkennen, daß ich außer meinem Wissen und meinen beruflichen Fähigkeiten nichts vorzuweisen hatte. Persönliche Ausstrahlung und Lebenserfahrung fehlten mir völlig. Ich merkte nicht, daß Elsie sich unentwegt über den tüchtigen jungen Arzt lustig machte, der so blind in sie verliebt war, oder daß sie mich hinter meinem Rücken immer nur ihren Millionendoktor nannte.

Aber auch wenn ich es gemerkt hätte, es wäre kein Unterschied gewesen. Zu dieser Zeit hätte ich es für amüsant oder launisch gehalten. Nicht einen Augenblick lang wäre es mir in den Sinn gekommen, daß alles und jedes – auch jeder Mensch – nur Elsies Eitelkeit zu dienen hatten.

Sie war eine unvorstellbar schöne Frau – ich erwähnte es schon –, und sie selbst bewunderte sich am meisten. Es gab kein anderes Thema für sie, und all ihre Aufmerksamkeit, Kraft und Intelligenz verwendete sie auf ihr Äußeres.

Wenn wir in einem Restaurant waren, wurde meine Geduld immer auf eine harte Probe gestellt, denn es verging mindestens eine halbe Stunde, bis sie sich im Waschraum Haare und Make-up in Ordnung gebracht hatte.

Sobald wir verheiratet waren, hatte ich dann zu lernen, welch eine Staatsangelegenheit es war, wenn meine Frau sich ankleidete und zurechtmachte. Unter zwei Stunden ging das niemals ab. Oft genug dauerte es noch länger, bis sie endlich mit ihrem Aussehen zufrieden war und auf der Bühne erschien.

Nun, schließlich heiratete ich sie. Ich vergesse nie, wie glücklich ich war, als sie mir sagte, sie habe beschlossen, meinem Werben nachzugeben, und sie wünsche, daß die Trauung so still wie möglich vollzogen werde. Ich war überzeugt, hier wäre nun der endgültige Beweis für Elsies Liebe. Ich selbst hatte mich schon damit abgefunden, eine prunkvolle Hochzeitsfeier in St. Margaret's, Westminster, oder St. George's, Hanover Square, mit Brautjungfern, Platzanweisern, Reden und einem riesigen Empfang über mich ergehen lassen zu müssen.

Doch Elsie erklärte mir, sie wünsche nichts Derartiges, sie sei zufrieden, endlich mit mir vermählt zu werden, rasch und in aller Stille, mit keinen anderen Zeugen als ihrem Vater und ihrer Mutter.

Ich war so glücklich, als sie das erste Mal darüber sprach, daß ich zunächst kein Wort herausbrachte.

Ich traf die Hochzeitsvorbereitungen also genau nach ihren Wünschen. Um so überraschter war ich, als der Raum im Standesamt bis auf den letzten Platz mit ihren Freunden gefüllt war.

Sie brachten uns dann zu einem improvisierten, doch sehr geräuschvollen Empfang in einem Privatzimmer des Savoy Hotels. Dort tauchten auch die Presseleute auf, und zwar in großer Zahl.

Ein regelrechtes Blitzlichtgewitter brach über uns herein, und am nächsten Morgen prangte auf der Titelseite sämtlicher Tageszeitungen ein Bild von uns, und die Schlagzeilen verkündeten:

Society-Schönheit heiratet
wohlhabenden Chirurgen

Ich fragte Elsie, wie das Geheimnis habe durchsickern können. Aber sie lachte nur.

›Ich habe nicht eingesehen, weshalb ich auf den Spaß verzichten sollte‹, sagte sie, und ich fühlte mich wie vor den Kopf gestoßen. Ich hatte mir eingebildet, die ruhige, kleine Hochzeit, die wir durch ihre Initiative geplant hatten, entspräche ihren Vorstellungen ebensosehr wie den meinen.

Die ganze Weihe und Würde, die ich von unserer Hochzeit erwartet hatte, wurde ertränkt in einem Meer von Alkohol, im Lachen und Lärmen einer ausgelassenen Menge mir völlig unbekannter Leute.

Unsere Hochzeitsreise ging nach Paris, auch hier waren wir nicht allein. Eine Party jagte die andere. Wir fuhren zu allen möglichen Rennen, stets umgeben von einem Rattenschwanz von Freunden. Wir aßen an riesigen Tafeln, jeder vom anderen durch die ganze Länge des Tisches getrennt. Und endlich wieder in unserem Hotelzimmer waren wir so erschöpft und zerschlagen, daß Elsie kaum noch die Energie aufbrachte, mir gute Nacht zu sagen.

Allmählich dämmerte es mir. Ich begriff nach und nach, daß meine Frau ein solches Leben brauchte wie die Luft zum Atmen. Ohne diesen Wirbel und diese Hektik konnte sie weder sich noch mich ertragen. Um existieren zu können, brauchte sie die unablässige Bewunderung anderer. Sie war eitel, wie ich schon sagte, aber es handelte sich um eine Eitelkeit, die bis zum Wahnsinn verzerrt war.

Während unserer Flitterwochen eröffnete sie mir dann, daß sie die Absicht habe, nach Barnleigh Castle zu ziehen. Hier wollte sie ein großes Haus führen, während sie sich in London nur eine kleine, intime Etagenwohnung zu halten gedachte.

Ich versuchte ihr mit viel Geduld klarzumachen, daß dies unmöglich sei. Doch sie hörte mir nicht zu. Es gab eine Szene nach der anderen. Schließlich begriff ich, daß ich vor der Wahl stand, entweder meine Frau oder meine Karriere als Arzt aufzugeben.

Ich liebte meine Frau mehr als das, was ich nicht nur als Beruf, sondern als Berufung verstand – und gab nach.

Ich löste meine Praxis auf, kündigte meine Stellung im Hospital, und wir zogen auf das Schloß, wo wir mit großem Pomp residierten.

In einem Punkt allerdings hatte ich mich durchgesetzt. Ich hatte darauf bestanden, meine Forschungen fortsetzen zu können, an denen ich schon seit Jahren arbeitete. Elsie willigte ein.

›Dann hast du ein hübsches Hobby, Lieber‹, sagte sie. Ich zuckte zusammen, widersprach ihr aber nicht.

Der folgende Monat verging damit, daß wir das Schloß in Ordnung bringen ließen und die Etagenwohnung in London einrichteten.

Ich beschäftigte mich vor allem mit der Einrichtung meines Labors und kämpfte mit mir, ob ich Elsie jetzt oder erst später davon in Kenntnis setzen sollte, daß meine Arbeit manchmal sehr viel Zeit beanspruchen werde. Schließlich war sie eine junge Frau, die nicht gerade glücklich sein würde, wenn ihr Mann sich Stunden und Tage in seinem Labor verkroch.

Doch als die erste Aufregung vorüber war, begriff ich, daß ich mehr Zeit für meine Forschung hatte, als mir lieb war.

Meine Frau hatte sich ihre alte Clique aufs Schloß geholt. Sie war umgeben von Männern, die ihr Komplimente und schöne Augen machten, von Frauen, die einander glichen wie ein Ei dem anderen mit ihren angemalten Gesichtern und den schrillen, aufgeregten Stimmen.

Drei Monate nach unserem Einzug auf Barnleigh Castle sagte mir Elsie, daß sie ein Kind erwarte. Ich war glücklich – so glücklich und begeistert, daß ich einige Zeit brauchte, um zu erkennen, daß Elsie meine Freude in keiner Weise teilte.

Ich schrieb es ihrem Zustand zu und versuchte – während die Wochen und Monaten vergingen –, ihre ständige Gereiztheit und Unduldsamkeit aus dem gleichen Grund zu entschuldigen.

Es kam allerdings noch schlimmer: Elsie zeigte mir gegenüber immer deutlicher eine starke persönliche Abneigung. Sie wünschte nicht, daß ich sie anfaßte, und obwohl sie ausgelassen war wie immer, vergnügt und die Seele jeder Party, änderte sich ihre Stimmung schlagartig, sobald wir allein waren. Allein mit mir, gab sie sich stets nur unfreundlich, mürrisch und mißgelaunt. Mit einer Ausnahme – wenn ich ihr beteuerte, wie schön sie sei und wie wenig sich ihr Aussehen durch die Schwangerschaft verändert habe.

›Du bist Arzt‹, lag sie mir ständig in den Ohren, ›du kannst doch sicher etwas dagegen tun, daß ich plötzlich meine Figur verliere!‹

Zuerst glaubte ich, ihre Ängste wären normal. Dann stellte ich entsetzt fest, daß der Gedanke an eine Mutterschaft sie mit Widerwillen und Abscheu erfüllte.

Ich glaube, ich bin sehr altmodisch. Ich stamme aus einer guten Familie, und meine Kindheit war sehr glücklich. Ich hing abgöttisch an meiner Mutter, und ich hätte es nie für möglich gehalten, daß eine Frau gegen Kinder eingestellt sein könnte. Selbst in meiner Laufbahn als Arzt war mir nie ein Mensch begegnet, der so ausschließlich nur sich selbst liebte, wie meine Frau es tat.

In einer Beziehung jedoch schien es verständlich zu sein, daß sie so seltsam reagierte, denn es vergingen kaum vier Monate, bis es über ihre Schwangerschaft auch äußerlich keinen Zweifel mehr gab. Mehrere Ärzte, mit denen ich dieses ungewöhnliche Phänomen besprach, meinten, daß dies auf eine starke Abnormität des Babys schließen lasse.

Zwei Monate später – also nach sechs Monaten Schwangerschaft – wurde Sheila geboren. Ein völlig normales, gesundes Kind, das nur etwas über acht Pfund wog.

In diesem Moment ging mir ein Licht auf. Es fiel mir wie Schuppen von den Augen. Ich begriff, was ein intelligenterer Mann als ich schon viel früher gewußt hätte: Sheila war gar nicht von mir.«

XXII

Michael Gillespie hatte niemals auch nur im Traum daran gedacht, einem anderen Menschen anzuvertrauen, was sein Leben mit Elsie ihm bedeutet hatte.

Die jähe Erkenntnis, wie gleichgültig er ihr gewesen war und daß sie ihn mit einem Trick hereingelegt hatte, damit ihr Kind einen Vater erhielt, hatte ihm jegliche Illusionen genommen und alle Ideale in ihm zerstört. Er war von einer Sekunde zur anderen ein verbitterter, verschlossener Mann geworden, der seine Enttäuschung als heimliche Last mit sich trug.

Doch ein Instinkt, der stärker war als seine Zurückhaltung und Verschlossenheit, hatte ihn dazu getrieben, sich diesem Mädchen anzuvertrauen, das sein Haus mit soviel Geschick leitete und für das er einen widerstrebenden Respekt empfand.

Als er sie beim Eintritt in die Bibliothek vor dem Kaminfeuer sitzen sah, eine Näharbeit in den Händen, den madonnenhaften Kopf leicht gesenkt und trotz des einfachen, dunklen Kleides, das sie trug, sehr schön, spürte er, daß der Panzer seines fast zehnjährigen Schweigens die ersten Sprünge erhielt.

Es löste ihm die Zunge, und er begann zu reden. Was sich seit der Nacht, in der Sheila geboren wurde, in ihm aufgestaut hatte, strömte nun aus ihm hervor. Und während er sprach, sah er alle Geschehnisse noch einmal lebendig und in schmerzhafter Klarheit vor sich.

Nachdem er das Neugeborene gesehen hatte, war er nach einem flüchtigen Blick auf seine Frau in wilder Panik aus dem Entbindungsheim in die Nacht hinausgerannt.

Ziellos irrte er bis zum Morgengrauen in der Dunkelheit umher.

Der kurze Blick auf das Kind hatte ihm, dem erfahrenen Arzt, genügt, um zu wissen, daß er sich nicht täuschen konnte. Und während des nächtlichen Umherwanderns waren ihm Hunderte kleiner Vorfälle in den Sinn gekommen, Tausende von Anhaltspunkten und Hinweisen, die ihn auf das, was jetzt geschehen war, hätten aufmerksam machen müssen, wäre er nicht so hoffnungslos blind gewesen. Blind in seiner Liebe zu Elsie, besessen von ihrer Schönheit, gelähmt von der Anziehung, die sie selbst in den gleichgültigsten Augenblicken ihrer Ehe auf ihn ausübte.

Als der Morgen dämmerte, war er zu der luxuriösen Stadtwohnung gegangen, die ein Spiegelbild ihres Wesens war und in der er sich nie zu Hause oder auch nur wohl gefühlt hatte.

Es war so früh, daß noch keiner von den Dienern aufgestanden war. Leise ging er in seinen Ankleideraum, packte einige Sachen zusammen und verließ London. An das Entbindungsheim oder seine Frau sandte er keine Nachricht.

Er kehrte auf das Schloß zurück und lebte dort mitten zwischen den Trümmern dessen, was er einmal für ein wundervolles Lebensgebäude gehalten hatte.

Er erkannte, wie unvorstellbar dumm er gewesen war, als er seine Karriere aufgab, die er sich unter unsäglichen Opfern und Mühen aufgebaut hatte.

Konnte er noch einmal dorthin zurück?

Nein! In ihm hatte sich eine Wandlung vollzogen, die eine derartige Möglichkeit von vornherein ausschloß.

Er ging in sein Labor. Er stürzte sich in die Arbeit, wild, verzweifelt und voller Nervosität. Nach wenigen Tagen ereignete sich dann der Unfall.

Vielleicht war es Fahrlässigkeit gewesen. Vielleicht forderte er das Schicksal heraus, indem er ein größeres Risiko auf sich nahm, als er es in einer anderen seelischen Verfassung getan hätte.

Was genau geschah, erfuhr er nie. Das einzige, an das er sich erinnerte, war eine Explosion. Danach erwachte er aus einer tiefen Bewußtlosigkeit, fand sich in seinem Schlafzimmer wieder, und Ärzte und Schwestern umstanden sein Bett. Man teilte ihm mit, daß er die Finger der rechten Hand verloren habe.

Das war der schlimmste Schock für ihn. Weniger entsetzt nahm er die Nachricht auf, daß er von nun an immer leicht hinken werde und auf sportliche Anstrengungen verzichten müsse.

Einen solchen Verzicht vermochte er eher zu ertragen, als die Erkenntnis, daß – wenn er es sich auch noch so sehr wünschte – eine Tätigkeit als Chirurg nicht mehr möglich war. Nur noch die Arbeit im Labor war ihm geblieben.

Langsam kam er wieder zu Kräften. Seine Genesung machte zaghafte Fortschritte, aber seine Vitalität war dahin. Er hatte einen Knacks erlitten, der nicht mehr zu heilen war. In wenigen Wochen schien er um Jahre gealtert zu sein. Er war verbittert und empfindlich geworden.

Zu Elsie, die immer noch im Entbindungsheim war, hatte er jede Verbindung abgebrochen. Sie hatte nicht die leiseste Ahnung von der Entdeckung ihres Mannes und dem Wandel seiner Gefühle für sie.

Sie schrieb ihm kurze, oberflächliche Briefe. Bedeutungslose Briefe, bis auf den Umstand, daß Michael sie zum erstenmal mit anderen, kritischen Augen las – nicht mehr mit den Augen des liebenden Mannes.

Endlich erkannte er, wie selbstsüchtig, egoistisch und unheilbar eitel sie war. Alles drehte sich um sie und ihr Äußeres. Dem Baby widmete sie kaum eine Zeile. Jedes Wort galt ihrem eigenen Ich und der Angst, nie wieder ihre Figur zurückzuerhalten.

Sie berichtete ihm von ihren Gymnastikprogrammen, von der Behandlung durch Massage- und Schönheitsspezialisten, von Diätrezepten und Fastenkuren. Früher hätten ihm diese Themen ein Lächeln entlockt. Jetzt jedoch schürten sie seinen Haß, denn jeder der Briefe erinnerte ihn aufs neue daran, wie unverzeihlich blind er gewesen war.

Schließlich, nach sechswöchigem Sanatoriumsaufenthalt, kehrte Elsie aufs Schloß zurück. In ihrer Begleitung zwei Krankenschwestern.

Elsie war schöner, als er sie je zuvor gesehen hatte.

Sie war zwar blaß und ein wenig erschöpft von der Bahnfahrt, doch als sie Michaels Schlafzimmer betrat, wo er mit verbundener Hand, das rechte Bein an einem Streckgalgen aufgehängt, im Bett lag, überfiel sie ihn mit der für sie so charakteristischen Frage:

»Nun, wie sehe ich aus, Liebling?«

Seine Antwort war einsilbig, doch er zweifelte daran, daß ihr an seinem Verhalten auch nur die geringste Veränderung auffiel. Dazu war sie viel zu sehr erfüllt von dem, was sie alles tun wollte, jetzt, nachdem sie wieder hergestellt war.

Das Baby wurde einer Kinderfrau übergeben und ins Kinderzimmer direkt unter dem Dach des Hauses verfrachtet.

Den Dienern mochte aufgefallen sein, daß Michael nie den Wunsch äußerte, es zu sehen, doch auch Elsie schien keine Sehnsucht nach ihm zu haben. Es wäre ihr gewiß verwunderlich vorgekommen, wenn überhaupt jemand ein Interesse an dem Neugeborenen gezeigt hätte.

Nach zwei oder drei Wochen auf dem Schloß, in denen das Haus von ihren Freunden und Bekannten nur so wimmelte und eine Party die andere ablöste, kehrte Elsie nach London zurück.

Michaels Genesung schritt nur langsam voran, doch als die Ärzte ihm schließlich erklärten, daß man alles Menschenmögliche für ihn getan habe, und die Pflegerinnen das Haus verließen, da er inzwischen wieder aus eigener Kraft zurechtkam, reiste auch er nach London, um sich auf die Suche nach seiner Frau zu begeben.

Ohne sein Kommen anzukündigen, ließ er sich zur Stadtwohnung fahren, wo er um die Cocktailzeit eintraf.

Mit Hilfe eines Schlüssels verschaffte er sich Zutritt und fand sie im Wohnzimmer – allein mit einem Mann, den er nie zuvor gesehen hatte, der jedoch mit Elsie auf sehr vertrautem Fuß zu stehen schien.

Engumschlungen saßen sie nebeneinander auf dem Sofa. Elsie zeigte weder Erschrecken noch Verlegenheit beim Anblick ihres Mannes.

»Was für eine Überraschung, Michael!« rief sie freudig und schenkte ihm einen strahlenden Blick aus ihren ausdrucksvollen Augen.

Dann erhob sie sich, langsam und ohne Hast, und machte einen Schritt auf ihn zu.

Sie sah atemberaubend aus in dem weichfallenden, hauchdünnen Hauskleid aus blaßrosa Chiffon. Doch auf Michael wirkte sie in diesem Moment derart obszön und abstoßend, daß er kurz davor stand, die Kontrolle über sich zu verlieren. Er war froh, sich dem jungen Mann zuwenden zu können.

Er blickte ihn durchdringend an und sagte mit schneidender Schärfe in der Stimme:

»Raus mit Ihnen!«

»Aber Michael!« rief Elsie. »Was soll das heißen?«

Er beachtete sie nicht, starrte in das erschreckte, verlegene Gesicht des Mannes und setzte hinzu:

»Hören Sie nicht? Sie sollen verschwinden!«

»Aber wie benimmst du dich denn?« rief Elsie. »Du mußt völlig verrückt sein – oder betrunken! Was ist los mit dir, Michael? Das ist Jack Tilney – *der* Jack Tilney!«

»Ich habe nie von ihm gehört und lege auch keinen Wert darauf«, antwortete Michael.

Und zu dem Mann gerichtet, sagte er:

»Sir, gehen Sie nun, oder muß ich Sie vor die Tür setzen?«

Der junge Mann murmelte etwas Unverständliches, sprang jedoch hastig auf die Füße und lief zur Tür.

»Aber du kannst doch nicht ... Das ist unmöglich ... Ich begreife nicht!« Elsies Stimme bebte. »Jack, bleib! Ein Mißverständnis! Er wird sich bei dir entschuldigen!«

Sie eilte hinter dem Mann her und legte ihm besänftigend die Hand auf den Arm.

Die Hände tief in den Taschen, stand Michael unbeweglich da und beobachtete die Szene. Mit einem nie gekannten Gefühl der Schadenfreude, ja Grausamkeit, genoß er die Fassungslosigkeit seiner Frau und die Furcht ihres Liebhabers.

Elsie vermochte Mr. Tilney nicht aufzuhalten. Fluchtartig verließ er die Wohnung. Michael sah sich plötzlich Auge in Auge einer Furie gegenüber, in die sich seine Frau verwandelt hatte.

»Was fällt dir ein?« Sie schrie wie von Sinnen. »Wie benimmst du dich, und was soll das Ganze? Hast du den Verstand verloren?«

»Wenn du dich beruhigst, gibt es vielleicht eine Erklärung«, sagte Michael mit eiskalter Stimme. »Allerdings wirst du es sein, die diese Erklärung abgibt.«

»Was willst du damit sagen?«

»Daß es einige Dinge gibt, die wir miteinander zu bereden haben, meine liebe Elsie, und da wir einige Zeit dazu benötigen, schlage ich vor, du setzt dich hin und versuchst, dich zunächst einmal zu beruhigen.«

Etwas in seinem Ton erschreckte sie. Unwillkürlich witterte sie Gefahr. Ihre Wut legte sich. Sie drängte sich an ihn und blickte mit verführerischem Augenaufschlag zu ihm auf.

»Was ist denn, Michael?« sagte sie mit gurrender Stimme. »Warum bist du nur so grausam zu mir?«

Zwei Monate früher hätte er sie jetzt unweigerlich in seine Arme genommen. Ein flehender Blick aus ihren großen Augen hätte ihn wankend gemacht, die leise Berührung ihrer Hand seinen Entschluß geändert.

Jetzt war es zu spät.

Ihr Körper hatte seine Wirkung auf ihn verloren, und als er das feststellte, empfand er ein sonderbares Vergnügen darin, sie so lange anzuschauen, bis ihr allmählich der Grund für seine Gleichgültigkeit dämmerte.

»Michael«, begann sie. Ihre Stimme war leise, und ihr Mund näherte sich dem seinen.

»Ich fürchte, für diese Dinge ist es zu spät, Elsie«, versetzte er scharf.

Sie zuckte zusammen wie unter einem Peitschenhieb.

»Was ist denn?« fragte sie erneut.

Diesmal zitterte ihre Stimme vor Angst.

»Wer ist der Vater?«

Sie mußte sich völlig sicher gefühlt haben. Nie, nicht einmal einen Lidschlag lang, schien ihr der Gedanke gekommen zu sein, er könnte die Wahrheit ahnen, denn bei seiner Frage wich ihr alles Blut aus dem Gesicht. Der Schock, den seine Worte in ihr auslösten, schien sie zu überwältigen.

Sie brachte keinen Ton mehr hervor, starrte ihn nur schweigend an.

»Nun? Ich warte«, sagte er.

Er sah, daß sie verzweifelt, fast gelähmt vor Entsetzen, nach einer Erklärung suchte. Nach einer Geschichte, die er ihr abnehmen würde.

Er las ihre Gedanken und lachte höhnisch.

»Lügen helfen dir nicht mehr!« sagte er. »Ich will die Wahrheit hören.«

Ihr Widerstand brach zusammen. Seelisch gebrochen, jedoch gleichzeitig immer noch erfüllt von diesem abnormen Geltungsbedürfnis, das die Schalheit ihres Charakters so sehr entlarvte, legte sie ein Geständnis ab.

Der Vater war ein junger Mann, mit dem sie für kurze Zeit befreundet gewesen war – ein mittelloser junger Lord, der nichts anderes aufzuweisen hatte als einige Siege bei irgendwelchen Autorennen, und dem es kurze Zeit gelang, seinen Namen in den Schlagzeilen der Boulevardblätter zu halten.

Elsie hatte es genossen, sich mit ihm sehen zu lassen, und sie hatte ihn zur gleichen Zeit wie Michael in sich verliebt gemacht.

Die Bewunderung der beiden Männer hatte ihr geschmeichelt. Deren Ansehen und Berühmtheit hatten ihrer Eitelkeit gutgetan, nur hatte der eine mehr von ihr gefordert als der andere.

Als Elsie mit ihrem Bericht zu Ende war, blickte sie ihren Ehemann treuherzig an.

»Es tut mir leid, Michael«, sagte sie.

»Du tust mir leid«, antwortete er.

»Warum? Was hast du vor?« flüsterte sie.

»Ich werde mich von dir scheiden lassen«, sagte er. »Du und dein Kind, ihr werdet mein Haus so bald wie möglich verlassen.«

Es brauchte einige Sekunden, bis sie begriff, und als ihr die volle Bedeutung dessen, was er gesagt hatte, aufgegangen war, gebärdete sie sich wie eine Wahnsinnige.

Sie wußte nun, daß Michael mit einem Schlag alles vernichten konnte, was in ihren Augen einen Wert hatte: ihre gesellschaftliche Karriere, ihren Ruf und ihren Reichtum. Sie würde unbedeutend und völlig mittellos sein und obendrein belastet mit einem Kind, das sie nie gewollt hatte und das ihr gleichgültig war.

»Aber das kannst du nicht tun!« schrie sie.

Als sie an seinem Gesichtsausdruck erkannte, daß es ihm ernst war, verwandelte sich ihr Betteln und Flehen in einen Wutausbruch. Sie verlor völlig die Beherrschung und versuchte, ihn auf jede erdenkbare Art zu verletzen.

Er hatte geglaubt, die Tiefen der Erniedrigung und Enttäuschung bereits durchmessen zu haben. Nun mußte er feststellen, wie sehr er sich geirrt hatte.

Er mußte erfahren, daß Elsie die Liebhaber verschlissen hatte wie ihre Schuhe. Er hatte ihr, wie sie ihm haßerfüllt ins Gesicht schrie, nie etwas bedeutet. Sie heiratete ihn nur, weil er reich war und weil zu diesem drängenden Zeitpunkt kein Besserer erreichbar war, um sie aus der üblen Lage zu befreien, in der sie steckte.

Nie sei sie ihm treu gewesen, weder vor der Hochzeit, noch während der Flitterwochen, noch danach. All das schrie sie ihm hohnlachend ins Gesicht. Sie nannte ihn einen naiven, langweiligen, wirklichkeitsfremden Narren, um ihn im nächsten Augenblick, winselnd wie ein Schoßhündchen, anzuflehen, nichts gegen sie zu unternehmen und auf eine Scheidung zu verzichten.

Schließlich, als sie beide von der Auseinandersetzung völlig erschöpft waren, verließ er wortlos die Wohnung und übernachtete im Club.

Am nächsten Morgen kehrte er, bevor er seine Anwälte aufsuchte, zur Wohnung zurück, um Elsie zu sagen, daß sie bis zur Scheidung dort wohnen könne und daß er ihr das Kind in den nächsten Tagen nach London bringen lasse.

Ein Dienstmädchen öffnete ihm die Tür, übergab ihm einen Brief von Elsie und erklärte ihm, daß sie das Haus in aller Frühe verlassen habe.

Der Brief beseitigte die letzten Unklarheiten über Elsies Charakter.

Ich gehe mit Jack Tilney nach Amerika. Wenn du auch nie von ihm gehört hast, zivilisierte Menschen, die ins Kino gehen, haben es. Er lebt in Scheidung, und sobald er frei ist, werde ich ihn heiraten. Bis dahin hat er mir eine große Karriere beim Film ver-

sprochen. Wenn du also die Scheidung willst, laß Dich nicht abhalten. Gleichgültig, welche Gründe du dafür angibst. In Amerika macht man sich nichts aus diesen Dingen.

Was das Kind betrifft: Ich überlasse es bedingungslos Deiner Sorge. Soviel ich weiß, trägt es rechtmäßig Deinen Namen; auch wenn Dir das nicht paßt, wirst Du Dich damit abfinden müssen. Jedenfalls ist es zwecklos, mir das Kind nachzuschicken, denn ich werde es auf der Stelle wieder ins Flugzeug befördern und zurückschicken.

Goodbye, Michael, Du warst immer zu steif und zu ernsthaft, um ein amüsanter Partner zu sein.

Deine Elsie

Da war nichts mehr zu machen gewesen. Michael wußte, daß Elsie, die immer nur sich selbst sah, das Beste aus der Sache gemacht hatte und wie üblich wieder auf die Füße gefallen war.

Er erfuhr, daß Jack Tilney tatsächlich ein bekannter Filmschauspieler war, dessen Gagen sich auf astronomische Höhen beliefen.

Er zweifelte auch nicht daran, daß Elsie ihren Entschluß, ein Leinwandstar zu werden, auf die eine oder andere Weise in die Tat umsetzen würde.

Er reichte also die Scheidung ein und beantragte Jack Tilneys Vorladung. Seine Aussichten in bezug auf das Kind bezeichneten seine Anwälte von vornherein als schlecht.

»Ich fürchte, Mister Gillespie, das Kind ist rechtmäßig Ihre Tochter«, sagte man ihm. »Sie werden diese Tatsache akzeptieren müssen. Jeder Versuch, es vor Gericht für illegitim erklären zu lassen, dürfte zum Scheitern verurteilt sein. Es wurde geboren, während die Ehe bestand, und wenn Sie es sind, der die Scheidung einreicht, wird man Ihnen das volle Sorgerecht zuerkennen. In einem Fall wie dem vorliegenden bin ich sicher, daß Ihre geschiedene Frau jeglichen Anspruch auf ihre Tochter verlieren wird.«

Voller Ingrimm gab Michael Gillespie auf.

Er mußte sich in das Unvermeidliche fügen und das Kind bei sich behalten. Erzürnt und empört dachte er daran, daß Sheila einmal seine Erbin sein und eines Tages in den Besitz des riesigen Vermögens gelangen würde, das Colin Gillespie ihm hinterlassen hatte.

Verbittert und enttäuscht schwor er sich, daß Frauen in seinem künftigen Leben nie wieder eine Rolle spielen sollten – nicht einmal als Angestellte und Dienstboten in seinem Haushalt.

Nach seiner Heimkehr aufs Schloß entließ er alle weiblichen Wesen bis auf Sheilas Nurse. Er kündigte die Mitgliedschaft eines jeden Clubs, jeder Vereinigung und jeder Gesellschaft, denen er angehört hatte.

Er machte sich zahlreiche Feinde in der Grafschaft, als er seine Felder und Wälder mit einem Drahtzaun umgeben ließ und auf seinem Land keine Jagd mehr duldete. Einen besseren Weg, seine Nachbarn gegen sich aufzubringen, hätte er nicht finden können.

So begann sein Einsiedlerdasein, und er vertiefte sich derart in seine Forschungen, daß er die Welt um sich her völlig vergaß. Vielleicht war es ein Glück für ihn, daß er etwas hatte, das seine Phantasie und sein Denken so ausschließlich in Anspruch nahm und ihn ablenkte. Ohne diese Arbeit wäre er in seiner selbstgewählten Einsamkeit gewiß dem Wahnsinn verfallen.

Dabei war er nicht wirklich immun dagegen, ob andere ihn mochten oder ablehnten. Er hatte von Natur aus nicht die Veranlagung zum Eremiten und hätte zwischenmenschliche Kontakte gebraucht, aber da er sich nun einmal enttäuscht und verbittert aus der menschlichen Gemeinschaft zurückgezogen hatte, ging er von dem eingeschlagenen Weg nicht mehr ab.

Er zwang sich, konsequent zu bleiben, seinen Reichtum zu vergessen, seine gesellschaftliche Stellung und seine Scheinvaterschaft. Und um das zu erreichen, arbeitete er siebzehn, achtzehn Stunden am Tag in seinem Labor.

Als Sheila heranwuchs, kam er nicht daran vorbei, das Kind bei bestimmten Gelegenheiten zu sehen, vor allem bei den Mahlzeiten.

Er konnte sie nicht anblicken, ohne festzustellen, wie sehr sie in vielem ihrer Mutter glich.

Das arme Kind konnte nicht ahnen, daß die Mißbilligung und Kälte, die der Mann, den sie Vater nannte, ausströmte, darin zu suchen war, daß ihre Augen ihn an seine Jugend erinnerten, die für immer dahin schien, und an den Tag, der der glücklichste in seinem Leben gewesen war – und zugleich auch der grausamste.

Von Elsie hörte er viele Jahre nichts. Dann – das Kind war gerade sieben geworden – erhielt er durch seine Anwälte die Nachricht von ihrem Tod. Auf dem Flug von New York nach Palm Beach war sie bei einem Flugzeugabsturz ums Leben gekommen.

Einige der Fluggäste konnten gerettet werden, Elsie jedoch war an den erlittenen Verbrennungen gestorben.

Michael hatte geglaubt, eine derartige Mitteilung würde ihn kalt lassen. Doch als er den Brief zu Ende gelesen hatte, beschlich ihn das Gefühl des Verlustes und des Schmerzes.

Was immer Elsie ihm auch angetan, wie immer sie sich zu ihm verhalten hatte, sie hatte ihm einmal unendlich viel bedeutet. So viel, daß auch sieben Jahre der Trennung die Wunde in seinem Inneren nicht zu heilen vermochten.

Die Verbindung mit ihr hatte ihn seelisch gezeichnet, so wie die Explosion seinen Körper gezeichnet hatte.

Liebe, wie er sie für Elsie empfand, läßt sich nicht ausrotten. Auch nicht, wenn der Verstand einem eingibt, dies sei das einzig Vernünftige und Sinnvolle.

Er betrauerte seine tote Frau, aber das brach weder den Panzer in seinem Inneren auf, noch machte es ihn offener für die Welt um ihn her. Wenn seine Trauer überhaupt etwas bewirkte, dann dies, daß er sich noch tiefer in sein Schneckenhaus und seine Menschenfeindlichkeit zurückzog.

All dies war ihm auch gelungen. Bis eine Schwäche, mit der er nie gerechnet hätte, ihn dazu trieb, sein Herz der neuen Erzieherin auszuschütten – einer jungen Frau, deren puritanisches Äußere in krassestem Gegensatz zu jenem weiblichen Wesen stand, von dem er ihr berichtete.

Er hörte sich reden, und er haßte sich dafür, daß er so die Kontrolle über sich verloren hatte. Und sie haßte er, weil er ihr die Schuld daran gab.

Ein bedrücktes Schweigen entstand zwischen ihnen, nachdem er ihr gestanden hatte, daß Sheila nicht seine Tochter sei. Nach einer Weile hob Doreen den Kopf und sah ihm mit einem Ausdruck des Mitleids an.

Hastig sprang er auf.

»Es gibt keinen Grund, weshalb ich Ihnen das alles sage!« stieß er ärgerlich hervor.

Doreen spürte den jähen Gefühlsumschwung in ihm. Sie suchte nach Worten, die ihm ihr Mitgefühl ausdrücken – und falls dies möglich war – den Groll in ihm vertreiben konnten.

Doch dann sah sie seinen Gesichtsausdruck und ließ es sein.

Er haßt mich, dachte sie.

Er haßt mich, weil ich mir sein Vertrauen erschlichen habe!

In diesem Augenblick läutete das Telefon.

XXIII

Michael hob ab.

»Hallo ... ja, ja. Moment, bitte!« Er wandte sich zu Doreen um. »Für Sie«, sagte er.

»Für mich?« fragte Doreen erstaunt. »Zu dieser Nachtzeit – was kann zu Hause passiert sein?«

Michael antwortete nicht. Er reichte ihr mit einem eigenartigen Blick, den sie nicht zu deuten wußte, den Hörer.

»Gute Nacht, Miß Marston«, sagte er schroff.

»Wollen Sie schon gehen?«

In ihrer Stimme war ein bestürzter Klang. Der Abend, den sie zusammen verbracht hatten, nahm ein zu unvermitteltes Ende für sie.

»Ja«, erwiderte er. »Ich glaube, ich habe genug geredet. Gute Nacht.«

Ihre Augen folgten ihm, während er zur Tür ging. Dann, halb aus Angst, er könnte sich noch einmal umdrehen, sagte sie ins Telefon:

»Hallo, hier ist Anne Marston. Mit wem spreche ich?«

»Dreimal dürfen Sie raten!« antwortete eine fröhliche Stimme.

Sie erkannte den Tonfall sofort.

»John?«

»Genau der. John! Sind Sie überrascht, eine Stimme aus vergangenen Zeiten zu hören?«

»Woher wissen Sie, daß ich hier bin?«

»Eine gute Frage. Ich sollte beim C. I. D. anfangen – wäre der geborene Geheimagent. Ich habe bei der Adresse angerufen, die Sie mir vor drei Wochen gegeben haben. Aber jedesmal teilte mir ein tattriger alter Diener mit, Sie seien nicht da. Erst heute abend geriet ich an einen einigermaßen vernünftigen Menschen – ich vermute es war Ihr Onkel –, und der erklärte mir, wo ich Sie finden würde. Was ist geschehen? Hat man Sie vor die Tür gesetzt? Oder haben Sie einflußreiche Freunde in der Nachbarschaft aufgetrieben?«

Doreen lachte.

»Oh, einflußreiche Freunde! Ich freue mich, daß meine neue Adresse Sie beeindruckt. Hat mein Onkel Ihnen gesagt, weshalb ich hier bin?«

»Nein, er sagte nur, daß Sie auf Barnleigh Castle wohnten und dort telefonisch zu erreichen seien. Rücken Sie schon raus mit der Wahrheit! Oder wird sie noch geheim gehalten?«

»Nein, Sie können es ruhig wissen. Ich bin Gouvernante geworden.«

»Guter Lord!«

In seiner Stimme klangen Überraschung und Verblüffung.

Wieder lachte sie.

»Ich dachte mir, daß Sie erstaunt sein würden. Ich selbst bin es ja auch.«

»Well, hören Sie zu«, fuhr er ernst fort. »Gouvernante oder nicht, ich muß Sie sehen! Ich komme morgen bei Ihnen vorbei, und Sie nehmen sich für den Nachmittag frei.«

»Aber das geht nicht!« widersprach Doreen. »Ich habe viel zuviel zu tun. Ich muß mich nicht nur um ein großes Haus kümmern, sondern auch um vierzig evakuierte Kinder.«

»Donnerwetter!« kam es ein wenig spöttisch. »Trotzdem bestehe ich darauf, Sie zu sehen. Ich werde mit dem Wagen kommen und fahre in aller Frühe von London ab, so daß ich gegen Mittag bei Ihnen sein kann. Warten Sie vor der Tür auf mich, wir werden dann im Dorfgasthof zusammen essen, falls es dort so etwas gibt.«

»Tut mir leid, John«, entgegnete Doreen. »Es ist sehr nett von Ihnen, aber ich muß dankend ablehnen. Ich habe wirklich sehr viel zu tun. So viel, daß es reine

Zeitverschwendung wäre, wenn Sie den weiten Weg von London machten, nur um ein paar Minuten mit mir sprechen zu können.«

»Also, nun hören Sie mir gut zu«, sagte er, »ich werde Sie sehen, und wenn ich mir mit Gewalt Eintritt ins Schloß verschaffen muß. Sie ersparen sich also eine Menge Ärger, wenn Sie mir eine Zeit nennen, die Ihnen paßt. Ich werde dort sein.«

»Aber weshalb wollen Sie mich unbedingt sehen?« fragte sie.

»Aha, das hört sich schon besser an. Ein bißchen interessieren Sie sich also doch für mich.«

Doreen war unbehaglich zumute, als sie daran dachte, daß Michael Gillespie trotz seines abrupten Aufbruchs vielleicht doch noch auf sie warten könnte. Sie mußte das Gespräch mit John auf der Stelle beenden.

»Bitte«, sagte sie verzweifelt, »wenn Sie wirklich der Meinung sind, es wäre wichtig, daß wir uns treffen, werde ich mir morgen nachmittag eine Stunde für Sie frei nehmen.«

»All right«, erwiderte er. »Ich werde mich mit den Brosamen zufrieden geben, die vom Tisch des Schlosses fallen. Aber Sie versprechen mir hoch und heilig, mich nicht zu versetzen!«

»Ich verspreche es!«

»Well, um wieviel Uhr soll ich dort sein?«

»Um halb drei. Ich werde Sie nicht warten lassen. Aber zum Tee muß ich wieder im Schloß sein.«

»Na gut, aber ich warne Sie. Ich werde alles versuchen, Sie zum Längerbleiben zu bewegen. Doch greifen wir den Ereignissen nicht vor.«

»Und Sie sind ganz sicher, daß sich die lange Fahrt lohnen wird?« fragte Doreen.

»Ganz sicher«, war die Antwort. »Schlafen Sie gut, meine Liebe, und seien Sie ein wenig neugierig, weshalb ich Sie eigentlich sehen möchte!«

»Gut!«

»Auf Wiedersehen dann. Bis morgen.«

»Auf Wiedersehen.«

Doreen legte den Hörer auf und starrte nachdenklich auf den Apparat. Sie war aufgeregt und gleichzeitig beunruhigt.

Was hat das zu bedeuten? fragte sie sich.

Weshalb wollte John sie unbedingt sehen?

Weshalb war er so fest entschlossen, die Mühe einer langen Autofahrt auf sich zu nehmen? Nur um sich eine Stunde mit ihr zu unterhalten?

Sie war sich klar darüber, daß er es mit seinen Worten ernst meinte.

Wenn nötig, würde er sich den Zutritt ins Schloß mit Gewalt verschaffen. Eine Weigerung, ihn zu treffen, hätte überhaupt keinen Sinn gehabt.

Sie wußte, trotz der Schwäche seines Charakters war er hartnäckig und verbissen, wenn es um die Durchsetzung seiner Wünsche ging.

Außerdem hatte die Vorstellung, einfach einmal gehorchen zu müssen und nicht gezwungen zu sein, selbst die Entscheidung zu treffen, einen gewissen Reiz für sie. In den vergangenen Wochen hatte sie genug Befehle und Anordnungen gegeben. Es tat gut, einmal nicht die treibende Kraft zu sein.

Rasch überlegte sie, welche Pläne sie für den nächsten Tag zu ändern hatte. Das beste war, sie setzte für Sheila ein paar Reitstunden an. Wenn sie das Kind schon nach dem Mittagessen zu einem Ritt bewegen konnte, würde das heißen, daß sie bis zum Tee frei war.

Sie nahm ihre Näharbeit und ging zur Tür.

Die Halle war leer.

Sie vermutete, daß Michael Gillespie wieder ins Labor gegangen war. Von seinem Standpunkt aus war es noch sehr früh, und er würde gewiß noch bis spät in die Nacht arbeiten.

Sie löschte das Licht in der Bibliothek und schloß die Tür hinter sich.

Dabei spürte sie einen kalten Luftzug, der durch die Halle wehte, und stellte fest, daß er von der Haustür herkam.

Jemand hatte sie offengelassen.

Sie hatte sich also geirrt.

Michael Gillespie war nicht ins Labor gegangen. Er mußte draußen sein.

Einen Moment lang zögerte Doreen. Was sollte sie tun? Zur Tür gehen und nach ihm schauen?

Nein, das konnte er nach seinen letzten Worten als Ungehörigkeit auffassen.

Langsam wandte Doreen sich um und stieg die Treppe hinauf.

Trotz des Vertrauensbeweises ihres Arbeitgebers war er immer noch ein Fremder für sie. Jemand, den sie nicht begriff und dem sie nicht das geringste bedeutete.

Der folgende Tag war warm und sonnig. Zum Glück. Doreen fragte sich, was sie mit Sheila angefangen hätte, wenn es naß und regnerisch gewesen wäre. Das Kind hätte nicht ausreiten können, und sie hätte das Treffen mit John absagen müssen.

Bereits am Morgen hatte sie im Stall Bescheid sagen lassen, daß William mit Sheilas Pony punkt Viertel nach zwei vor dem Portal warten solle.

Als sie mit dem Kind nach unten kam, war von William weit und breit nichts zu sehen. Statt dessen stand Billy, der Stalljunge, mit dem Tier bereit.

»Wo ist William?« fragte Doreen. »Ich habe ihm ausrichten lassen, daß er heute nachmittag mit Miß Sheila ausreiten solle.«

»Ich weiß, Miß«, antwortete Billy. »Ich habe es ihm selbst gesagt.«

»Na und? Weshalb ist er nicht hier?«

Billy wurde krebsrot. Er machte den Mund auf, als wollte er etwas sagen, schloß ihn jedoch wieder und schwieg verlegen.

»Also, was ist?« fragte Doreen. »Es muß doch eine Erklärung für sein Fortbleiben geben!«

»Er sagte, Befehle von Ihnen – nehme er nicht an«, stotterte Billy, immer noch rot im Gesicht wie ein junger Truthahn.

Doreen schwieg sekundenlang.

»Na schön«, sagte sie schließlich, »dann wirst du mit Miß Sheila reiten, Billy. Aber gib gut auf sie acht! Vor Viertel nach vier braucht sie nicht zurückzusein. Bleibt aber in der Nähe des Hauses, und haltet euch von der Straße fern.«

»Mach ich, Miß«, sagte Billy.

»Oh, Sie brauchen sich keine Sorgen zu machen, weil Billy mit mir reitet«, mischte sich Sheila ein.

»Er hat mich schon oft begleitet, und er vermeidet alles, was gefährlich sein könnte. Wirklich, Miß Anne, er paßt viel besser auf mich auf als William. Dem ist es egal, ob mir was zustößt. Einmal sagte er zu mir, von ihm aus könne ich mir ruhig das Genick brechen.«

»Na ja, aber bitte nicht heute nachmittag, hörst du!« sagte Doreen.

»Nein, nein!« versprach Sheila ernst.

Doreen blickte ihnen nach, dann kehrte sie ins Haus zurück und ging ans Telephon.

Sie rief Richard Wickham an, von dem sie wußte, daß er im Gutsbüro war, und berichtete ihm von dem Vorfall.

»Die Dienstleute außerhalb des Hauses unterstehen mir nicht«, sagte sie. »Dennoch ist das keine Art. Ich habe schon mehrmals gehört, daß sich William ziemlich viel herausnimmt. Ich wäre froh, wenn du einmal der Frage nachgehen könntest, ob er wirklich unentbehrlich für uns ist. Das Kind muß reiten, und ich muß die Zeiten dafür einteilen – du siehst, das ist ein unhaltbarer Zustand.«

Richard versuchte sie zu beruhigen. »Mach dir keine Sorgen, Anne, ich werde mich darum kümmern. Sieht wirklich so aus, als müßte dem Burschen mal jemand auf die Finger schauen. Die Unterhaltskosten für die Ställe werden ständig höher. Es gelingt mir einfach nicht, sie zu drücken. Aber vielleicht habe ich jetzt einen Anhaltspunkt.«

Er senkte die Stimme.

»Unter uns, Anne, George Johnstone hat die Dinge manchmal doch ganz schön schleifen lassen. Ich bin erstaunt.«

»Nun, ich bin überzeugt, du wirst das schon wieder in die Reihe bringen.«

»Oh, ich gebe mir zumindest große Mühe!«

In Richards Stimme klang Stolz. »Mit der Zeit kriegt man die Dinge in den Griff. Alles eine Sache der Übung.«

Er machte eine kurze Pause und fügte dann hinzu:

»Übrigens, gestern abend rief ein junger Mann an und wollte dich sprechen.«

»Ja, vielen Dank, daß du ihm die Telefonnummer vom Schloß gegeben hast.«

»Offensichtlich hat der alte Barton ihn jedesmal abzuwimmeln versucht!« Richard ließ ein vergnügtes Lachen hören. »Ist wohl nicht einverstanden damit, daß jemand in der Familie einen Verehrer hat.«

»Und warum mischst du dich ein?«

»Aber was denkst du von mir!« sagte Richard hastig. »Doch bei der Gelegenheit möchte ich fragen, ist er der Sohn von Joseph Dale? Er erzählte mir, daß er auf demselben Dampfer gefahren sei wie du, und ich dachte mir, daß es immerhin möglich wäre.«

»Ja«, antwortete Doreen. »Du hast richtig gedacht, Onkel Richard. Er ist tatsächlich Joseph Dales Sohn.«

Dann fuhr sie hastig fort

»Ich muß jetzt gehen. Tschüß, Onkel Richard. Und danke, daß du dich um William kümmern wirst!«

»Überlaß das nur mir.«

Ein Ton von Selbstvertrauen lag in Richards Stimme, den sie zuvor nie gehört hatte. Doreen wußte, daß ihr Plan, ihn aus seiner Depression herauszuholen, gelungen war. Und dies in einer Weise, die ihre höchsten Erwartungen weit übertraf.

Er arbeitete wie noch nie in seinem Leben, und schon nach dieser kurzen Zeit machte er einen viel gesunderen und zufriedeneren Eindruck.

Zum erstenmal seit zwanzig Jahren hatte er eine Aufgabe, die ihn von seiner Krankheit und Behinderung ablenkte. Er hatte keine Zeit mehr, darüber nachzugrübeln, daß er nicht so leben konnte wie andere Männer, die Sport treiben, jagen, reisen und eine Ehe führen konnten. Seine neue Aufgabe beanspruchte ihn voll und ganz.

Vom ersten Augenblick an, da er diese Aufgabe übernommen hatte, war er gezwungen gewesen, eine Arbeit zu leisten, die ein hohes Maß an Tatkraft und Ausdauer von ihm verlangte. Das Ganze hätte ihn überfordern und damit Doreens Plan zum Scheitern bringen können.

Aber Richard meisterte den Job mit Bravour. Daß Michael Gillespie sich um nichts, was auf dem Gut vor sich ging, kümmerte, war ein zusätzlicher Glücksumstand für Richard Wickham.

Er konnte seine Bürozeiten selbst bestimmen, die Schwierigkeiten langsam in den Griff bekommen, sich in Ruhe mit allen Geschäften und Transaktionen vertraut machen, die in der Vergangenheit durchgeführt oder für die Zukunft geplant waren.

Zugute kam ihm ebenfalls der Umstand, daß er in der Nachbarschaft bestens bekannt war.

Die Bauern, die Landarbeiter und Handwerker kannten Brookavon Manor genausogut wie das

Schloß. Und oft genug war ihnen Richard Wickham besser bekannt als Michael Gillespie.

Bald hatte sich Richard in die Materie eingearbeitet. Vieles wurde bereits zur Routine. Und vor allem genoß er es, wenn er Morgen für Morgen nach dem Frühstück zum Gutsbüro aufbrach. Er fuhr zum Dienst. Etwas, das noch vor wenigen Wochen undenkbar für ihn gewesen war und was ihm ein bisher ungekanntes Gefühl von Wichtigkeit verlieh.

Es gab zwei Fortbewegungsmittel für ihn: das eine war der elektrische Rollstuhl, das andere ein kleiner Zweisitzer, der von einem Mann gesteuert wurde, der auf Brookavon Manor eine Art Faktotum war. Der Zweisitzer war eigens zum Mitführen des Rollstuhls eingerichtet worden, den Richard im Haus benutzte.

Es war erstaunlich, daß diese beiden Fortbewegungsmittel Richard in die Lage versetzten, alle möglichen Leute und jeden gewünschten Ort aufzusuchen.

Nachdem Doreen das Gespräch mit ihrem Onkel beendet hatte, warf sie einen Blick auf die Uhr und stellte fest, daß es nur noch wenige Minuten bis halb drei waren.

Sie eilte nach oben, holte Hut und Mantel und trat hinaus auf die Freitreppe. In diesem Augenblick ertönte auch schon der Klang einer Autohupe, und sie sah John Dale, der in einem silbergrauen Kabrio durch das Torhaus fuhr und die Auffahrt hinaufbrauste.

Doreen war voller Unruhe. Aus Gründen, die sie nicht einmal sich selbst einzugestehen wagte. Vor allem verspürte sie den Wunsch, John so rasch wie möglich aus der Umgebung des Schlosses fortzubringen.

Nicht einmal die Dienstboten sollten ihn sehen. Als er vor dem Portal anhielt, lief sie schnell die Treppe hinunter.

»Da bin ich!« rief er und streckte ihr die Hand entgegen.

Sie hatte vergessen, wie groß und breitschultrig er war und welche laute und weittragende Stimme er besaß.

»Sie sind sehr pünktlich!« sagte sie.

»Ich hatte einige Stunden in der Nähe totzuschlagen«, antwortete er. »Was für eine gottverlassene Gegend! In diesem Teil der Welt könnte man fast vergessen, daß drüben in Europa ein Krieg tobt!«

Doreen blickte über die Schulter zum Haus zurück.

»Soll ich einsteigen?« fragte sie hastig.

»So in Eile?« John hatte die Brauen gehoben. »Sie wollen mich also nicht ins Haus bitten?«

Doreen schüttelte den Kopf.

»Heute ist mein freier Nachmittag.«

Sie lachte.

Dann öffnete sie die Beifahrertür und nahm, ohne seine Aufforderung abzuwarten, neben ihm Platz.

John ließ den Motor an. Langsam rollten sie die Allee hinunter.

»Wissen Sie, daß ich fast schon vergessen hatte, wie schön Sie sind?« fragte John mit einem Seitenblick.

»Danke«, erwiderte sie. »Das ist das erste Kompliment, das ich bekomme, seit ich hier bin.«

»Was ist denn los mit diesem Platz? Sind die Männer hier alle im Krieg, oder sind sie mit Blindheit geschlagen?«

»In diesem Teil des Landes macht man keine unnötigen Worte«, erklärte Doreen.

»Und Sie legen Ihre Gefühle auf Eis, wie?«

John lachte.

»Ich liebe England«, fuhr er dann fort, »aber nach einer Weile geht's mir auf die Stimmung, und ich sehne mich nach Weite und Endlosigkeit ...«

»Wo Männer noch Männer sind!« beendete Doreen seinen Satz.

»Ja, das ist wahr! Die Hälfte aller Menschen in dieser Gegend läuft herum, wie in Watte verpackt. Ein kräftiger Windstoß oder ein, zwei herzhafte Worte, und sie geraten aus dem Gleichgewicht.«

»Soll dies ein Werbespruch für Südafrika sein?«

Die lockere Form der Unterhaltung machte Doreen Spaß. Zum erstenmal seit Wochen sprach sie unbekümmert und so, wie ihr der Schnabel gewachsen war, mit einem jungen Mann.

Nach der höflichen und ein wenig förmlichen Atmosphäre auf Brookavon Manor und dem mehr sachlichen Ton, den ihre Stellung auf dem Schloß ihr abverlangte, empfand sie diese Art der Unterhaltung als eine direkte Wohltat.

Augenzwinkernd schaute sie zu dem Mann an ihrer Seite auf. Seine heitere Gesellschaft begann ihr mehr und mehr Freude zu machen.

Sie erwartete eine amüsante Antwort auf ihre Frage und war um so erstaunter, als er mit ernstem Gesicht sagte:

»In gewisser Weise trifft das den Nagel auf den Kopf!«

»Welchen Nagel und wessen Kopf?« fragte sie.

Die schmale Landstraße stieß auf eine breite Chaussee. John nahm das Gas weg und lenkte den Wagen an den Rand der Fahrbahn.

Er stellte den Motor ab und wandte sich auf seinem Sitz Doreen zu.

»Ihrer«, sagte er dann.

Seine Antwort erfolgte so lange Zeit nach ihrer Frage, daß sie im ersten Moment ganz verdutzt war. Sie hatte völlig den Faden der Unterhaltung verloren.

»Noch mal von vorn!« verlangte sie. »Ich weiß nicht mehr genau, wovon wir gesprochen haben. Es gibt Dinge, die ich Sie fragen möchte. Was machen Sie in England? Weshalb haben Sie mich angerufen, und was haben Sie gemacht, seit Sie in Marseille von Bord gegangen sind?«

Während sie sprach, nahm sie den kleinen Hut ab, den sie getragen hatte, und warf ihn auf den schmalen Rücksitz. Dann blickte sie ihren Begleiter fragend an.

Forschend betrachtete er sie. Sein Gesicht war ernst, das Lächeln daraus verschwunden.

»Nun«, drängte sie ein wenig ungeduldig.

»Ich weiß noch nicht, wie ich es Ihnen sagen soll«, antwortete er. »Wissen Sie, Anne, ich bin nämlich aus einem ganz bestimmten Grund hergekommen.«

In seiner Stimme lag ein Ernst, der sie erstarren ließ.

»Und der ist?« fragte sie und vermochte nicht, sich zu rühren.

»Ich wollte Sie bitten, meine Frau zu werden«, sagte John Dale.

Einen kurzen wilden Augenblick lang glaubte Doreen, er machte einen Scherz. Hastig fuhr sie herum. Ihre Augen suchten die seinen, ihr Selbsterhaltungstrieb suchte nach einer unbekümmerten, witzigen Antwort, die ihm zeigen sollte, daß sie sich nicht auf den Arm nehmen ließ.

Doch es gab keinen Zweifel, es war ihm ernst damit. Gegen ihren Willen senkte sie den Blick. Ihr Herz begann zu rasen, hämmerte in ihrer Brust mit einer fast beängstigenden Heftigkeit.

»Ich verstehe – nicht!« stammelte sie.

»Ich weiß, Anne. Aber es ist mein Ernst! Seitdem wir uns begegnet sind, habe ich unablässig an Sie gedacht. Sie werden das vielleicht nicht glauben, aber es ist die Wahrheit. Nach unserer Trennung waren alle Frauen Luft für mich. Ihnen fehlte etwas, das nur Sie besitzen. Vielleicht ist es Ihre Aufrichtigkeit und Ehrlichkeit. Vielleicht der Umstand, daß Sie mir die Augen geöffnet haben, daß Sie mir klargemacht haben, wie leer und lächerlich mein Leben ist. Von dem Augenblick an, da Sie mich einen Narren nannten, wußte ich, daß Sie recht haben. Ich war ein Narr. Ich brachte mich um so vieles, was das Dasein wertvoll und sinnvoll macht. Ich vertue mein Leben mit Nichtigkeiten und gehe am Eigentlichen vorbei. Glauben Sie nicht, ich hätte mich gegen diese Erkenntnis nicht gewehrt, nicht mit aller Macht dagegen angekämpft. Ich habe es getan. Ich habe versucht, Sie zu vergessen, den Gedanken an Sie zu ersticken, über die Dinge zu lachen, für die Sie stehen.«

Er machte eine Pause und holte tief Luft.

»Eine Missionarstochter und John Dale passen nicht zueinander, sagte ich mir. Es nützte nichts. Ich besuchte Partys, ich trank mehr als zuvor. Vergeblich. Es machte mir keinen Spaß mehr. Immer wieder hörte ich Ihre Stimme, die zu mir sagte: Sie sind ein Narr, John Dale!«

»Das hätte ich nicht sagen dürfen!« sagte Doreen mit leiser Stimme.

»Aber es ist die Wahrheit. Und sie traf mich wie ein Fausthieb mitten zwischen die Augen. Es ist die Wahrheit! Und Sie waren der erste Mensch, der den Mut hatte, es mir zu sagen. Schließlich begann ich zu verstehen, daß Sie Besitz von mir ergriffen hatten. Nichts interessierte mich mehr, weil Sie nicht da waren. Ich hatte keine Lust mehr, mit der alten Clique loszuziehen, die bis zu dem Augenblick, in dem ich Ihnen begegnete, das Größte für mich war.«

Wieder schwieg er. Wieder holte er Luft, um danach hastig weiterzusprechen.

»Dann brach der Krieg aus, Anne. Ich wußte, daß es Zeit war, nach Hause zurückzukehren. Ich wäre schon früher gekommen, aber es gab noch so vieles zu tun. Geschäfte mußten zum Abschluß gebracht, Vorbereitungen für die Heimreise nach Südafrika getroffen werden. In Südafrika werde ich mich freiwillig melden. Ich werde unter den ersten sein, die französischen Boden betreten, um gegen die Deutschen zu kämpfen.«

»Das finde ich großartig!« sagte Doreen begeistert.

»Moment, ich bin noch nicht fertig!« fuhr John fort. »Am Montag läuft mein Schiff aus. Ich möchte, daß du mitkommst.«

»Daß ich mitkomme?«

»Ja, als meine Frau. Wir sollten vor unserer Abreise noch heiraten. Es gibt sonst zu viele Schwierigkeiten mit dem Beschaffen der Reisepässe. Wenn du erst Mrs. Dale bist, öffnen sich dir alle Türen, denn der Name meines alten Herrn wirkt wahre Wunder. Unsere Flitterwochen verleben wir auf See, und wenn wir in Kapstadt ankommen, bist du schon eine richtige alte Ehefrau.«

»Aber ich kann nicht«, antwortete Doreen rasch. »Ich kann tatsächlich nicht.«

»Und warum nicht?« fragte er. »Ist es das Tempo, das dich beunruhigt?«

Unwillkürlich stellte sie sich die gleiche Frage.

»Warum nicht?« wiederholte er.

Etwas in ihr – ihr Verstand? – reagierte verwirrt. Was sollte dieses Zögern? Weshalb faßte sie die Gelegenheit nicht beim Schopf? Weshalb ergriff sie die einmalige Möglichkeit nicht, die sich ihr bot?

Heirat! Ehe!

Diese Worte hätten sie elektrisieren müssen.

So lange hatte sie davon geträumt, sich nichts sehnlicher gewünscht, als ein Leben in der Geborgenheit von Ehe und Familie.

Es war wie das unerwartete Ende einer langen Reise, aber die Erleichterung, das Glück, die sich hätten einstellen sollen, blieben aus.

Verzweifelt versuchte Doreen, Ordnung in das Durcheinander ihrer Gefühle und Gedanken zu bringen.

Dieser Mann bat sie um ihre Hand!

Dieser Mann war John Dale, der Sohn des steinreichen Joseph Dale! Er war jung und stark, er sah gut aus und liebte sie.

Was konnte sie mehr verlangen?

Weshalb zögerte sie noch?

Weshalb warf sie sich ihm nicht in die Arme und gab ihm die Antwort, die er erwartete?

Das Schweigen, das zwischen ihnen entstanden war, dauerte an. Es wurde lastender und trennender. Doch Doreen vermochte sich nicht aufzuraffen, es zu brechen. Nicht einmal anschauen konnte sie den Mann, der neben ihr saß.

Mit einem Gefühl der Panik wurde ihr bewußt, daß er die Arme um sie gelegt hatte und an sich zog.

Seine Lippen waren auf den ihren, wild, leidenschaftlich, fordernd, und sie fühlte, wie sie nachgab, wie sie sich seiner Stärke unterwarf, der sie keinen Widerstand entgegenzusetzen vermochte.

»Du mußt meine Frau werden«, murmelte er. »Ich begehre dich! Nur Gott weiß, wie sehr. Ohne dich kann ich nicht mehr leben!«

Wieder küßte er sie. Es waren harte Küsse, und Doreen spürte, wie ihre Lippen zu schmerzen begannen. Sie versuchte, sich zu wehren, ihn zurückzustoßen. Vergeblich. Es war, als kämpfte sie gegen einen Menschen mit überirdischen Kräften an. Er schien blind und besinnungslos vor Begierde.

Doreen sah das Feuer in seinen Augen. Sie kam sich schwach vor, ohnmächtig und erschreckend schutzlos.

»Bitte«, bat sie, »lassen Sie mich los.«

»Ich will dich!« stöhnte er.

»Ich muß nachdenken«, sagte sie und stemmte die Hände gegen seine Brust.

Diesmal schienen ihre Worte in sein Bewußtsein zu dringen.

Langsam lockerte sich der Druck seiner Arme, und Doreen konnte ein wenig von ihm abrücken.

Doch immer noch hatte er die Arme um sie gelegt. Ihr Atem ging stoßweise, und ihre Haare waren zerwühlt von der Gewalttätigkeit seiner Umarmung.

»Well«, stieß er heftig hervor. »Was willst du mir sagen?«

In dieser Sekunde kannte sie die Antwort. Kannte sie mit unumstößlicher Gewißheit. So, als hätte ein Engel des Himmels sie ihr geoffenbart.

Und diese Gewißheit ließ die alte Kraft wieder in sie zurückströmen. Endlich konnte sie sich gegen ihn zur Wehr setzen, sich von diesem bärenstarken Mann abwenden, der über ungeheure Körperkräfte verfügte und seelisch doch ein Schwächling war.

»Ich kann Sie nicht heiraten, John«, sagte sie ruhig. »Es tut mir leid, aber meine Antwort ist nein – ein für allemal und endgültig nein!«

XXIV

Später wunderte sich Doreen über ihre Entschlossenheit und Willensstärke, mit denen sie John Dales Bitten, Überredungsversuchen und schließlich Drohungen widerstanden hatte.

Doch die neue Stärke, die sie erfüllte, schien ihr auch ein neues Verständnis zu verleihen, und am Ende trennten sie und John sich freundschaftlich.

»Ich werde dir schreiben, Anne«, versprach er und nahm ihre Hände in die seinen, während sie sich vor dem Portal des Schlosses Lebewohl sagten.

»Ja, tu das!«

»Und ich lasse die Hoffnung nicht sinken.«

Sie wußte, daß es ihm wirklich ernst war mit seiner Absicht, sie zu heiraten. Etwas in der Art und Weise, wie er die einfachen Worte sprach, zeigte ihr mehr als alle Leidenschaft und alles Ungestüm des Nachmittags, wie es um ihn stand. Dennoch akzeptierte er ihre Entscheidung, so schwer es ihm auch fallen mußte.

Am Anfang war es nicht einfach gewesen, ihm klarzumachen, daß sie meinte, was sie sagte.

Es war weniger Überheblichkeit als schlichtes Nichtbegreifenkönnen, das John Dale hinderte, Annes Entscheidung anzunehmen.

Sein ganzes Leben lang war er von Frauen verwöhnt worden, sie waren ihm nachgelaufen und zu Willen gewesen. Und ausgerechnet die Frau, die er sich in den Kopf gesetzt hatte, lehnte seinen Antrag ab.

Unbegreiflich!

Unfaßbar!

Falls Doreen auch nur die kleinste Spur von Unsicherheit gezeigt, auch nur etwas geschwankt oder gezögert hätte, John würde auf der Stelle klare Fakten geschaffen haben. Er hätte sie mit nach London genommen, und sie wäre, so schnell das Gesetz es erlaubte, eine verheiratete Frau geworden.

Aber die Entschiedenheit, mit der sie ihn zurückgewiesen hatte, verfehlte ihre Wirkung auf John Dale nicht. Wenn er im anderen Schwäche spürte, setzte er sich rücksichtslos gegen ihn durch. Vor Stärke beugte er sich.

Dennoch war ihr Verhalten ihm gegenüber für John ein Rätsel. Um so mehr, als sie ihm keinen vernünftigen Grund dafür genannt hatte.

Doreen hatte ihm nicht gesagt, daß von dem Augenblick an, da seine Lippen die ihren berührten, die Wahrheit wie eine Erleuchtung über sie hereingebrochen war.

Die Wahrheit nicht über ihn, sondern über einen anderen.

Die Heftigkeit seiner Leidenschaft versetzte sie weder in Schrecken noch bereitete sie ihr Abscheu. Es war für sie nicht mehr als ein vorübergehender Gefühlsausbruch, dessen Opfer sie unglücklicherweise wurde.

Und als er ihr all die Dinge versprach, die sich mit Geld erstehen ließen, wenn sie sich nur bereit erklärte, ihren Entschluß noch einmal zu überdenken, bedeutete seine Stimme ihr nicht mehr als ein ferner Donner über den Hügeln.

Etwas Neues, Niegekanntes, etwas strahlend Helles war in ihr aufgebrochen. Nichts hatte daneben in ihrem Herzen Platz. Alles schrumpfte zu einem Nichts zusammen, verwandelte sich in völlige Bedeutungslosigkeit.

In Johns Armen und mit seinen Küssen auf den Lippen, war sich Doreen bewußt geworden, daß sie liebte.

Sie liebte, wie noch nie in ihrem Leben. Jede Faser ihres Wesens war von dieser Liebe erfaßt. Sie machte ihren Atem zittern und ihr Herz beben. Sie durchflutete und durchströmte ihr Sein wie glühende Lava und strahlendes Sonnenlicht.

Sie liebte.

Und sie wußte nun, warum die vergangenen Wochen von einem Glück und einer Zufriedenheit erfüllt gewesen waren, die zu den tatsächlichen Geschehnissen in keinem Verhältnis gestanden hatten.

Warum war sie Morgen für Morgen in einer Welt aufgewacht, die ihr so wundervoll und herrlich erschien, daß ihr der Atem zu stocken drohte? So wundervoll, daß sie die Augen schloß aus Angst, es könnte alles nur ein Traum sein, der so rasch wieder verschwand, wie er gekommen war.

Sie war ihren Pflichten im Schloß nachgekommen, als wären es die Pflichten einer Königin gewesen.

Alles kam ihr leicht und problemlos vor. Keine Schwierigkeit schien ihr unüberwindlich zu sein.

Sie wußte nun, daß sie in ständiger Erwartung gelebt hatte. In Erwartung von Schritten vor der Tür. In Erwartung einer Stimme, die ihren Namen rief, einer Gestalt, die auf sie zueilte.

Nun wußte sie, warum sie so bemüht gewesen war, alles richtig zu machen. Weshalb ihr Herz oft so unruhig gewesen war – zuerst vor Nervosität, dann vor Zorn und schließlich vor Mitgefühl.

Sie konnte nicht sagen, wann sich diese Gefühle in Liebe verwandelt hatten. Fast kam es ihr vor, als wäre sie von Anfang an dagewesen. Von jenem Augenblick an, da Michael Gillespie den Salon betreten hatte, um mit ihr über ihre Anstellung zu reden.

Sie wußte nun, weshalb der Anblick seiner verletzten Hand und sein leicht hinkender Gang sie so getroffen hatten. Damals hielt sie es für Mitleid, das sie für ihn empfand – aber Mitleid schmerzte nicht wie ein Dolchstich zwischen den Brüsten, drang nicht bis in die Tiefe des Bewußtseins.

Liebe zu einem Menschen war mehr. Liebe litt um den anderen, wollte ihn bewahren und beschützen vor jeglichem Schaden an Leib und Seele.

Seltsamerweise war dieses übermächtige Gefühl, das wie ein glühender Lavastrom durch ihre Adern rann, nichts Überraschendes für sie.

Schon immer hatte Doreen gewußt, daß Liebe sich auf diese Weise ausdrückte. Und als sich ihr diese Liebe – noch in John Dales Armen – offenbarte, hatte sie sich ihr vorbehaltlos hingegeben.

Erst als sie John in seinem großen silbergrauen Wagen davonfahren sah und das Summen des schweren Motors in der Ferne verklingen hörte, war ihr der Gedanke gekommen, daß sie vor wenigen Minuten das größte und sicherste Angebot ihres Lebens zurückgewiesen hatte.

Und wenn John die Hoffnung auf eine Ehe mit ihr auch noch nicht aufgegeben hatte, groß waren die Chancen nicht, daß sie einander jemals wieder begegnen würden. In einigen Tagen würde er sich nach Südafrika einschiffen, und wenn er als Soldat zurückkehrte, um in Frankreich zu kämpfen, war die Wahrscheinlichkeit ziemlich gering, daß er noch einmal nach Barnleigh Castle kommen würde.

Er war gegangen, für immer aus ihrem Leben gegangen, weil sie ihn über ihre Einstellung zu ihm nicht im unklaren gelassen hatte.

Das Kapitel »John Dale« war endgültig abgeschlossen, und sie mußte wieder an ihre Arbeit zurück, eine Angestellte, die darauf angewiesen war, einen oft sehr schwierigen, launenhaften und unbegreiflichen Arbeitgeber zufriedenzustellen.

Wie anders wäre ihr Position als John Dales Ehefrau gewesen? Sie wußte, die ungewöhnlichen Dinge, die er ihr in Aussicht gestellt hatte, waren keine Übertreibung gewesen.

Er war reich – reich über alle Maßen. Sie wußte auch, daß er recht hatte, wenn er sagte, sie bedeute unendlich viel für ihn. Wenn sie ihn lieben könnte, würde es wohl kaum etwas gegeben haben, wozu sie diesen Mann, der sie ebenfalls liebte, nicht hätte bringen können.

Aber – sie liebte ihn nicht.

Selbst wenn sie Michael niemals mehr wiedersehen würde, sie hätte John Dale nicht lieben können. Daran gab es für Doreen keinen Zweifel.

Dennoch, die Offenbarung ihrer Liebe war zu jäh und unvermittelt erfolgt, um jetzt schon Pläne zu machen oder Wünsche Gestalt annehmen zu lassen.

Im Augenblick stand nur eines für sie fest: sie liebte Michael Gillespie, und sie wäre bereit, alles für ihn zu tun, um ihn glücklich zu machen – selbst um den Verlust ihrer ewigen Seligkeit.

Als sie die Treppe hinauflief, erinnerte sie sich an seinen Gesichtsausdruck am vergangenen Abend bei John Dales Anruf.

Ein Zittern überlief sie.

Sie glaubte wieder die Mißbilligung in seinen Augen zu sehen, eine Art Unmut darüber, daß er gegen den eigenen Willen seine Zurückhaltung aufgegeben und zu ihr über seine Vergangenheit gesprochen hatte.

»Michael, Michael!« flüsterte sie, und das Aussprechen seines Namens war für sie wie ein kostbares Geschenk.

Allein in ihrem Schlafzimmer, starrte sie in den Spiegel.

Ihre Wangen waren gerötet, ihre Augen glänzten unnatürlich.

»Ich sehe aus wie eine Frau, die sich den Küssen ihres Liebhabers hingegeben hat«, sagte sie halblaut.

Sie mußte lächeln bei dem Gedanken, wie wenig dies den Tatsachen entsprach.

Nicht den Mann, der sie geküßt hatte, liebte sie, sondern denjenigen, der sie haßte, dem sie zumindest völlig gleichgültig war.

Heute abend werde ich Michael sehen, dachte sie beunruhigt.

Typisch Eva, musterte sie voller Unsicherheit ihr Spiegelbild.

Warum war sie nicht schöner?

Warum konnte sie mit ihrem Aussehen einen Mann wie John Dale anziehen, aber nicht den Mann, den sie liebte.

Sie dachte an Sheilas Mutter.

Wie mochte Elsie ausgesehen haben? Michael hatte gesagt, sie sei sehr schön gewesen.

Doreen wußte, daß sie sich mit der Erinnerung, die Michael an die Schönheit seiner geschiedenen Frau im Herzen trug, nicht messen konnte.

Und da Elsie tot war, vermochte die Zeit ihrer strahlenden Jugend und Schönheit nichts mehr anzuhaben. Elsies Bild würde seinen Platz in Michaels Erinnerung so behalten, wie er sie zuletzt gesehen hatte. Unverblichen und ohne Trübung.

Wie konnte sie hoffen, eine Frau aus dem Denken und Fühlen eines Mannes zu verdrängen, die von einer so ungewöhnlichen körperlichen Vollkommenheit gewesen war, daß es ihm trotz ihrer Schlechtigkeit nicht gelungen war, den Gedanken an sie aus seinem Bewußtsein auszumerzen.

Denn es war Elsie, die ihn immer noch daran hinderte, ein normaler Mensch zu sein. Und es war die Erinnerung an sie, die ihn im Frühling seines Lebens dazu brachte, jeglichen Kontakt mit anderen Frauen zu meiden und auf die Freuden der Ehe und die Behaglichkeit einer Familie zu verzichten.

Doreen verspürte den wilden Wunsch, davonzurennen, Michael und das Schloß zu verlassen. Sie fühlte, daß sie einen aussichtslosen Kampf gegen einen übermächtigen Feind führte und daß ihre Niederlage nur noch eine Frage der Zeit war.

Langsam füllten sich ihre Augen mit Tränen. Doch bevor sie ihr über die Wangen liefen, hob sie das Kinn und sah ihr Spiegelbild trotzig an.

»Ich werde nicht aufgeben!« sagte sie laut. »Michael, Michael, ich liebe dich!«

Der Klang ihrer Stimme gab ihr neue Kraft. Sie wußte, ihr Weg war bereits vorgezeichnet. Es konnte kein Zurück für sie geben. Ob sie wollte oder nicht, sie mußte vorwärtsgehen.

Eine Zukunft ohne Michael konnte und durfte für sie nicht in Frage kommen, und auf eine geheimnisvolle Weise war sie davon überzeugt, daß die Dinge sich von selber lösen würden.

Entschlossen wandte sie dem Spiegel den Rücken und verließ ihr Zimmer, um Sheila zu suchen.

Es waren nur noch wenige Minuten bis zur Teatime. Sie nahm an, daß das Kind bereits in der Bibliothek auf sie wartete.

Doreens Vermutung stimmte.

Sheila saß bereits am Tisch und aß ein Schokoladenplätzchen.

»Ich habe einen wunderschönen Ritt hinter mir«, rief sie aufgeregt, als Doreen eintrat. »Billy und ich sind an einem Stück bis Barnleigh Common galoppiert. Und zurück sind wir über die Hügel geritten. Es hat richtig Spaß gemacht.«

»Das hör ich gern, Liebling«, antwortete Doreen. »Bist du denn jetzt nicht müde?«

»Nein, überhaupt nicht«, erwiderte Sheila. »Kommt Daddy auch zum Tee?«

»Ich hab keine Ahnung. Normalerweise nimmt er den Tee doch im Labor. Warum glaubst du, daß er ihn heute mit uns trinken wird?«

»Weil Walter drei Gedecke aufgelegt hat.«

Doreen blickte über den Tisch und sah, daß Sheila recht hatte.

»Dann kommt er vielleicht noch«, sagte sie nachdenklich. »Wäre doch nett, nicht wahr?«

Sheila verzog das Gesicht.

»Ich weiß nicht«, sagte sie. »Es ist mir fast lieber, wenn ich den Tee mit Ihnen allein trinke. Man weiß nie, welche Laune Daddy hat, obwohl er gestern abend schrecklich nett zu mir war, als er vor dem Einschlafen zu mir kam.«

»Er war bei dir im Schlafzimmer?« fragte Doreen überrascht.

Sheila nickte.

»Er sagte, es tue ihm leid, daß er beim Mittagessen so unfreundlich zu mir war. Er war so besorgt, daß er gar nicht wiederzuerkennen war. Unter uns gesagt: Ich hab fast das Gefühl, eins seiner Meerschweinchen ist gestorben.«

Nur mit Mühe gelang es Doreen, ernstzubleiben.

Wie einfach das Leben doch für Kinder ist, dachte Doreen. Sie haben eine erstaunliche Gabe, für alle ungewöhnlichen Handlungen der Erwachsenen eine praktische Erklärung zu finden.

Sie widersprach Sheila nicht. Sie hielt es für das beste, die Dinge auf sich beruhen zu lassen und die gestrige Verstimmung nicht noch unnötig aufzubauschen.

»Ich denke, du hast recht«, sagte sie. »Männer nehmen ihre Arbeit sehr ernst, und wenn einmal etwas schiefläuft, verlieren sie leicht die Nerven.«

»Ich mag Männer nicht besonders«, verkündete Sheila. »Frauen sind mir lieber. Nicht alle Frauen natürlich. Aber solche wie Sie. Sie sind leichter zu verstehen.«

»Danke, Liebling.«

Doreen schaute zu, wie das Kind sich ein Stück Kuchen nahm, und etwas an der Haltung von Sheilas Kopf und den niedergeschlagenen Augen brachte sie auf den Gedanken, daß auch Sheila eines Tages einmal sehr schön sein würde.

Welch eine Verantwortung für Michael! dachte sie und erinnerte sich an die Bitterkeit in seiner Stimme, als er zu ihr gesagt hatte: »Sheila ist nicht mein Kind!«

Würde er je in der Lage sein, sie zu führen, sie zu beschützen und ihr zu helfen?

Ein zärtliches Gefühl für das Kind, verbunden mit einem ebenso zärtlichen Gefühl für den Mann, den sie liebte, gaben Doreen plötzlich den Wunsch ein, sich ganz für das Wohl der beiden aufzuopfern.

Sie würde alles tun, was in ihren Kräften stand, um sie glücklich zu machen, sie vor der Qual der Einsamkeit und Enttäuschung zu bewahren, die unausweichlich auf die beiden zukam, wenn die Dinge sich nicht grundlegend ändern sollten.

Hilf mir, hilf mir! flehte sie stumm.

Verblüfft stellte sie fest, daß sie soeben ihr erstes wirkliches Gebet gesprochen hatte.

Sie beendeten den Tee. Von Michael und seinen Gehilfen hatte sich keiner sehen lassen. Zögernd brachte Doreen das Kind nach oben, wo es die Kleider wechselte.

Beide hatten es sich zu einer selbstauferlegten Pflicht gemacht, nach dem Tee in die Aula hinunterzugehen und mit den evakuierten Kindern zu spielen. Meist gingen sie alle zusammen in den Schloßhof. Die etwas älteren Kinder spielten Ballspiele, während die Kleinen sich mit Puppen, Bilderbüchern und anderen Spielsachen vergnügten, die allesamt ziemlich mitgenommen aussahen.

Ich muß ihnen neues Spielzeug kaufen, dachte Doreen, während sie die arm- und beinlosen Puppen, die Teddybären ohne Augen und die beschädigten Eisenbahnwaggons aus Holz betrachtete.

Ob sie Michael Gillespie um das Geld dafür bitten oder in eigener Verantwortung handeln sollte?

Die Antwort kannte sie.

Michael Gillespie würde mit allem einverstanden sein, was sie tat, solange sie ihn nur in Ruhe ließ.

Doch die Versuchung, unter irgendeinem Vorwand seinen Rat einzuholen oder seine Aufmerksamkeit auf sich zu lenken, verfolgte sie auf Schritt und Tritt.

Sie hatte es nie gewußt, daß ein Mensch sich so sehr nach der Nähe eines anderen sehnen konnte.

Sie mußte zu ihm gehen, wenn auch nur für einen kurzen Augenblick. Sie wollte das Gefühl seiner Gegenwart, wollte ihn neben sich spüren, gleichgültig, in welcher Laune er auch war. Selbst seinen Zorn würde sie eher ertragen können als seine Abwesenheit.

Ein Kind lief auf ein anderes zu. Es stolperte und landete vor Doreens Füßen. Es begann zu weinen – mehr aus Schreck als vor Schmerz.

Sie hob es auf, nahm es auf den Arm und wischte ihm die Tränen von den Wangen.

»Komm«, sagte sie, in dem Versuch, die Kleine zu trösten, »suchen wir uns ein hübsches Bilderbuch.«

Das Kind auf dem Arm, ging sie ins Spielzimmer. Als sie den Raum betrat, sah sie am anderen Ende Michael Gillespie.

Bei seinem Anblick begann ihr Herz zu rasen, und der Atem stockte ihr.

Wie angewurzelt blieb sie stehen, das Kind an sich gepreßt, als wäre es ein Schutz gegen die eigenen Gefühle.

»Miß Marston!« Michaels Stimme klang scharf. »Sie werden am Telefon verlangt. Ein Mister Dale wünscht Sie zu sprechen!«

Seine Worte waren wie ein Stoß ins kalte Wasser.

Doreen setzte das Kind ab. Aus Angst vor Michael lief es in die entgegengesetzte Ecke des Zimmers.

»Tut mir leid, daß ich Ihnen die Mühe – mache, mich ... mich suchen zu müssen«, stammelte Doreen.

»Ich war gerade beim Tee, und der Anruf kam in der Bibliothek an.«

»Es tut mir wirklich leid«, sagte Doreen wieder. »Walter hat heute nachmittag seinen Ausgang, und der neue Diener kennt sich mit dem Umstellen des Telefons noch nicht aus.«

Sie drehte sich um und lief ins Anrichtezimmer. Sie wußte, daß Michael verärgert und zugleich verlegen wegen des Anrufs war. Sie selbst wäre am liebsten in Tränen ausgebrochen.

Nachdem sie das Gespräch auf den Apparat im Anrichtezimmer umgestellt hatte, hörte sie Johns Stimme, die fragte:

»Anne, sind Sie es?«

»Ist etwas passiert?« erkundigte sie sich.

»Ich bin auf halbem Weg nach London«, erwiderte er. »Und ich habe gerade bei einem Dorfgasthof angehalten, um eine Tasse Kaffee zu trinken. Ich dachte mir, ich sollte Sie kurz anrufen. Sie haben es sich noch nicht anders überlegt, oder?«

Doreen zögerte.

Sie hatte immer noch Michaels zornige Stimme im Ohr, und es schmerzte sie, weil es ihn zu ärgern schien, daß sie ihn mit ihrem Privatleben belästigte.

Schließlich war sie nur eine Gouvernante, eine Angestellte in seinem Haus.

Dies war ihre zweite Chance zur Flucht.

Die zweite Möglichkeit, ihre Lebenssituation zu ändern.

Nur einen Moment lang kam ihr der Gedanke, Michael Lebewohl zu sagen und ihm in unbekümmertem Tonfall zu verstehen zu geben, sie und ihr Ehemann würden sich über einen Besuch glücklich schätzen, falls sein Weg ihn einmal nach Südafrika führe.

John wartete.

»Well, Anne, was ist nun? Warst du nicht ein wenig traurig, als du mich vorhin davonfahren sahst? Soll ich umdrehen und zurückkommen?«

In seiner Bitte war ein verräterischer Klang. Seine Stimme, losgelöst von seiner körperlichen Gegenwart, übte eine unerwartet starke Anziehung auf sie aus. Einen kurzen, flüchtigen Augenblick lang war sie versucht, ja zu sagen.

Doch dann wußte sie: es war unmöglich.

Als ihr altes Selbst, als Doreen Wallis, hätte sie vielleicht zugestimmt, hätte das Risiko auf sich genommen, die Chance ergriffen, die sich ihr bot – bot für eine knappe Zeitspanne und danach niemals mehr.

Doch für den Menschen, der sie geworden war, für Anne Marston, mit deren Charakter sie sich tiefer identifiziert hatte, als ihr bewußt war, konnte es eine solche Entscheidung nicht geben.

Sie mußte ihrer neuen Liebe gehorchen.

Sie mußte ihrer neuen Wahrheit folgen, wohin diese Wahrheit sie führen mochte. Was auch immer die Zukunft für sie bereit hielt.

Mit einem Seufzer, der mehr Ausdruck der Erleichterung als des Bedauerns war, sagte Doreen:

»Nein, John, ich habe es mir nicht anders überlegt.«

XXV

»Es kommt einem unfaßbar vor, daß wir nun schon seit fast fünf Wochen Krieg haben«, sagte Doreen.

»Und einen so sonderbaren Krieg«, antwortete Edith Wickham.

Mrs. Wickham am Kopfende des Tisches ließ ein leises Lachen hören.

»Edith ist enttäuscht«, sagte sie. »Sie hält ihre Luftschutzmaßnahmen für so hervorragend, daß sie sich im stillen einen Luftangriff wünscht, damit sie die Wirksamkeit dieser Maßnahmen endlich einmal unter Beweis stellen kann.«

Edith errötete bis unter die Haarwurzeln.

»Wie kannst du so etwas sagen, Mutter!« entrüstete sie sich.

Doreen wußte, daß in Mrs. Wickhams spöttischen Bemerkungen immer ein Körnchen Wahrheit enthalten war und daß die alte Dame sich am Unbehagen ihrer Tochter erfreute.

»Ich bezweifle, daß unser Luftschutzkeller groß genug ist, Menschen aus dem Schloß aufzunehmen«, mischte Sheila sich ein.

»Dann wirst du dich wohl in ein Kaninchenloch verkriechen müssen«, neckte Richard sie.

Doreen hatte Sheila zum Luncheon nach Brookavon Manor mitgenommen. Es war nicht das erste Mal, denn Doreen hielt es für notwendig, daß Sheila einmal in eine andere Familie und unter andere Menschen kam. Und was als Versuch gedacht gewesen war, hatte sich in der Praxis als sehr erfolgreich erwiesen.

Sheila war auf Brookavon Manor gern gesehen, und sie selbst genoß die Stunden, die sie dort verbrachte, aufs höchste.

Vor allem mochte sie Richard, und jeden Tag fand sie alle möglichen Gründe, ihn im Gutsbüro aufzusuchen und einen kleinen Plausch mit ihm zu halten.

Für Doreen war es ein erstaunliches und sehr befriedigendes Erlebnis, die Veränderung zu beobachten, die mit ihrem Onkel vorgegangen war. Er arbeitete hart, und trotzdem ließ er sich immer noch mehr Verantwortung aufbürden.

So hatte Doreen inzwischen die Buchführung des Haushalts an ihn abgegeben, da es ihr zuviel geworden war.

Der Dorfrat war ebenfalls an ihn herangetreten und hatte ihm George Johnstones Sitze in verschiedenen Komitees angetragen. Zu jedermanns Überraschung hatte er angenommen.

»Vielleicht ist es gar nicht so schlecht, wenn ich auf diese Weise Einblick in das gewinne, was im Dorf vorgeht«, erklärte er. »Wenn ich schon die Stelle eines Agenten angenommen habe, dann will ich auch versuchen, sie so gut wie möglich auszufüllen.«

Doreen hatte die warnenden Worte zurückgehalten, die sich ihr beim Gedanken an seine schwache Gesundheit auf die Lippen drängten.

Sie hatte erkannt, daß dieses Übermaß an Beschäftigung für Richard ein besseres Heilmittel war als die teuren Medikamente und Behandlungen, die die Ärzte ihm verschrieben hatten.

Natürlich, es gab für ihn keine Aussicht, jemals wirklich gesund zu sein. Doch es war durchaus möglich, daß ein Teil seiner Behinderung seelische Ursachen hatte.

Glaube und Selbstvertrauen hatten sich schon oft als heilende Kräfte erwiesen, und wenn Richard den Wunsch verspürte, zu arbeiten, war es nach den Jahren des Nichtstuns und der Verzweiflung besser, ihm seinen Willen zu lassen – auch auf die Gefahr hin, daß er seine körperlichen Möglichkeiten überschätzte.

Im Moment jedenfalls gab es dafür nicht die kleinsten Anzeichen.

Auf seinem Platz, gegenüber Mrs. Wickham am anderen Ende des Tisches, war er während der ganzen Mahlzeit in bester Stimmung gewesen.

Nach dem Ende des Luncheons fragte er Doreen lächelnd:

»Habt ihr Lust, mitzukommen und euch meine Rosen anzuschauen?«

Doreen schüttelte den Kopf.

»Tut mir leid«, sagte sie bedauernd, »aber Sheila und ich müssen zum Schloß zurück. Sie hat heute nachmittag ihre Reitstunde, und ich muß noch einige Briefe schreiben, bevor die Post abgeht. Gestern hatte ich einfach keine Zeit, um die neuen Vorräte in London zu bestellen, über die wir beide geredet haben.«

»Ich wünschte, Sie würden mit mir reiten!« sagte Sheila. »Sie haben es mir versprochen.«

»Ich weiß«, antwortete Doreen. »Aber das war, bevor der Krieg ausbrach. Sobald wir wieder Frieden haben, werde ich jeden Tag mit dir ausreiten. Ich gebe dir mein Wort darauf.«

»William geht morgen«, sagte Richard. »Ich mußte ihm nur genügend Zeit geben, aus seiner Kate auszuziehen. Wie ich hörte, will er mit seiner Frau ans andere Ende der Grafschaft. Ich halte das für das beste. Wäre nicht gut, wenn er in der Nachbarschaft bliebe. Je mehr ich über den Charakter dieses Mannes erfahren habe, um so glücklicher bin ich, daß er fortgeht. War viel zu lange auf dem Schloß angestellt.«

»Hast du schon jemanden, der seine Stelle einnimmt?« fragte Doreen.

»Im Moment noch nicht«, erwiderte Richard. »Aber ich habe Billys Lohn aufgestockt, und der Junge versicherte mir, daß es keine Schwierigkeit für ihn ist, sich um beide Pferde zu kümmern – jedenfalls für die Dauer des Krieges. Er ist ein prächtiger, anstelliger Bursche. Der einzige Zweifel, den ich habe, ist, daß er noch zu jung ist, um die nötige Verantwortung zu tragen. Nun, hoffen wir, er nutzt die Chance, die wir ihm geben.«

»Billy sagte mir, Sie seien ein anständiger Kerl, Onkel Richard«, sagte Sheila und schaute ihn bewundernd an.

»Ich hoffe, das war, bevor er von seinem Aufstieg erfuhr«, erwiderte Richard lächelnd.

Doreen sah ihm an, wie dankbar und glücklich er über das Lob des Jungen war.

»Wenn du fertig bist, Sheila, machen wir uns besser auf den Weg«, sagte sie und blickte, während sie sprach, zum Fenster hinaus. »Ich hoffe, es gibt keinen Regen, bevor wir auf dem Schloß sind. Es war so schön heute morgen, daß ich nicht einmal daran gedacht habe, unsere Regenmäntel mitzunehmen.«

Dunkle Wolken türmten sich über den fernen Hügeln, und der Himmel bezog sich immer mehr.

Doreen überlief ein Zittern. Sie war an diesem Morgen mit Kopfschmerzen aufgewacht und mit dem Gefühl, daß ihr Hals leicht geschwollen war.

Nun fröstelte es sie.

Ich muß überarbeitet sein, dachte sie und versuchte den Verdacht zu verdrängen, sie könnte sich eine Erkältung geholt haben.

Das Wetter war für diese Jahreszeit noch sehr schön gewesen, doch die Sonne wärmte nicht mehr.

Nachts fiel ein starker Reif, und am Morgen lagen feuchte Nebel um die Mauern des Schlosses.

Wie einfältig von ihr, zu glauben, daß sie nach den langen Jahren eines Lebens im Mittleren Osten den ersten Winter in England ohne jede Infektion oder Unpäßlichkeit überstehen würde.

»Auf Wiedersehen, Annes Großmutter«, sagte Sheila zu Mrs. Wickham und hielt ihr die Wange zum Kuß hin.

Sie hatte Doreens Verwandte bereits als ihre eigenen adoptiert. Richard und Edith nannte sie Onkel und Tante, doch die Bezeichnung »Großmutter« für die strenge, ehrfurchtgebietende Hausherrin erschien ihr wohl zu vertraulich, und so redete sie diese mit »Annes Großmutter« an.

»Auf Wiedersehen, mein liebes Kind«, sagte Mrs. Wickham. »Komm bald wieder!«

»Ich komme nächsten Montag«, erwiderte Sheila. »Und was, glauben Sie, bringe ich Ihnen mit?«

»Ich habe keine Ahnung. Ein Geschenk vielleicht?«

»Walnüsse!« rief Sheila fröhlich. »Wir haben einen ganzen Korb voll gepflückt. Wir konnten sie aber heute nicht mitbringen, weil sie noch nicht ganz trokken waren.«

»Das ist schön«, sagte Mrs. Wickham. »Wie lieb von dir, an mich zu denken!«

»Es war meine Idee, nicht wahr?« sagte Sheila und wandte sich zu Doreen um.

»Ja, Liebes, ganz allein deine Idee.«

Nach einer weiteren Serie von Lebewohls und nochmaligem Händeschütteln verließen Doreen und Sheila das Haus und schwangen sich auf ihre Fahrräder. Fest in die Pedale tretend, machten sie sich auf den Heimweg zum Schloß.

Sie hatten erst eine kurze Strecke zurückgelegt, als ein Regenschauer sie überraschte und sie zwang, abzusteigen.

Unter einer großen Eiche suchten sie Schutz.

Sheila trug einen Tweedmantel, doch Doreen in ihrem dünnen Wollpullover wurde naß bis auf die Haut.

Der Regen dauerte nicht lange. Launisch wie das Herbstwetter nun einmal ist, schien bald danach wieder die Sonne und verwandelte die zahllosen Tropfen auf den Blättern und Gräsern und die Pfützen auf der Fahrbahn in funkelnde Edelsteine und blitzende Spiegel.

»Ich werde das Haus nie mehr ohne Regenmantel verlassen!« sagte Doreen.

»Oh, das bißchen Regen schadet doch nicht«, meinte Sheila gelassen. »Ich bin schon so oft naß geworden, aber es hat mir noch nie was ausgemacht.«

Doreen dachte, daß dies wohl stimmte, denn das Kind war kräftig und zäh.

Der Luxus, in dem Sheila lebte, hatte sie nicht verweichlichen können. Ihre Wildheit und ihr Ungestüm ließen es nicht zu.

Auf dem Schloß angekommen, schickte Doreen das Kind zum Umkleiden nach oben.

»Beeile dich!« sagte sie. »Ich werde die Fahrräder wegstellen. Ich möchte nicht, daß du dir eine Erkältung holst.«

»Mir ist nicht kalt«, antwortete Sheila.

Als Doreen ein wenig erschöpft auf ihr Zimmer kam, war Sheila schon halb umgezogen. In Hosen und Reitstiefeln stand sie lächelnd in der Tür, die ihre beiden Schlafzimmer verband.

»Du hast noch Zeit genug«, sagte Doreen. »Ich habe die Pferde erst für halb drei bestellt.«

»Billy ist immer pünktlich. Deshalb möchte ich ihn nicht gerne warten lassen!«

Doreen versuchte ein Lächeln bei dieser Äußerung. Pünktlichkeit war eine funkelnagelneue Tugend, was Sheila betraf, und sie, Doreen, hatte ein Übermaß an

Energie aufbringen müssen, um das Kind dafür zu begeistern.

Ihr Lächeln fiel jedoch etwas matt aus. Doreen zitterte immer noch, und ihre Kopfschmerzen waren fast unerträglich geworden.

Langsam zog sie ihre nassen Kleider aus, zog sich etwas anderes über und wechselte Schuhe und Strümpfe.

Als sie fertig war, hüpfte Sheila bereits ungeduldig in ihrem Zimmer herum.

»Sollen wir nicht gehen?« drängte sie mehrmals. »Ich bin sicher, die Pferde stehen schon vor der Tür.«

Sie lief auf das Treppenpodest hinaus und stieß einen hellen Ruf aus.

»Hallo, Daddy«, rief sie dann. »Ich habe gleich meine Reitstunde. Kommst du mit und siehst mir zu, wie ich aufs Pony steige und abreite! Ich reite schon sehr gut, und im Moment übe ich springen. Das letzte Mal hab ich eine schrecklich hohe Hecke übersprungen.«

»Und du wirst einen schrecklichen Sturz machen, wenn du nicht vorsichtig bist«, hörte Doreen Michael Gillespies Stimme, und augenblicklich überfiel sie jähes Herzrasen.

Dabei hätte sie sich an Michaels Stimme doch längst gewöhnen müssen – und auch an seinen Anblick.

Doch immer, wenn sie ihm unerwartet begegnete, befiel sie eine angstvolle Erregung, ein Gefühl, das halb Freude, halb Schmerz war.

Jeden Tag sagte sie sich, daß sie sich an seine Gleichgültigkeit, an die höfliche, aber kühle Art gewöhnen müsse, mit der er sie seit jenem Abend behandelte, an dem er ihr so rückhaltlos sein Herz ausgeschüttet hatte.

Aber es gelang ihr nicht. Stets hoffte sie auf ein Mehr – und stets wurde sie aufs neue enttäuscht.

Er schien es bewußt zu vermeiden, mit ihr allein zu sein oder irgendein Band der Gemeinsamkeit zwischen ihnen entstehen zu lassen – nicht einmal dann, wenn sie über das Kind miteinander sprachen.

Von Tag zu Tag wurde er ernster und verschlossener, und obwohl Doreen es für absurd hielt, verstärkte sich bei ihr der Eindruck, daß er ganz bewußt immer neue Schranken zwischen sich und ihr errichtete.

Sie hätte es nie für möglich gehalten, daß sie unter einem solchen Verhalten von Seiten eines Mannes derart leiden könnte, daß sie für einen Mann das empfinden würde, was sie für Michael empfand.

Jeden Abend vor dem Einschlafen betete sie. Nicht nur für sich, sondern auch für ihn. Es war, als weckte er in ihr eine ungewöhnlich tiefe Kraft der Selbstlosigkeit, die sie nie zuvor bei sich festgestellt hatte.

Sie war unglücklich, doch sie wußte ohne äußere Bestätigung, daß er ebenso unglücklich war.

Ihrem Leben fehlte die Erfüllung, die Geborgenheit, er litt dagegen unter dem Verlust dessen, was er einmal besessen hatte – oder besser: besessen zu haben glaubte.

Während sie über den Mann nachdachte, den sie liebte, gewann Doreen ganz neue, nie gekannte Einsichten in die menschliche Natur.

Sie erkannte, daß auf einen so sensiblen Menschen wie Michael das alte Sprichwort »Besser eine enttäuschte Liebe, als gar keine Liebe« nicht anwendbar war.

Er war so tief verletzt und verwundet worden, daß es für ihn keine Heilung mehr zu geben schien, während es für die Leere und Sehnsucht, worunter er litt, eines Tages vielleicht doch eine Erfüllung geben konnte.

Doreen wollte die Hoffnung nicht aufgeben. Denn Hoffnung ist es, die den Funken des Lebens in einem

Menschen nicht verlöschen läßt. Doreen begriff, daß Michael einem Mann glich, der für ewig verdammt war, weil er keine Hoffnung mehr besaß.

»Hilf ihm!« flehte sie in der Dunkelheit ihrer kleinen Schlafkammer. »Hilf ihm, ein neues Glück zu finden. Wenn schon nicht mit mir, dann mit jemand anderem. Laß ihn die Vergangenheit vergessen und in die Zukunft blicken.«

Jetzt war es ihr unbegreiflich, daß sie jemals so voller Zorn auf ihn gewesen war, daß sie ihm voller Empörung den Rücken gekehrt hatte, als er an jenem Mittag zu Sheila so heftig geworden war.

Sie wußte nun, was immer er sagte oder tat, nie wieder würde sie einen Streit mit ihm anfangen.

Auffallend war, daß er sich seit jenem Tag viel freundlicher und liebevoller dem Kind gegenüber verhielt.

Als Doreen nun hinter Sheila die Treppe hinunterkam, sah sie, daß er den Arm ausstreckte und um die Schulter des Mädchens legte. Es war eine beschützende Geste, die Doreen tief berührte, besonders als er so mit der Kleinen zur Tür ging.

»Wo bist du denn gewesen?« erkundigte er sich. »Ich habe dich beim Mittagessen vermißt.«

»Wir waren bei Annes Großmutter«, antwortete Sheila. »Stell dir vor: mit den Fahrrädern!«

»Du scheinst neuerdings ein recht häufiger Gast auf Brookavon Manor zu sein.« Er lächelte. »Ich hoffe nur, du fällst niemandem zur Last.«

Er wandte sich um, und einen Moment lang begegneten seine Augen denen von Doreen. Dann blickte er zur Seite.

»Meine Großmutter mag Sheilas Besuche«, sagte Doreen ruhig. »Sie freut sich jedesmal, wenn sie die Kleine sieht.«

»Dann ist es gut«, erwiderte Michael und öffnete die Vordertür.

Die Pferde warteten schon. Sheila lief die Stufen der Freitreppe hinunter.

»Reitet Billy nicht mit?« fragte sie beunruhigt.

Doreen trat auf das Podest und sah, daß es William war, der die Zügel der beiden Tiere hielt, und nicht Billy, wie sie erwartet hatte.

»Nein«, sagte William mit mürrischer Stimme zu dem Kind.

Sheila wandte Doreen ein verängstigtes Gesicht zu.

»Ich halte es für besser, daß Billy mit Miß Sheila ausreitet«, sagte Doreen zu dem Stallknecht. »Er hat sie während der letzten Zeit immer begleitet, und Miß Sheila ist inzwischen an ihn gewöhnt.«

»Heute nachmittag übernehme ich das!« erklärte William bockig.

»Tut mir leid, William«, antwortete Doreen unbeugsam. »Aber ich halte es für besser, wenn Billy mitreitet. Miß Sheila hat kürzlich mit dem Springen begonnen, und Billy weiß genau, was er ihr zumuten darf.«

»Bis morgen trage ich noch die Verantwortung für die Ställe, und ich führe die Pferde aus, oder sie bleiben da!«

»Sie haben gehört, was Miß Marston sagte!«

Michael mischte sich ein. Er sprach von der Tür aus.

Bis zu diesem Augenblick hatte William seine Anwesenheit nicht bemerkt.

Er fuhr herum, und Doreen sah ihm an, daß er getrunken hatte.

»Ah, Sie sind's, Mister Gillespie«, stieß er überrascht hervor. »Ich hatte gehofft, Sie zu sehen, bevor ich fortgehe.«

»Damit ist die Frage noch nicht geklärt, wer mit Miß Sheila ausreitet«, entgegnete Michael. »Vielleicht sollten Sie zu den Ställen zurückreiten und Billy herschicken. Miß Sheila wird warten, bis er hier ist.«

»Dann geben Sie also doch die Befehle, wie?« fragte William. »Ich dachte schon, Sie hätten zugunsten Ihrer neuen Gouvernante abgedankt.«

Er sprach wütend, das Gesicht hochrot. Man sah deutlich die dick hervortretenden Adern an den Schläfen und unterhalb des spitzen Kinns.

Doreen streckte die Hand aus und nahm die von Sheila in die ihre.

Michael kam langsam die Stufen herunter. Ohne William eines Blickes zu würdigen, trat er zu den Pferden und ergriff ihre Zügel.

»Tun Sie, was Ihnen gesagt wurde!« sagte er. »Holen Sie Billy. Ich werde später mit Ihnen reden.«

Einen angstvollen Augenblick dachte Doreen, der Pferdeknecht würde die Kontrolle über sich verlieren. Er hatte einen Schritt rückwärts gemacht, als Michael ihm die Zügel aus der Hand nahm.

Nun schien er sich auf Michael stürzen zu wollen. Seine Fäuste waren geballt, so daß die Fingerknöchel weiß hervortraten.

»Morgen verlasse ich diesen Platz«, versetzte er heiser. »Aber bevor ich gehe, hätte ich mir gern was von der Seele geredet!«

»Dies ist weder die Zeit noch der Ort dafür«, antwortete Michael. »Werden Sie nun endlich tun, was man Ihnen gesagt hat?«

Er straffte sich. Etwas in seiner Haltung und in dem befehlenden Ton seiner Stimme ließen William gehorchen.

Wütend drehte er sich um und setzte sich in Richtung Ställe in Bewegung.

Du warst großartig! dachte Doreen bewundernd.

Warum setzte er sich nicht öfter durch? Warum erinnerte er sich nicht auch bei anderen Gelegenheiten daran, daß er ein Mann war?

Die Auseinandersetzung war jedoch noch nicht zu Ende.

William war vielleicht zehn Schritte gegangen, als er innehielt und sich schwankend umdrehte.

»Das eine will ich Ihnen sagen!« schrie er. »Ich bin froh, von hier wegzukommen. Glauben Sie nur nicht, Sie hätten mich vor die Tür gesetzt. Ich wäre sowieso gegangen. Wenn ein Mann wie Sie die Leitung des Hauses seiner Geliebten überläßt, wird's für jeden anständigen Menschen Zeit, die Koffer zu packen.«

Doreen stieß einen erstickten Laut aus.

Sie sah, wie Michaels Haltung sich spannte und ein zorniges Funkeln in seine Augen trat.

Aber er wandte nicht einmal den Kopf in Williams Richtung.

Statt dessen sagte er zu Sheila:

»Steig auf dein Pony, und reite langsam die Auffahrt hinunter. Ich werde dafür sorgen, daß Billy bald nachkommt.«

Wie gelähmt vor Schreck, hatte Sheila dagestanden und zugehört. Jetzt erwachte sie aus ihrer Erstarrung und gehorchte wortlos.

Während sie auf ihrem Pony davonritt, ging ein Ruck durch Michaels Körper. Die Zügel des Pferdes immer noch in der Hand, machte er einen Schritt in Williams Richtung.

»Was haben Sie vor?« fragte Doreen in beschwörendem Ton.

»Keine Sorge«, antwortete er.

»Halt!« Panik lag in ihrer Stimme. »Bitte, lassen Sie ihn gehen! Es hat keinen Sinn. Morgen ist er sowieso nicht mehr hier. Außerdem hat er zuviel getrunken!«

Ein eigensinniger Ausdruck erschien auf Michaels Zügen.

Dann sagte er besänftigend:

»Es ist alles in Ordnung, Miß Marston. Gehen Sie ins Haus, und warten Sie dort auf mich.«

»Nein! Bitte nicht!« widersprach Doreen. »Unternehmen Sie jetzt nichts. Es wäre nutzlos und würde Sie nur aufregen. Ich gehe ins Haus und rufe Billy an, wenn Sie hier so lange warten. Bitte, Michael!«

Sie hatte ihn beim Vornamen genannt, aber es wurde ihr nicht bewußt.

Der Name war ihr entschlüpft aus Sorge, er könnte etwas tun, was die Situation noch mehr komplizierte.

Sie hatte Angst, entsetzliche Angst vor dem, was dieser unbekannte Michael mit dem stählernen Klang in der Stimme und den zornfunkelnden grauen Augen anrichten könnte.

Wie schnell konnte es einen Skandal geben! Wie schnell konnte sich unter der Dienerschaft und in der Grafschaft herumsprechen, daß es zwischen dem Herrn von Barnleigh Castle und seinem Pferdeknecht zu einem Handgemenge gekommen war, weil letzterer die Gouvernante beleidigt hatte.

»Bitte, tun Sie es nicht«, bat sie noch einmal eindringlich.

Dann stellte sie erleichtert fest, daß er sein Vorhaben aufgegeben hatte.

»Ich werde Billy Bescheid sagen!« fuhr sie hastig fort. »Billy wird gleich hier sein. Ich bin sicher, er wartet schon auf den Anruf.«

Sie eilte ins Haus, durchquerte die Halle und lief ins Anrichtezimmer.

Auf einem kleinen Tisch neben dem Hausapparat stand das Stalltelefon. Sie hob den Hörer ab.

Billy meldete sich sofort mit einem aufgeregten »Hallo?«

Doreen vermutete, daß er schon ungeduldig neben dem Gerät gewartet hatte.

»Würdest du sofort zum Haus rüberkommen, Billy«, sagte sie. »Mister Gillespie wartet mit dem Pferd vor der Schloßtreppe. Miß Sheila ist schon die Auffahrt hinuntergeritten.«

»Geht in Ordnung, Miß!«

Doreen legte auf. Sie sah, daß ihre Hand zitterte.

Sekundenlang verspürte sie ein Schwindelgefühl. Die Knie wankten unter ihr.

Doch sie zwang sich, das Zimmer zu verlassen, und kehrte aufrecht in die Halle zurück.

Sie ging nicht mehr zur Tür, aber erleichtert hörte sie Michaels Stimme, der ruhig mit Billy sprach.

Sie hatte Einfluß auf ihn ausüben können. Er hatte auf sie gehört, und sie war glücklich und dankbar, daß er nicht die Kontrolle über sich verloren hatte.

Die Spannung in Doreen ließ nach. Zum erstenmal kam die Frage in ihr auf, wie Michael wohl auf Williams Beleidigung reagiert haben mochte.

Ihre Furcht, er könnte eine Unbesonnenheit begehen, war so groß gewesen, daß sie sich über diese Reaktion noch keine Gedanken gemacht hatte.

Jetzt allerdings überfiel sie ein innerliches Zittern, als sie daran dachte.

Das also war es, was manche Leute über sie sagten: »Michael Gillespies Geliebte«.

Wie sehr sie wünschte, daß es so wäre!

Sie fühlte eine jähe Schwäche, und Tränen traten ihr in die Augen.

Mit tränenverhangenem Blick wandte sie sich zur Treppe und stieg die Stufen hinauf.

Sie hatte die Galerie erreicht, als die Haustür zugeschlagen wurde und Michael in die Halle trat.

Er schaute nach oben und bemerkte sie auf dem Podest.

»Oh, Miß Marston, ich muß mit Ihnen reden«, sagte er. »Würden Sie bitte in die Bibliothek kommen?«

Einen Moment lang zögerte Doreen. Eine plötzliche Furcht hinderte sie daran, seiner Aufforderung zu folgen.

Was hatte das zu bedeuten?

War er entschlossen, sie zu entlassen, nur weil ein betrunkener, gefeuerter Angestellter diese gemeine Bemerkung gemacht hatte?

Michael wartete.

Mit fast übermenschlicher Anstrengung zwang Doreen ihren Körper, zu gehorchen. Langsam stieg sie die Stufen hinab.

XXVI

Doreen betrat die Bibliothek mit dem Gefühl einer unerklärlichen Angst.

Die Knie zitterten ihr, und sie bebte am ganzen Körper. Ihr war kalt bis ans Herz. Der riesige Raum wirkte dunkel und unbehaglich.

Im Kamin brannte kein Feuer, doch Michael stand davor und starrte auf die verkohlten Steine der Feuerstelle.

Er schien sie nicht zu bemerken, aber als sie sich näherte und den Rand des Kaminvorlegers erreichte, wandte er sich um und blickte auf.

Ein unerklärlicher, ungewöhnlicher Ausdruck lag in seinen Augen.

Es war Doreen, als schaute er sie zum ersten Mal wirklich an, als nähme er jeden Inchbreit ihres Gesichtes in sich auf, als suchte er etwas darin, dem sie keinen Namen zu geben vermochte.

Er schwieg und machte keine Anstalten, sein Schweigen zu beenden.

Schließlich, als Doreen die Spannung nicht länger ertragen konnte, fragte sie mit einer Stimme, die kaum lauter war als ein Flüstern:

»Was ist?«

»Das wissen Sie genau.«

Auch seine Stimme klang leise. Leise und gepreßt.

Sein Blick war jedoch ruhig und fest, und seine Augen ließen die ihren nicht los.

»Nein, was denn?« fragte sie. »Ich verstehe nicht!«

Verwirrt verschränkte sie die Finger ineinander und versuchte, das Zittern, das sie immer noch verspürte, zu unterdrücken.

Michael machte einen raschen Schritt auf sie zu und berührte mit der behandschuhten Hand ihren Arm.

»Warum haben Sie Angst?« fragte er. »Warum?«

»Ich weiß es nicht«, stammelte Doreen. »Ich glaube nicht, daß ich Angst habe. Es ist nur ...« Sie verstummte. Die Worte erstarben auf ihren Lippen. Sie sah Michael in die Augen.

Bisher hatte sie nie bemerkt, daß sie von einem solch intensiven Grau waren. Daß in ihrer Tiefe eine solche Zärtlichkeit wohnte, eine solche Sehnsucht und der Ausdruck eines Gefühls, dem sie keinen Namen zu geben wagte – nicht einmal vor sich selbst.

»Sie ... du – weißt, um was ich dich bitten möchte, Anne«, sagte er, seine Hand immer noch auf ihrem Arm. »Ich möchte dich bitten, mich zu – heiraten.«

Der Raum begann sich um sie zu drehen.

Der Gedanke durchzuckte sie, daß sie verrückt war oder träumte.

Es konnte nicht sein, daß sie Michael – ausgerechnet ihn – diese Worte sagen hörte!

»Oh, meine Liebste«, fuhr er fort. »Ich dachte nicht, daß dies eine solche Überraschung für dich sein würde. Ich dachte, du hättest gewußt, was in den vergangenen Wochen in mir vorgegangen ist.«

Er schwieg. Dann fuhr er fort:

»Nun habe ich dich erschreckt und bin schuld, daß du am ganzen Leib zitterst. Aber ich verstehe es. Auch ich hatte Angst, schreckliche Angst, die Dinge zu übereilen, davon zu sprechen, bevor der richtige Augenblick gekommen war. Angst, feststellen zu müssen, daß all das, was ich erhoffte und ersehnte, nicht in Erfüllung gehen würde.«

Er atmete tief.

»Aber ich kann nicht länger schweigen. Ich mußte es dir sagen. Ich mußte endlich die Wahrheit wissen. Und um der Gnade Gottes willen, verletze mich nicht mehr, als du mußt!«

Mit einer ruckartigen Bewegung zog er seine Hand zurück.

Doreen schwankte und wäre zu Boden gesunken, hätte er nicht die Arme ausgestreckt und sie gehalten.

Er bemerkte ihre Blässe.

»Es war ein Schock für dich«, sagte er zärtlich. »Komm, setz dich, mein Liebling. Laß uns miteinander reden. Es gibt so vieles, was ich dir sagen möchte.«

Wie in Trance gehorchte sie. Er führte sie zu einem Sessel, und als sie Platz genommen hatte, ließ er sich vor ihr auf die Knie nieder.

»Hör zu, Anne«, sagte er. »Bevor du mich zum glücklichsten Mann der Erde machst oder mich in die Hölle zurückstößt, in der ich gelebt habe, bevor du herkamst, laß mich dir etwas erklären!«

Einige Sekunden schwieg er, als suchte er nach Worten. Dann fuhr er hastig fort:

»Seitdem du hier bist, hast du angenommen, ich wäre grausam, hart und manchmal sogar gemein zu Sheila und zu dir, nicht wahr? Du hattest recht. Ich war unmöglich zu euch beiden. Aber du ahnst nicht, was es für einen Mann bedeutet, jahrelang in qualvoller Einsamkeit zu leben und sich selbst zu martern und zu peinigen, weil er den Schatten der Vergangenheit nicht entfliehen kann. Nur in der Arbeit fand ich Trost und Vergessen. Sie war für mich eine Art Droge, die den Schmerz ein wenig betäubte, das unaufhaltsame Verrinnen der Zeit ein wenig leichter machte. Ich hatte mich bereits daran gewöhnt, mich für einen alten Mann zu halten, einen Mann ohne Zukunft, ohne Hoffnung, ohne Glück.«

Gedankenverloren blickte er zur Seite. Dann nickte er langsam.

»Dann kamst du. Am Anfang war ich völlig verwirrt bei deinem Anblick. Ich war, so lange ohne die Gesellschaft von Frauen gewesen, daß ich glaubte, die Gefühle, die ich dir fast vom ersten Augenblick unserer Bekanntschaft entgegenbrachte, seien Gefühle der Abneigung, der Mißbilligung und des Abscheus.

Nur wenige Tage später stellte ich voller Angst fest, daß eine Verwandlung mit mir vorging. Meine Qual ließ nach. Irgend etwas hatte sich ereignet, eine gefühlsmäßige Verunsicherung hatte sich eingestellt, die ich mir nicht erklären konnte und die sich verstärkte, sobald ich darüber nachdachte. Das beunruhigte mich.

Ich kämpfte dagegen an – verzweifelt und mit aller Kraft. Ich kämpfte wie ein Mann, der lange eingekerkert war und sich an seine Zelle und seine Ketten klammert, weil er Angst hat vor der unbekannten Freiheit, die ihn draußen erwartet. Ich vergrub mich noch intensiver in meine Arbeit, aber ständig sah ich dein Gesicht vor mir, dein Lächeln, eine Gebärde von dir. Ich hörte den Klang deiner Stimme; und die Art, wie du den Kopf hobst, verfolgte mich bis in den Schlaf.

Schließlich begann ich die Wahrheit zu erkennen. Und als ich dann den Mut aufbrachte, ihr ins Gesicht zu schauen, wußte ich, daß ich dich liebe.

Es ist eine Liebe, Anne, die sich von allem unterscheidet, was ich bisher gekannt habe. Die Vergangenheit ist verblaßt. Sie ist bedeutungslos geworden vor dem, was ich nun empfinde. Ganz plötzlich sehe ich, wie lächerlich ich mich all die Jahre verhalten habe. Wie dumm und absurd es war, die Zeit mit Selbstmitleid, Verbitterung und gekränktem Stolz zu verschwenden.

Heute kommt es mir vor wie ein böser Traum, aus dem ich endlich erwacht bin. Gleichzeitig jedoch habe ich Angst, Angst, dich zu verlieren.«

Er beugte sich über Doreens Hand, die in ihrem Schoß lag, und preßte seine Lippen darauf. Sie spürte die Berührung seines Mundes und blickte auf sein dunkles Haar.

Ein jähes Erschrecken befiel sie und beendete die Erstarrung, in der sie während seiner Worte verharrt hatte.

Und dennoch vermochte sie sich im ersten Augenblick noch nicht zu rühren. Sie war unfähig, einen Ton hervorzubringen, unfähig, dem Impuls zu gehorchen, aufzuspringen und davonzulaufen.

Michael hob den Kopf und sah sie an. Ein Ausdruck der Qual und zugleich der Anbetung lag auf seinem Gesicht.

»Du weißt nicht, was du mit mir gemacht hast«, sagte er. »Du hast mir den Glauben an das Gute zurückgegeben, den Glauben an alles, was heilig und schön ist. Ja, sogar den Glauben an Gott.«

In diesem Augenblick hatte Doreen die Herrschaft über sich wiedererlangt.

Mit beiden Händen stieß sie ihn zurück und sprang auf. »Ich muß fort«, brach es verzweifelt aus ihr hervor. »Ich muß nachdenken. Ich kann jetzt nicht mit dir reden!«

Er erhob sich und breitete die Arme aus, als ob er sie freiließe.

»Ich verstehe. Ich habe dich mit meinen Worten überfallen. Ich hätte warten müssen, warten, bis auch du dich langsam in mich verlieben konntest. Aber ich war nicht imstande, zu ertragen, daß jemand in so kränkender Weise über dich sprach. Ich konnte es nicht ertragen, daß ein Betrunkener dich, meinen vollkommenen Liebling, beleidigte.«

»Bitte nicht!« bat Doreen.

»Ich werde warten«, sagte Michael zärtlich. »Ich werde warten, so lange du es wünschst. Doch laß es nicht zu lange werden, mein Liebstes!«

Er schien sich nicht mehr zurückhalten zu können und machte einen Schritt auf sie zu, als wollte er sie in die Arme schließen.

Doreen drehte sich um und floh.

Sie lief zur Tür, riß sie auf und stürzte in den Gang hinaus, ohne sich noch einmal umzuschauen.

Kopflos, in panischer Angst durchquerte sie die große Halle. Sie riß die Tür auf und rannte die Außentreppe hinunter zur Allee.

Sie war unfähig, einen klaren Gedanken zu fassen, unfähig, über die Angst, die sie erfaßt hatte, Herr zu werden. Sie wußte nur eins: sie mußte fliehen. Keine Sekunde durfte sie länger auf dem Schloß bleiben.

Sie konnte Michael nie wieder unter die Augen treten, durfte nie wieder an das denken, was er gesagt hatte.

Ein wildes Entsetzen vor sich selbst erfüllte sie, war in ihr wie eine lodernde Flamme, drohte sie zu verbrennen.

Sie mußte fort. Fort von dem Mann, den sie liebte.

Sie erkannte die Unmöglichkeit ihrer Liebe, die auf Heuchelei und Täuschung beruhte. Nie durfte sie zulassen, daß er sie berührte, denn sie war sicher, daß er sich voller Haß und Abscheu von ihr abwenden würde, wenn er die Wahrheit über sie erfuhr.

Dies war die Buße für ihre Sünden, die sie auf sich nehmen mußte. Ihr Leben war eine einzige Lüge. Wie hatte sie nur in die Identität eines anderen Menschen schlüpfen können?

Guter Gott, war ihr denn nie bewußt geworden, wie verhängnisvoll der Schritt war, den sie damals in Kairo getan hatte?

Sie wurde sich bewußt, daß ihr Kopf zum Zerspringen schmerzte. Ihr Atem ging stoßweise, das Herz hämmerte wild gegen ihre Brust.

Doch sie zwang sich, weiterzulaufen. Nur ein Gedanke beseelte sie.

Fort!

Fort vom Schloß! Fort von Michael!

Nach einiger Zeit begann sie zu weinen. Die Tränen liefen ihr über die Wangen. Sie machte nicht den Versuch, sie wegzuwischen. Bitter und salzig spürte sie sie auf ihren Lippen.

Schließlich stellte sie fest, daß sie nach Brookavon Manor unterwegs war.

Das Haus tauchte vor ihr auf, und in diesem Moment wußte sie klar und deutlich, was sie zu tun hatte. Es war, als hätte ihr jemand einen Befehl erteilt, dem sie sich nicht zu widersetzen vermochte.

Sie mußte endlich die Wahrheit gestehen!

Sie mußte vor ihrer Großmutter bekennen, welchen Betrug sie begangen hatte.

Sie hatte sich als eine andere ausgegeben, um sich so die Zuneigung und Großherzigkeit der Familie zu erschwindeln.

Wenn sie sich nun von ihr abwandten, mußte sie in die alte Einsamkeit, Isolation und Armut zurück.

Aber das war ihr nun gleichgültig. Sie mußte sich alles von der Seele reden. Sie konnte nicht länger mit dieser Lüge leben.

Und außerdem gab es keine Hölle mehr, die sie erschrecken konnte, denn sie hatte Michael verloren.

Sie wußte, nichts würde sie jemals über diesen Verlust hinwegtrösten können. Nichts konnte den Schmerz stillen, den sie bei dem Gedanken empfand, ihn nie mehr wiederzusehen.

Er darf es nie erfahren, sagte sie sich voller Wildheit. Sie mußte weg von hier, sie mußte verschwinden. Sterben, bevor er von ihrem Betrug erfuhr.

Michael durfte nie wieder eine Enttäuschung erleben, durfte nicht in dem Glauben leben müssen, daß alle Frauen falsch und verlogen waren.

Was waren Elsies Betrug und Untreue, verglichen mit der eigenen Unwahrhaftigkeit?

Sie hatte sein Haus unter falschen Vorgaben betreten, und sie hatte ihn geliebt mit der alten, oberflächlichen Gefühlsduselei, ohne damit zu rechnen, daß sie in ihm eine tiefe und echte Liebe wecken könnte.

Während sie die Auffahrt von Brookavon Manor hinaufhastete, schlug sie voller Selbstverachtung die Hände vors Gesicht.

Sie war am Ende ihrer Kräfte, aber sie nahm es nicht wahr. Der Aufruhr in ihrem Inneren war zu gewaltig. Sie spürte nicht einmal, daß es zu regnen begonnen hatte und sie bis auf die Haut durchnäßt war.

Die letzten hundert Meter kam sie nur noch langsam voran.

Aber ein grausam gegen sich selbst gerichteter Wille zwang sie vorwärts. Sie war entschlossen, ihren Vorsatz in die Tat umzusetzen.

Keuchend und mit bebenden Händen öffnete sie die Eingangstür und betrat die Halle.

Es war niemand dort.

Sie wußte, daß sie ihre Großmutter und vielleicht auch Edith und Richard im Wohnraum finden würde.

Nun, da es soweit war, erfaßte sie eine seltsame Leichtigkeit.

Sie hatte das Gefühl, sehr klein zu sein – eine Zwergin auf einer unendlich weiten Ebene.

Sie war so schwach, daß sie ihre ganze Kraft brauchte, die Türklinke niederzudrücken.

Sie stieß die Tür auf, machte schwankend einen Schritt vorwärts.

Sie sah ihre Großmutter, die am Schreibtisch saß.

Im ersten Moment blickte Mrs. Wickham nicht auf.

Doreen stand noch auf der Türschwelle, griff nach der Lehne eines Stuhls, der in der Nähe stand, und spürte gleichzeitig, wie eine beängstigende Mattigkeit sie überfiel.

»Anne, was ist mit dir?«

Aus weiter Ferne drang die Stimme der Großmutter an ihr Ohr.

Die eigene Stimme empfand Doreen wie das Donnern einer Kanone.

»Ich bin hergekommen, Großmutter, um dir die Wahrheit zu sagen. Ich bin nicht Anne. Ich bin Doreen. Anne ist tot …«

Ihre Stimme erstarb.

Schweigen breitete sich aus, wurde tiefer und tiefer, und der Raum verdunkelte sich.

Sie kämpfte gegen eine riesige schwarze Wolke, die sie einzuhüllen drohte.

»Hörst du mich?« schrie sie mit letzter Kraft. »Hörst du? Ich bin nicht tot! Ich lebe! Ich bin hier …«

Sie verstummte mit einem Stöhnen. Schwindel erfaßte sie. Sie brach zusammen und verlor das Bewußtsein.

Da waren Hände, die sie aufhoben, und etwas Kühles auf ihrer Stirn. Sie hörte Stimmengemurmel, eilige Schritte. Dann waren sie gegangen. Doreen sank in einen tiefen, traumlosen Schlaf.

Später träumte sie. Manchmal sehr lebendig, manchmal nebelhaft und undeutlich. Bruchstücke von Häusern, Straßen und Landschaften erschienen, rasche, verzerrte Eindrücke von Gesichtern blitzten auf, Stimmen, leise und undeutlich, beunruhigten sie. Es waren Dinge und Menschen, die sie nicht kannte, nie gesehen hatte, Ereignisse ihrer Einbildung. Fieberphantasie.

Zwischendurch tauchte sie für kurze Augenblicke aus ihrer Ohnmacht auf. Verzerrte Worte drängten sich in ihr Bewußtsein, wieder bedeckte etwas Kühles ihre Stirn. Sie öffnete die Augen und sah einen fremden Mann an ihrem Bett.

Nachdem sie festgestellt hatte, daß sie in einem Bett lag, sank sie erneut in tiefen Schlaf. Träume umfingen sie. Nach Luft ringend, lag sie in der brennenden Wüstensonne, an Flüssen, breit und träge fließend wie der Nil, gesäumt von grünen Palmenwäldern und weißen Villen …

Doreen schlug die Augen auf. Die Rollos an den Fenstern waren heruntergelassen, aber die Sonnenstrahlen fanden dennoch den Weg ins Zimmer. Helle Lichtspeere ließen sie blinzeln. Geblendet schloß sie die Lider zu schmalen Schlitzen.

Eine sanfte Bewegung am Fußende des Bettes. Doreen drehte den Kopf. Sie sah ihre Großmutter. Sekundenlang empfand sie ein starkes Gefühl der Freude.

Sie lächelte schwach, und mit einer Stimme, so leise, daß sie diese kaum als die ihre erkannte, hörte sie sich sagen:

»Hallo, Großmutter, bin ich krank gewesen?«

In diesem Moment erinnerte sie sich der Worte, die sie im Wohnzimmer hinausgeschrien hatte, bevor sie in Ohnmacht gefallen war. Sie wimmerte leise – halb aus Furcht, halb aus Schmerz. Sofort erhob sich Mrs. Wickham, nahm ein Glas vom Nachttisch und hielt es Doreen an die Lippen.

»Trink das!« sagte sie ruhig.

Doreen gehorchte.

Eine warme, belebende Flüssigkeit rann ihr die Kehle hinab.

Nachdem sie den Inhalt des Glases ausgetrunken hatte, fühlte sie, daß ihre Gedanken sich klärten, fühlte sie sich kräftiger und wacher.

»Was war das?« fragte sie.

»Der Doktor sagte, ich solle es dir geben, sobald du bei Bewußtsein bist«, erwiderte Mrs. Wickham und setzte das leere Glas wieder auf den Nachttisch zurück.

»War ich lange krank?«

»Drei Tage.«

Doreen blickte ihre Großmutter an.

»Es tut mir so leid«, sagte sie, und beide wußten, daß sie damit nicht ihre Krankheit meinte.

»Ich möchte mit dir reden«, sagte Mrs. Wickham. »Deshalb bin ich hier. Deshalb bin ich während deiner Fieberträume nicht von deinem Bett gewichen. Ich habe darauf gewartet, daß du wieder zu dir kommst.«

Doreen verzog den Mund zu einem gequälten Lächeln.

»Sobald ich dazu imstande bin, werde ich gehen.«

Müde schloß sie die Augen.

Wozu noch reden? dachte sie.

Was wollte ihre Großmutter jetzt noch von ihr?

Vorwürfe, Anklagen und Beschuldigungen waren zu diesem Zeitpunkt genauso sinnlos wie das eigene Bedauern.

Es war geschehen.

Sie hatte die fremde Rolle übernommen, und niemand konnte an der Tatsache etwas ändern. Niemand konnte sie über den Verlust von Michael Gillespie hinwegtrösten.

Sogar in ihren Fieberträumen war ihre Liebe zu ihm noch stärker geworden – und mit der Liebe die Verzweiflung.

»Hör zu!« Mrs. Wickhams Stimme klang scharf. Sie riß Doreen aus ihrer Trauer und Niedergeschlagenheit.

Sie schlug die Augen auf.

»Ich war allein, als du an jenem Abend ins Wohnzimmer kamst und mit mir sprachst«, fuhr Mrs. Wickham fort. »Ich bin der einzige Mensch, der deine Worte gehört hat.«

»Dann wirst du es Tante Edith und Onkel Richard sagen müssen«, antwortete Doreen. »Sie sollten es auch wissen. Es gibt keinen Grund mehr, noch länger ein Geheimnis daraus zu machen. Sobald ich mich besser fühle, werde ich von hier fortgehen. Niemand braucht sich meinetwegen Sorgen zu machen.«

»Die beiden wissen nichts davon, und sie werden nie auch nur das geringste davon erfahren«, sagte Mrs. Wickham mit Nachdruck.

Verständnislos starrte Doreen ihre Großmutter an.

»Was willst du damit sagen?«

Mrs. Wickham beugte sich über sie, die hellen, durchdringenden Augen fest auf ihre Enkeltochter gerichtet.

»Die Aufgabe, die du begonnen hast, darf nicht unvollendet bleiben!« sagte sie mit eindringlicher Stimme.

Nur einen Moment lang ließen ihre Worte Doreens Hoffnung wieder aufflammen. Dann schüttelte sie den Kopf.

»Du verstehst nicht!«

»Unten«, fuhr Mrs. Wickham fort, so als wäre sie nicht unterbrochen worden, »wartet Michael Gillespie auf dich. Er will dich sehen, mit dir sprechen.«

Ihre Worte ließen Doreen zusammenzucken vor Entsetzen.

»Das ist unmöglich!« rief sie. »Er kann mich nicht sehen! Ich kann ihn nicht sehen! Begreifst du das denn nicht, Großmutter?«

»Ich begreife sehr wohl«, erwiderte Mrs. Wickham, »und das ist es, was ich dir die ganze Zeit klarzumachen versuche. Michael liebt dich! Er hat mir in den letzten Tagen sehr viel von sich und seiner Liebe zu dir erzählt. Du kannst ihn nicht enttäuschen!«

»Du meinst …«

»Ich meine, du mußt seine Frau werden! Du liebst ihn – davon bin ich fest überzeugt –, und du mußt ihm das sagen.«

»Wie kann ich das?« flüsterte Doreen verzweifelt. »Ich habe gelogen! Ich habe euch alle getäuscht und hintergangen!«

»Das stimmt nicht ganz!«

Doreen sah ihre Großmutter forschend an.

»Du weißt Bescheid?«

»Seit deiner Ankunft hier«, antwortete Mrs. Wickham. »Schau nicht so erstaunt, mein Kind. Ja, ich weiß Bescheid, und dazu brauchte ich kein Sherlock Holmes zu sein. Alles war so einfach. Meine Tochter Martha schrieb mir regelmäßig lange Briefe. Es gab kaum etwas, was sie darin nicht erwähnte.«

Sie lächelte gedankenverloren und fuhr dann fort:

»Vor drei Jahren berichtete sie mir davon, daß ihre Tochter Anne ziemlich viel mit ihren Zähnen zu tun hatte und daß sie mit ihr nach Nairobi zum Zahnarzt fahren wolle, um die Sache in Ordnung bringen zu lassen. Aus einem späteren Brief erfuhr ich dann, daß der Zahnarzt Anne sämtliche Vorderzähne gezogen und sie durch eine Teilprothese ersetzt hatte.«

Doreen konnte ein Lachen nicht unterdrücken.

Es war wirklich lächerlich, so völlig unerwartet – das einzige, woran sie nicht gedacht hatte, der einzige Beweis für Annes Identität, den sie übersehen hatte.

»Und warum hast du mich nicht weggeschickt?« fragte sie dann nüchtern.

»Ich war neugierig«, erwiderte ihre Großmutter. »Vor allem schätze ich Mut und Entschlossenheit bei einem Menschen.«

»Und deshalb hast du mich gewähren lassen?«

»Nicht nur!« Mrs. Wickham lächelte. »Ich werde dir etwas sagen. Etwas, das ich noch nie zu einer anderen Frau gesagt habe: Ich bewundere dich!«

»Aber … Großmutter!« stieß Doreen hervor.

»Wie gesagt«, fuhr Mrs. Wickham fort, »es gehörte eine tüchtige Portion Mut dazu, an Annes Stelle zu treten. Und viel mehr als nur Mut gehörte dazu, die Täuschung aufrechtzuerhalten, eine Heldin und – wie du glaubst – eine Heilige zu sein.«

Sie machte eine Pause, dann fuhr sie mit eindringlicher Stimme fort:

»Anne war nichts dergleichen. Aber weil die Menschen bestimmte Erwartungen in dich setzten, hast du dein Bestes gegeben. In der Tat, das Beste, zu dem du fähig bist.«

Wieder schwieg sie nachdenklich, dann sprach sie weiter:

»Du hast aus Richard einen anderen Menschen gemacht. Du hast ihm Hoffnung gegeben, und du hast für ihn das einzige Mittel gefunden, das ihn vor sich selbst retten kann: Arbeit. Ich bin nicht auf eine solche Idee gekommen, ich, die ich ihn nach dem Tod meines Mannes mehr geliebt habe als jeden anderen sonst. Du hast ein Kind glücklich gemacht, das ohne Disziplin und ohne Liebe aufwuchs. Du hast seinem Vater, Michael Gillespie, ein neues Leben geschenkt. Willst du durch ein unnötiges Geständnis nicht nur dich, sondern auch die beiden unglücklich machen?«

»Aber ich kann so nicht weiterleben!« murmelte Doreen.

»Du mußt«, beharrte Mrs. Wickham. »Das ist – wenn du so willst – deine Strafe, deine Wiedergutmachung. Du kannst nicht mehr zurück. Du mußt den einmal beschrittenen Weg weitergehen, kannst das einmal Gegebene nicht mehr zurücknehmen. Im Gegenteil, du mußt immer weiter gehen, darfst nie damit aufhören.«

Doreen sah mit weit geöffneten Augen zu ihrer Großmutter auf, trank wie eine Verdurstende jedes Wort von ihren Lippen.

»Ich bin eine alte Frau«, fuhr Mrs. Wickham fort. »Ich kann dir dabei nicht helfen. Niemand kann das. Du wirst mit deiner Aufgabe allein da stehen. Du wirst die einzige sein, die dich retten und freimachen kann! Was immer du auch getan hast, wie sehr du dich deines Tuns auch schämen magst, du solltest nicht glauben, daß du alles durch ein bloßes Bekenntnis deiner Schuld in Ordnung bringen könntest. Eine Beichte aus Schwäche wird dir nicht die gewünschte Erleichterung bescheren. Sie wird jedoch mit Sicherheit das Leben derer, die dir vertrauen, in ein heilloses Chaos verwandeln. Du hast in ihnen Hoffnung und Vertrauen geweckt. Und um dieser Hoffnung, dieses Vertrauens willen mußt du leben und – wenn nötig, auch leiden!«

Doreen wagte kaum zu atmen.

Still und reglos lag sie da und lauschte.

Jeder Nerv ihres Körpers war bis zum Zerreißen gespannt.

Erst als die Großmutter schwieg, bewegte sie sich und streckte ihr bittend die Hände entgegen.

»Und du bist ganz sicher?«

»Es gibt nichts anderes, was du tun könntest«, sagte Mrs. Wickham mit einem endgültigen Klang in der Stimme und wandte sich zur Tür. »Ich werde dir Michael hinaufschicken. Er darf nur einen Moment bleiben, da du noch sehr angegriffen bist.«

Mit einem zärtlichen Gesichtsausdruck, den nur wenige Menschen jemals bei ihr gesehen hatten, fügte sie hinzu:

»Gott segne dich, mein Liebes!«

Doreen hörte, wie sie die Tür hinter sich ins Schloß zog. Sie machte die Augen zu und preßte die Hände gegen ihre Brust.

Sie spürte das wilde Pochen ihres Herzens. Ein Gefühl der Freude durchströmte sie, ein Rausch, eine Welle des Glücks.

»Michael!« flüsterte sie.

Zum erstenmal in ihrem Leben empfand sie ein solches Glück. Ein Glück, für das es keine Worte gab.

Als sie die Augen aufschlug, stand er neben ihrem Bett.

Sie sah sein Gesicht, erkannte darin das Aufkeimen einer Hoffnung, die so zaghaft, so angstvoll und gleichzeitig doch so beglückend war, daß sie den Blick nicht abwenden konnte. Wortlos blickte sie ihn an, unfähig, sich zu rühren, unfähig, ein Wort hervorzubringen.

»Anne, mein Liebling, geht es dir besser?«

Er sank neben ihrem Bett auf die Knie, so daß sein Gesicht in gleicher Höhe mit dem ihren war.

»Ich habe mir solche Sorgen um dich gemacht.«

»Ist im ... im Schloß alles in Ordnung?«

Ihre Stimme war leise, kaum hörbar. Und sie zitterte, weil er ihr so nahe war.

»Es ist leer – vollkommen leer ohne dich!«

Sie wußte, er sprach nicht nur vom Schloß, sondern auch von seinem Leben.

Die Leere und Einsamkeit der vergangenen Jahre würde nichts sein im Vergleich zu der Einsamkeit, die ihn erwartete, wenn sie ihn zurückstieß.

»Ich werde bald wieder da sein!«

»Du weißt nicht, welche Hölle das Leben ohne dich ist!«

Sie hörte die Qual in seiner Stimme und wußte, sie mußte dieser Qual ein Ende machen.

»Wie schnell – können – wir – heiraten?«

Ihre Worte waren nur ein Flüstern. Einen Moment lang glaubte er, sich verhört zu haben.

Dann überzog ein Leuchten sein Gesicht.

»Ist das dein Ernst? O Liebste, mein kleiner Engel, ich liebe dich mehr als das Leben! Ich werde dich glücklich machen – ich schwöre es dir!«

Der Zauber seiner Worte und der Ausdruck auf seinen Zügen füllten ihre Augen mit Tränen, die ihr langsam die Wangen hinabliefen.

»Ich habe schuld, daß du weinst!« sagte er. »All das ist noch zuviel für dich. Keine Angst, ich werde gleich gehen. Du bist noch krank. Du brauchst Ruhe.

Aber du sollst wissen: mein Herz gehört dir. Mit meinen Gedanken bleibe ich da, mein Liebling, meine wundervolle, vollkommene kleine Frau!«

Seine Lippen berührten die ihren, sanft und zärtlich. Aber für Doreen war es wie der Ausbruch eines Feuers. Das Glück und die Wonne, die sie verspürte, schlugen über ihr zusammen wie ein Flammenmeer.

»Ich liebe – dich«, flüsterte sie.

Und während sie ihm für alle Zeit ihr Leben weihte, dachte sie, daß sie damals in Kairo doch den richtigen Schritt getan hatte. Das Verhängnis war ausgeblieben, der Weg in eine glückliche Zukunft frei.

Die Liebe würde ihr Wegweiser sein!